LETTRES

DE

PASCAL PAOLI

1re Série

SOCIÉTÉ DES SCIENCES HISTORIQUES ET NATURELLES
DE LA CORSE

LETTRES

DE

PASCAL PAOLI

PUBLIÉES PAR M. LE DOCTEUR PERELLI

1re Série

BASTIA
IMPRIMERIE ET LIBRAIRIE Vᵉ EUGÈNE OLLAGNIER

1884.

LETTRES DE PASCAL PAOLI

Nous continuons la publication des lettres de Paoli, commencée par Tommaseo. Nous n'avons pas la prétention de faire aussi bien que l'illustre italien, mais nous voudrions être plus complets. Nous prenons, dès ce moment, l'engagement de ne tronquer ni une seule lettre, ni un seul nom. Toute lettre de Paoli a pour nous son importance ; quand elle n'en aurait pas d'autre, elle a au moins celle de la date, et souvent une date sert à éclaircir un point d'histoire ; nous complèterons les noms dont on n'a donné que les initiales, si l'importance historique l'exige.

Les personnes, qui se formaliseraient de voir publier des documents, qui pourraient n'être pas toujours élogieux pour leurs ancêtres, auraient à nos yeux bien mauvaise grâce. Nous n'inventons rien ; nous ne faisons que transmettre à nos neveux l'héritage de nos pères. Au surplus, on nous trouvera toujours prêts à donner place, dans notre bulletin, aux documents contradictoires qui nous seront communiqués.

L'histoire de Paoli est encore à faire; pas de documents, pas d'histoire possible. Ceux que Paoli avait déposés dans ses maisons de Morosaglia et de Pastoreccia, sont à jamais perdus. On peut suppléer en partie à cette perte, par la publication des nombreuses lettres adressées par Paoli à ses amis. Nous faisons l'appel le plus pressant à ceux qui les détiennent pour qu'ils nous les communiquent. Ils ne pourront jamais accomplir un plus grand acte de piété filiale.

Les lettres de Paoli auront une pagination à part. Nous pressentons que nous ne pourrons pas toujours suivre l'ordre chronologique. La table des matières, que l'on trouvera à la fin du volume, remédiera à cet inconvénient.

Clemente de Paoli e Valentini
al Presidente Venturini (1)

ECCELLENZA,

(Sans date). Questa sera ci viene resa quella dell'E. V., dove ne regnano le difficoltà e timori che provano nell'aversi a tenere il congresso costì di pochi soggetti. Il loro sentimento di cambiar luogo certamente aurebbe ovviato ogni inconveniente che avesse potuto nascere, benchè noi non possiamo *apprehendere* tanto che costì possi accorrere tanta gente non invitata che potesse frastornare le nostre deliberazioni. Il chiamare questo congresso in Rostino, come ne segnano, o pure in Caccia, non ci pare, a motivo che viene a crescere viaggio a quei signori di dilà da Monti; altri motivi: che ai signori di Balagna, con tutto che sieno pieni di buona volontà, non pare luogo in questa contingenza chiamarli in un luogo ove di fresco vi è nato del male, senza altre gelosie che apporterebbe ad altra gente di altre parti. In Caccia sanno l'incommodi che hanno sofferto per altri congressi e nel tempo delle due marcie di Balagna, dove ne hanno sofferto degl'incomodi, sicchè a noi pare indispensabile costì, o S. Antonio della Casabianca; ma il nostro sentimento sarebbe costì, poichè ogn'uno verrà proviggionato, e il Paese non aurà a soffrire alcun incomodo, mentre che costì si aurebbe a pensare per i prigionieri della Balagna, che mi danno a credere che in una tale conferenza compariranno de' loro parenti a pagare qualche parte delle loro condanne. Poi domani mattina partiamo

---

(1) De St-Laurent de Vallerustie, hâmeau de Casanova. L'original des lettres adressées à Venturini se trouve entre les mains de M. Venturini, de Penta-Acquatella, l'un des héritiers du président Venturini.

Clément de Paoli et Valentini
au Président Venturini

Excellence,

On nous remet, ce soir même, la lettre que Votre Excellence vient de nous adresser. Vous nous faites entrevoir les difficultés et les craintes qui vous préoccupent, à propos de la réunion à Corte du congrès composé de quelques personnes. L'idée de changer le lieu, où doit se réunir le congrès, aurait tranché toutes les difficultés qui pouvaient surgir. Nous devons cependant vous déclarer que nous ne craignons pas que la foule, accourue spontanément, puisse être nombreuse au point de troubler le calme de nos délibérations. Convoquer le congrès à Rostino ou à Caccia, ainsi que vous en exprimez le désir, ne nous semble pas chose convenable : ceux du delà des Monts seraient obligés de faire un plus long voyage. Autres raisons : il ne convient pas d'appeler en ce moment les habitants de la Balagne, quoique pleins de bonne volonté, dans une localité qui a été le théâtre de troubles récents, sans compter la jalousie que cela exciterait dans l'esprit des habitants d'autres localités.

Quant à Caccia, vous n'avez sans doute pas oublié les sacrifices supportés par ses habitants, lors de la réunion d'autres congrès et à l'époque des deux expéditions de Balagne, dont ils ont beaucoup souffert ; aussi nous paraît-il nécessaire de réunir le congrès à Corte ou à Sant'Antonio de la Casabianca. Mais notre avis est de tenir la réunion à Corte, où chacun se rendra muni des provisions nécessaires, sans que le pays ait à supporter aucune charge. Si le congrès se tient à Corte, on pourra s'occuper des prisonniers de la Balagne. Nous avons la conviction que leurs

per Caccia; sù i nostri particolari interessi, parleremo ed il signor Grimaldi e Vincentelli, e crediamo incontrarci qualche amico di Balagna, e da colà vi faremo sentire il sentimento di coloro; vi preghiamo la segretezza di un tale viaggio. Il congresso a molti è parso per bene; poi se l'E. V. ne stimasse il contrario, è in suo arbitrio il chiamarlo o non, o pure differirlo, se bene la vicina raccolta ne fa pensare alla brevità del tempo con le tante cose da discutersi, sì per lo mantenimento di truppe, come di opporsi all'iniqui disegni de' nostri comuni nemici. Si riceve lettera de' signori Gradulani e..., fanno delle doglianze per le loro paghe; è giustizia che loro ne siino soddisfatti, tanto loro che i soldati che nel suo tempo ne hanno scritto. Potrebbe mettere in chiaro i loro conti, e soddisfarli sù quel danaro che vi è. Il Sr Angelo Filippi mi disse al Vescovato, che ogni cosa era notata costì a fogliacci; ponno cercarne le somme da loro ricevute, e fare detto conto; il signor Zuccarelli ne aurà qualche memoria. Il dire, che si paghino altrove, non saprei, poichè quel poco danaro che hanno ricavato da Capo-Corso ne è stato speso per le truppe, come dai conti dei signori Comandanti della suddetta ne presenteranno all'E. V. Questi sono i deboli nostri sentimenti, che poniamo sotto la censura dell'E. V. ed uniformandoci sempre alle loro sagge deliberazioni, ci diam l'onore di essere, col maggior rispetto, dell'E. V.

D^{mi} e aff^{mi} servi,

P. S. Da Caccia unitamente a coloro le faremo noto meglio il nostro sentimento.

parents accourront au congrès et qu'ils acquitteront une partie de leurs frais de condamnation. Après-demain matin nous partons pour Caccia. Nous causerons de nos intérêts particuliers avec Grimaldi et Vincentelli. Nous espérons y rencontrer quelques-uns de nos amis de la Balagne, et nous vous ferons connaître leur avis. Nous vous recommandons le secret de notre voyage.

Beaucoup de personnes ont approuvé le congrès, mais, si votre Excellence était d'un avis contraire, vous pouvez, à votre gré, le convoquer, ou le différer. La récolte imminente nous fait cependant songer au peu de temps qui nous reste et aux nombreuses affaires à traiter, telles que l'entretien des troupes et les mesures à prendre contre les mauvais desseins de nos ennemis.

Nous venons de recevoir la lettre de MM. Gradulani et (nom illisible). Ils se plaignent de n'avoir pas encore reçu le paiement de leur solde. Il est juste qu'ils soient remboursés, eux et les soldats qui nous ont, en temps opportun, présenté leurs réclamations. Votre Excellence pourrait liquider leur compte et payer avec l'argent qui est en caisse. M. Ange Filippi m'a dit à Vescovato, que tout était en note à Corte, sur des feuilles volantes. On pourrait constater les sommes reçues et établir les comptes. M. Zuccarelli en a sans doute gardé quelque souvenir. Je ne comprendrais pas que l'on dise de prendre ailleurs cet argent. Le peu de numéraire retiré du Cap-Corse a été dépensé pour les troupes, ainsi que cela résulte des comptes que les commandants des troupes de cette province présenteront à Votre Excellence. Tels sont les humbles avis que nous soumettons à Votre Excellence, toujours prêts à nous conformer à vos sages décisions. Nous avons l'honneur d'être, avec le plus grand respect, vos dévoués et affectionnés serviteurs.

P. S. De Caccia nous vous ferons connaître nos sentiments et ceux des personnes que nous verrons.

Clemente Paoli a Venturini

Pastoreccia, 10 Aprile 1755.

In quest'oggi ricevo lettera del signor Don Luiggi, missionnario, per mano del signor canonico Sicurani, cui si porta costì dall'E. V. Il prefato signor Luiggi prega per la libertà dell'ostaggio di Campiano ed assoluzione de' banditi, che da ciò crede più durabile la pace, come credo ne auranno fatto l'istesse istanze all'E. V. Ora quantunque la libertà degl'ostaggi sia troppo presto e l'assoluzione de' banditi contro le leggi, con tutto ciò il soggetto che ne fa l'istanza mi pare che debbasi rendere contento; per tanto mi prendo la libertà di pregarvi io ad aggradire, tanto più che le parti hanno desistito dalle loro querele, ed hanno dimostrato, per quanto mi scrive il prefato signore, segni di ravvedimento; poi sentirà meglio a bocca dal prefato signor Sicurani, e coll'uniformarmi sempre ai di lei saggi sentimenti, mi do l'onore d'essere dell'E. V.

P. de Paoli a Venturini

Rostino, 29 Lug. 1755.

Parente 1mo.

Pregovi, per uno de' vostri confidati di Bozio, far passare più presto che può la circolare di Rogna, che vi indirizzo. Importa che vada sicura, e per persona che senta etc. Attendo a momenti Petrinetto di Casacconi, che stanotte ho fatto accampare alli Casanili. Sona la campana. Vi abbraccio e sono....

Clément Paoli à Venturini

Pastoreccia, 10 Avril 1755.

Je reçois aujourd'hui une lettre de M. Don Luiggi, missionnaire, par l'entremise de M. le chanoine Sigurani, qui se rend auprès de Votre Excellence. M. Don Luiggi demande la liberté de l'ôtage de Campiano, et l'acquittement des bandits, persuadé que, moyennant ces faveurs, la paix sera encore plus stable. Je crois qu'on a dû faire les mêmes instances auprès de Votre Excellence. Bien que la mise en liberté des ôtages me paraisse prématurée et l'acquittement des bandits contraire aux lois, je suis toutefois d'avis de donner satisfaction à la personne qui fait la démarche. Aussi je prends la liberté de vous prier d'agréer la demande qui vous est faite, d'autant plus que les parties se sont désistées de leur querelle, et ont, d'après ce que m'écrit M. Sigurani, témoigné de leur repentir. Au surplus, ce dernier vous donnera de vive voix des renseignements plus précis. Avec le désir de me conformer toujours à vos sages avis, je suis....

P. de Paoli à Venturini

Rostino, 29 Juillet 1755.

Très affectionné parent.

Je vous prie de faire passer le plus tôt que vous pourrez, par un de vos hommes de confiance de Bozio, la circulaire pour les habitants de Rogna, que je vous adresse. Il importe qu'elle soit confiée à une personne sûre et qui comprenne l'importance de la mission. J'attends d'un moment à l'autre Petrinetto de Casacconi, que j'ai fait bivouaquer cette nuit à Casanili. La cloche sonne. Je vous embrasse et suis...

P. Paoli a Salvini

2 Agosto 1755.

Dall'acchiusa di Rostino non v'è niente di novo. Le giustizie quì esercitate le sapranno. Dio ha voluto che io principii dal mio paese e quasi da miei parenti. Due n'ho fatto bacchettare — sono ragazzoni — per risse e piccole ferite, ambi di Rostino. Ma mi vogliono uccidere alcuni capi, parenti stretti del notaro, che non hanno auto rossore di parlarmi assolutamente perchè lo liberassi. Alla Porta andrà in consiglio di guerra un altro, e se resta dal pubblico libero, sarà fatto marcare da me per falsario ed avrà almeno due anni di carcere incatenato per discolo.

Paoli a Venturini

Morosaglia, 12 Agosto 1755.

Parente Carissimo,

Domani parto per Corti; ora passerò rivista alle truppe, e poi penseremo a quello deve farsi. Frattanto vi averto acciò, se volete trovarvi a mezza strada, me ne diate avviso, o pure se volete passar per Bozio, sono....

A Salvini

2 Août.

D'après la lettre ci-incluse que je reçois de Rostino, il n'y a rien de nouveau. Les mesures de sévérité prises ici, vous devez les connaître. Dieu a voulu que je commence par mon pays natal et presque par mes parents. J'ai fait fustiger deux jeunes gens de Rostino, auteurs de rixes et blessures légères. Mais je suis menacé de mort par certains chefs de parti, proches parents du notaire, qui n'ont pas rougi de demander impérieusement sa mise en liberté. A la Porta on va traduire devant un conseil de guerre un autre individu. Si on l'acquitte, je le ferai marquer comme faussaire et il ira, comme perturbateur public, traîner, pendant deux ans au moins, la chaîne dans une prison.

A Venturini

Morosaglia, 12 Août.

Très Cher Parent,

Demain je pars pour Corte. Je vais passer les troupes en revue, et nous penserons ensuite à ce qu'il y a à faire. En attendant, veuillez me faire savoir si vous désirez que nous nous rencontrions à mi-chemin, ou bien si vous voulez passer par Bozio. Je suis....

A Venturini

Moïta, 1° Settembre.

Li Niolini, sempre simili a loro stessi, mettono la desolazione dove passano ; non burlano li Talcinesi ed altri compagni. Vi prego, per impegno che ad entrambi corre, di mostrar le nostre genti differenti da quelle del Matra, e mantenerle nel dovere. Li Paganelli sono alla Padulella ; in Alesani, si son pigliati gli ostaggi ; di Padoano a quest'ora abbiamo il figlio in mano, ed egli, se non comparisce, perderà il mulino.

Di Matra non abbiamo alcuna risposta, nè di Santucci. (1) Sto attendendo con impazienza qualche notizia. Ma già confido, parente caro, che la vostra abilità mi farà l'entrata in pieve di Castello, poichè aver quei popoli molto contribuisce all'unione della patria, e voi li potreste assicurare della vostra protezione, alla quale auranno confidenza somma.

(1) Thomas, de Poggiale d'Alesani.

Moïta, 1° settembre.

Le genti di Niolo e Talcini sono ancora in Zuani ed Ampriani ; colà mi vien detto, che abbino fatti degl'insulti, e siccome auranno avuto ordine di passare in Rogna, così ella potrebbe farli precorrere avviso a non partir prima del suo arrivo colà, acciò arrivandoci non irritino quei paesi. Io sto quì in attenzione dei novi maneggi. E colla solita stima mi protesto di V. E.

A Venturini

Moïta, 1er Septembre.

Les Niolins sont toujours les mêmes ; ils sèment la désolation partout où ils passent. Ils ne plaisantent pas non plus les hommes de Talcini, et d'autres camarades. Je vous prie, au nom des obligations qui nous incombent à l'un et à l'autre, de faire voir la différence qui existe entre nos troupes et celles de Matra, en les maintenant dans le devoir. Les Paganelli sont à Padulella ; nous avons pris les ôtages à Alesani. Nous avons déjà en notre pouvoir le fils de Padoano. Quant à lui-même, s'il ne se présente pas, il perdra le moulin. Aucune réponse de Matra, ni de Santucci. J'attends avec impatience de leurs nouvelles. Je me berce déjà, cher parent, de l'espoir que votre habileté nous ouvrira les portes de la piève de Castello. Le concours de ces peuples contribuera puissamment à cimenter l'union de la patrie. De votre part, vous pourriez, cher parent, les assurer de votre protection, en laquelle ils auront entière confiance.

Moïta, 1er septembre.

Les gens de Niolo et Talcini sont encore à Zuani et à Ampriani, et j'apprends que là ils se sont livrés à des excès. Comme il est probable qu'ils ont reçu l'ordre de passer dans la piève de Rogna, il conviendrait de leur donner avis de ne pas partir avant votre arrivée dans cette localité. S'ils s'y rendaient avant vous, ils pourraient irriter les populations. Je suis ici occupé à surveiller de nouvelles menées. Je vous renouvelle mes sentiments d'amitié.

Moïta, 2 settembre.

Questa mane ricevo la sua, e subito do la mossa per costì alle nostre truppe. Voi frattanto cercate far sospendere il fuoco, e calmate il furore, chè ogni cosa si potrebbe accomodare. Al signor Pietro Giovanni (1) farò io dar tutta la possibile soddisfazione, perchè li Niolini meritano ogni castigo. Calmiamo il furore quanto si può.

(1) Panzani de Zuani.

Zuani, 2 settembre.

Secondo quello che ricevei stamane, mi posi in marcia con tutte le truppe per costì; ma dalla vostra ricevuta per strada, mi son restato fin a vostro nuovo avviso in Zuani, e, per quietare il timore della Signora Panzani, mi sono portato ad alloggiare nella di lei casa. Io crederei spediente ottimo licenziare i Niolini, perchè sono genti troppo inquiete e possono intorbidar ogni cosa; ma fate ciò con cautela. Io scrivo loro una lettera, responsiva a quella che mi hanno scritto, molto compita, e gli ho lusingati per raffrenarli. Voi che siete sopra luogo potete meglio regolarvi, e, se vi pare fattibile, mandarli a case loro; ma convien prima cattivarsi li Talcinesi e Giovellinesi. Tutto ripongo sopra la savia vostra condotta, mentre sono con tutta stima,

In somma regolate come meglio vi pare.

Moïta, 2 septembre.

Je reçois ce matin votre lettre. Je vais sans retard mettre en mouvement nos troupes pour vous rejoindre. En attendant tâchez d'arrêter le feu et de calmer la fureur des combattants. Les choses pourraient encore se terminer à l'amiable. Je ferai donner toutes les satisfactions possibles à M. Pierre-Jean. Les Niolins méritent une punition exemplaire. Calmons, tant que nous pouvons, l'ardeur qui agite les esprits.

Zuani, 2 septembre.

D'après les avis reçus ce matin, je m'étais mis en marche avec toutes les troupes pour vous rejoindre. Mais, ayant reçu votre lettre en chemin, je me suis arrêté à Zuani, où j'attendrai de votre part d'autres informations. Pour calmer les craintes de Madame Panzani, je suis allé loger chez elle. Je serais fort d'avis de licencier les gens de Niolo, parce qu'ils ont l'esprit trop turbulent, et qu'ils sont capables de tout compromettre. Usez en cela de prudence. Je leur ai écrit une lettre polie, en réponse à celle qu'ils m'ont écrite ; je les flatte afin de les rendre plus dociles. Vous, qui êtes sur les lieux, vous pouvez mieux vous régler, et les renvoyer chez eux, si vous le croyez possible. Mais il convient de s'attirer d'abord la bienveillance des habitants de Talcini et Giovellina. Je m'en rapporte entièrement à votre sagesse. Je suis....

Du reste, faites comme vous l'entendez.

Zuani, 3 settembre.

ECCELLENZA,

Se Lei giudicasse a proposito che, per dare una buona apparenza al fatto di costì, il Signor Panzani venisse in Corti, che per me lo giudico bene, potrebbe condurlo seco, e farlo passare scortato dai Rognacci sino a Bozio, per unirsi con noi. Di tutto ne abbia Lei la cura. Potrebbe scrivere alli Signori Luciani e Fraticelli che, uniti ai Podestà e PP. del Comune di Castello, si *portino in Corti*, dandoli tutte le sicurezze, poichè ad altro non tende la nostra mira che ad unire i Popoli, perchè tutti di concerto sostengano i diritti della Patria. E con tutta la stima sono di V. E.

P. S. Se i Rognacci fossero presi per parte, lo potrebbe far scortare ai suoi, o come meglio stima.

Zuani, 3 settembre.

Li nostri prigionieri sono stati licenziati, e sono in Moita, ma scalzi. Il Matra li ha posti in libertà, a tenor della lettera che gli scrissi da Alesani; vorrebbe però che nel perdono fossevi compreso anche il Santucci, figlio e genero, (1) ciò che si potrà accordare, purchè si presentino a ricever le *condizioni che la Nazione loro vorrà accordare*, ed acciò sicuramente possano presentarsi, giudico per ora accordarli un salvo condotto di dieci giorni. Al Matra si potrà dar tutto il corrente mese per prepararsi al suo imbarco. E per li tre di Alesani, allorchè saremo uniti, si risolverà. *Scrivo perchè subito sia scarcerata la Signora Faustina.* (2)

---

(1) Capitaine Angeluccio Colombani, de Pietricaggio.
(2) Sœur de Matra et veuve du Général Gaffori ; Paoli la fit arrêter après l'échec éprouvé par les siens à Orezza.

Zuani, 3 septembre.

Si vous croyez, qu'en faisant venir Panzani à Corte, l'on puisse donner une bonne couleur à ce qui se passe autour de vous, pour ce qui me concerne, je ne désapprouve pas la mesure; vous pourriez l'amener avec vous et le faire escorter par les habitants de Rogna jusqu'à Bozio, où il nous rejoindra. Je vous laisse le soin de tout cela. Vous pourriez écrire à MM. Luciani et Fraticelli de se rendre à Corte, en compagnie des Podestà et des pères de Commune de Castello, en leur donnant toutes les sûretés nécessaires. Nous n'avons, en effet, d'autre but que celui de cimenter l'union des peuples, afin que, tous d'un commun accord, ils puissent soutenir les droits de la Patrie. Je suis...

P. S. Si les habitants de Rogna étaient considérés comme suspects, vous pourriez faire escorter Panzani par vos hommes ou par qui vous voudrez.

Zuani, 3 septembre.

Nos prisonniers ont été relâchés; ils sont maintenant à Moita, mais sans chaussures. Matra les a mis en liberté, se conformant en cela à la lettre que je lui ai écrite d'Alesani. Il voudrait cependant que l'on comprît au nombre des amnistiés Santucci, son fils et son gendre, faveur que l'on pourrait accorder si ces derniers se présentent pour accepter les conditions que la nation voudra leur imposer. Afin qu'ils puissent se présenter en toute sécurité, je suis d'avis de leur accorder un sauf-conduit de dix jours. On pourrait accorder à Matra tout le mois courant, afin de lui donner le temps de faire ses préparatifs de départ. Pour ce qui est des trois habitants d'Alesani, nous aviserons lorsque nous serons réunis. J'écris pour que l'on mette immédiatement en liberté la Signora Faustina.

Vous trouverez ci-incluse la lettre du Pievano de Moita, et celle des habitants d'Isolaccio. Ces lettres pourront

— 46 —

Le acchiudo la lettera del Pievano di Moita e dell'Isolaccesi, dalle quali può aver gran lume per gl'affari di costì, li quali, se giudico a tenor di quel che ne scrive Ella ancora, possono infallibilmente andar bene. Sopra ciò devo dirle che questi Signori pensano che sarebbe bene passar questa sera alla volta di Corti, per ivi scioglier la nostra marcia: ma sopra ciò niente può risolversi senza il suo consiglio, ritrovandosi Ella sopra la faccia del luogo. Aspetto perciò la sua risposta con prontezza.

L'ultima sua che ricevo mi mette al fatto maggiore dei ladri di V... Ho consegnate l'acchiuse. A tenor della risposta che mi darà, farò le spedizioni per sgravar questo povero popolo.

Se stima proprio, potrebbe prender gli ostaggi in Piedicorte ed Altiani, ed Ella saprà quelli potranno prendersi. Mi dicono che Modesto Santini non deve esser trascurato.

A quei di Vezzani, se Le pare, si potrebbe scrivere che si presentassero li Padri del Comune e Podestà a Corte; tutto però resta appoggiato alla sua condotta, e sono di V. E.

Convento di Rostino, 8 settembre.

PARENTE CARISSIMO,

Ricevo la vostra lettera scrittami stamane e mi spiace che voi non siate in istato di ajutarmi qui in questi due giorni che devo formar le truppe, che mi dà più pena per li grandi impegni che ogn'altra cosa. Li Niolini sono stati più modesti di quel che potete imaginarvi. Stamane mi mandano a dire che bramano la giustizia; pertanto vediamoci per dare un'apparenza onesta all'affare, che lo faremo terminare con onore e senza strepito. L'accordo col Signor Matra

vous éclairer complètement sur ce qui se passe de ce côté. Si je dois en juger par ce que vous me dites vous-même, ces affaires ne pourront qu'avoir une heureuse issue. A cet égard, je dois vous dire que ces Messieurs sont d'avis de nous acheminer, dès ce soir, vers Corte, pour y licencier les troupes. Mais rien ne peut être fait sans vous, qui vous trouvez sur les lieux. J'attends donc de vous une prompte réponse.

Votre dernière lettre, que je viens de recevoir, me renseigne d'une façon plus précise sur les voleurs de V.... J'ai remis celles qui s'y trouvaient incluses. D'après la réponse que vous me ferez, je prendrai les mesures nécessaires pour diminuer les charges de ce pauvre peuple.

Si vous le croyez à propos, vous pourriez prendre des ôtages à Piedicorte et à Altiani. Vous verrez sur qui doit tomber le choix. On me dit que Santini, Modesto, ne doit pas être oublié.

A ceux de Vezzani, on pourrait leur écrire, si vous le croyez convenable, de faire présenter à Corte les Pères de Commune et les Podestà. Nous vous laissons toutefois entière liberté d'action. Je suis de Votre Exellence le parent affectueux.

Couvent de Rostino, 8 septembre 1755.

Je reçois la lettre que vous m'avez écrite ce matin. Je suis fâché que vous ne soyez pas en état de me venir en aide, pendant ces deux jours, destinés à l'organisation des troupes. Cette besogne me donne plus d'embarras que n'importe quoi, à cause du grand nombre de recommandations que l'on fait auprès de moi. Les Niolins ont été plus modérés que vous ne pouvez vous l'imaginer. Ce matin ils me font dire qu'ils ne demandent que justice. Tâchons cependant de nous voir, afin de donner à cette affaire une apparence honnête. Nous la terminerons avec

è stato, che egli, per tutto questo mese, sia fuor dell'Isola, (1) senza potervi più tornare, senza espressa licenza; che restituisse li nostri prigionieri; che a suo riguardo si sarebbero resi tutti quelli che avevamo presi a discrezione nell'ultimo tumulto d'Orezza, eccettuati però quelli che vorremo tenere per ostaggi, acciò dessero le dovute soddisfazioni al pubblico le provincie di Fiumorbo ed altre. Infatti dell'Isolaccio abbiamo tenuti da 3 ostaggi, alcuni di Vezzani, e così d'ogni altro luogo. Se quelli che sono in Orezza non sono per servirci d'ostaggio, cercate ordinare che siano rilassati, o come giudicherete a proposito. Giuliolo scappò per strada; ora m'ha fatto presentare una supplica; io non ho voluto sentirlo, ma gli ho fatto dire che ricorra a voi. Parente caro, ora, se potete, venite, che gli affari sono pressanti. Venite a riposarvi qui, per amor di Dio, che tutto andrà bene. V'attendo dunque e sono vostro affet. parente.

(1) Matra avait été battu à Lugo-de-Nazza.

Paoli a Salvini

Convento di Rostino, 8 settembre 1755. — Amico. Non può giustamente chiamarsi vittoria quella che s'ottiene sopra proprj connazionali; la nostra però può chiamarsi tale perchè non è costata molto sangue, e, mi lusingo, avrà per sempre confermata la nostra unione.

Il Matra fuggì vergognosamente, e, colla sua fuga, può aver guarita la pazzìa di quelli che, coll'appoggio di qualche partito, pensino pigliarsela col nostro popolo, il quale, a guisa del popolo eletto, vien dalla Divinità in ispeciale maniera sempre assistito. Si fecero molti prigionieri del Fiumorbo, di Vico, Vezzani, etc. coi quali, non solamente s'ottenne il riscatto dei nostri prigionieri, ma si conservano ancora ostaggi, co' quali il Fiumorbo è obbligato ritornar

dignité et sans bruit. Il a été convenu avec Matra qu'il aurait tout le mois pour quitter l'île, sans pouvoir plus y rentrer, à moins d'une autorisation expresse, et qu'il rendrait tous les prisonniers. De notre côté, nous nous engageons à restituer tous les prisonniers qui se sont rendus à discrétion pendant les derniers troubles d'Orezza, à l'exception de ceux que nous voudrons garder comme ôtages, et cela afin que le Fiumorbo et les autres provinces se mettent en mesure de donner au public les satisfactions légitimes. Nous avons en effet gardé trois ôtages de l'Isolaccio, quelques-uns de Vezzani, et ainsi de toutes les autres localités. Si ceux qui sont à Orezza ne peuvent pas vous servir d'ôtages, tâchez de les faire relâcher, ou faites ce que vous croirez convenable. Giuliolo s'est évadé en chemin ; il vient de me faire présenter une supplique. Je n'ai pas voulu l'écouter. Je lui ai fait dire de s'adresser à vous. Cher parent, si vous pouvez venir, accourez, car les affaires sont pressantes. Venez, pour l'amour de Dieu, vous reposer ici, et tout ira bien. Je vous attends donc, et je suis votre affectionné parent.

Paoli à Salvini

Couvent de Rostino, 8 septembre 1855. — Ami. On ne peut vraiment pas appeler victoire celle que l'on remporte sur ses concitoyens. La nôtre cependant peut s'appeler ainsi, parce qu'elle n'a pas coûté beaucoup de sang, et aura, je l'espère, assuré, pour toujours, notre union. Matra a fui honteusement et, par sa fuite, il a peut-être guéri la folie de ceux qui, s'appuyant sur un parti, s'imaginaient pouvoir lutter contre notre peuple, qui, comme le peuple élu, a toujours été assisté par la Divinité d'une manière spéciale.

On a fait beaucoup de prisonniers de Fiumorbo, Vico et Vezzani ; par leur échange, nous avons non-seulement obtenu le rachat des nôtres, mais on nous laisse encore

di nuovo all'obbedienza, come di già ha domandato il suo perdono, e glie l'ho accordato. L'aver avuto li prigionieri per mezzo de' Fiumorbesi solamente, ha fatto che Matra perdesse qui ogni speranza, poichè li suoi partitanti, che sono in Castello, avendo veduto che di loro egli poco s'è curato, può immaginarsi quanto contro di lui siano adirati: eglino però non usciranno di Castello prima che l'aria non sia perfettamente serena. Il Matra ha domandato il suo perdono; la sua casa però e molti castagni sono andati via, e, fra tutto questo mese, ha promesso di sortir dall'Isola; li banditi, suoi seguaci, purchè non si molestino i lor parenti, domandano imbarcarsi; il Santucci, figlio e genero, han domandato un salvocondotto per le famiglie, col patto d'imbarcarsi tutti tre. Ho accordato il salvocondotto alle famiglie perchè, se eglino non adempiono le condizioni, quelle ne restano sempre in ostaggio. Le cose pajono bene incamminate, e meglio potranno ancora essere se il Grimaldi fa qualche uscita per animar questi popoli. In fatti in questo punto ricevo lettera di Nebbio che temono essere attaccati; ma non lo spero, perchè non ha forza da cimentarsi. — Fa piacere il veder li nostri paesi brillar alla notizia che Genovesi pensino a sortir dalli presidj. Io sto formando in furia un buon corpo di truppa regolata, colla quale penso venir, fra breve, costì, se il bisogno non mi chiama altrove.

Il suo raccomandato lo terrò presente nella prima congiuntura. Egli è un uomo di valore e merito molto. Mi spiace che costì si siano lasciato sorprendere l'Isola-Rossa, cioè la torre di mare; con un poco più di risoluzione, potea rendersi quel luoco più segnalato con una seconda vittoria.

Non vi affliggete per la confisca dei beni de' Genovesi, siccome di quel che s'è preso dagli ecclesiastici. La cosa è lecita, è necessaria, è santa; e se qui fosse luogo, io, che sono ignorante, glielo farei toccar con mani. Ma si quieti; Roma non la sentirà male. Le basti così, ed aspetti

des ôtages, qui assurent le retour du Fiumorbo à l'obéissance. Cette Province a, en effet, déjà demandé son pardon et je le lui ai accordé.

Le fait d'avoir obtenu nos prisonniers, contre la remise des seuls Fiumorbais, a fait perdre ici à Matra tout espoir, puisque ceux de ses partisans, qui sont dans le château, ayant vu qu'il s'est peu soucié de leur situation, sont, comme vous pouvez vous l'imaginer, très irrités contre lui. Ils ne sortiront cependant pas du château tant qu'il y aura dans l'air le plus léger nuage.

Matra a demandé son pardon ; sa maison, néanmoins, et beaucoup de châtaigniers ont été détruits ; il a promis de quitter l'Ile, avant la fin du mois. Les bandits de son parti demandent à s'embarquer, pourvu qu'on n'inquiète pas leurs parents. Santucci, son fils et son gendre ont demandé un sauf-conduit pour leurs familles, avec la promesse de s'embarquer tous les trois. J'ai accordé ce sauf-conduit aux familles parce que, s'ils ne remplissent pas les conditions, leurs familles restent toujours en ôtage. Les choses semblent bien marcher et elles iront encore mieux, si Grimaldi fait quelque sortie, pour ranimer nos populations. Je reçois en effet à l'instant une lettre du Nebbio, où l'on s'attend à une attaque ; mais je ne l'espère pas, parce qu'il n'est pas en force pour affronter la lutte. — On a plaisir à voir nos villages dans la joie, en apprenant que les Gênois songent à sortir de leurs forteresses. Je m'occupe à former, à la hâte, un bon corps de troupes régulières, avec lequel je me propose de me rendre bientôt chez vous, si le besoin ne m'appelle pas ailleurs.

Je n'oublierai pas votre protégé, à la première occasion ; c'est un homme de valeur et de beaucoup de mérite. J'apprends avec peine que l'on ait laissé surprendre l'Ile-Rousse, c'est-à-dire la tour qui est en mer ; avec un peu plus de résolution, on aurait pu illustrer ce lieu par une seconde victoire.

Ne vous affligez pas de la confiscation des biens des

a chiarirsi ogni dubbio quando avrò l'onore di parlare da solo a solo. Il manifesto uscirà ancora. Io Le scrivo senza badare a tanto e senza suggezione, perchè son più che persuaso che brama il mio bene, e mi parla la verità netta e chiara, come io bramo che sempre meco faccia; non manchi perciò scrivermi continuamente per suggerirmi i suoi consigli. Mio fratello tien li foglietti; allorchè me li rimanderà gliel'acchiuderò. Io scrivo un poco agitato: perdoni se non Le do più ampia relazione di tutto. Mi creda però sempre

      Suo devotissimo Amico,

Paoli a Salvini

Rostino, 15 settembre 1755. — Mi giunge molto opportuna la vostra lettera. Sono qui congregati li signori capi per deliberare e prendere le risoluzioni più proprie dei tempi.

Ier sera, prima della sua, s'era stabilita la mia venuta costì, attesa la premura che alcuni della provincia ne faceano nelle lettere che continuamente scriveano e scrivono. Letta la sua a mio fratello, s'è fatta altra determinazione. Per ora, non essendo costì il bisogno momentaneo della mia presenza, s'è deliberato che io passi in Corte, ove completerò il campo volante, riceverò gli ostaggi della pieve di Vico, Castello e Fiumorbo, e procurerò dare assetto agli affari di quelle parti; essendo ancora a portata di stare in osservazione del Matra, che tutt'ora cerca d'intor-

Génois, pas plus que de ce qu'on a pris au Clergé. La mesure est permise, nécessaire, sainte, et, si la chose n'était pas déplacée ici, moi-même, qui ne suis qu'un ignorant, je vous le ferais toucher du doigt. Mais tranquillisez-vous ; Rome ne s'en formalisera pas ; que cela vous suffise. Pour dissiper tous vos scrupules, attendez que j'aie l'honneur de vous parler en tête en tête. Le Manifeste paraîtra aussi. Je vous écris sans trop m'observer et sans façon, parce que j'ai l'intime conviction que vous me voulez du bien et que vous me dites la franche et pure vérité, comme je désire que vous le fassiez toujours avec moi. Ne manquez donc pas de m'écrire continuellement pour me donner vos avis. Les journaux sont entre les mains de mon frère ; je vous les ferai passer quand il me les aura renvoyés. Je suis un peu agité en écrivant. Pardonnez-moi si je ne vous donne pas de plus amples renseignements. Croyez-moi pour toujours

Votre très dévoué ami,

Paoli à Salvini

Rostino, 15 septembre 1755. — Je reçois votre lettre fort à propos. Les chefs sont ici réunis pour délibérer et prendre les résolutions les plus opportunes. Hier soir, avant la réception de votre lettre, il était décidé que je vous rejoindrais, et cela afin de répondre aux réclamations que certains habitants de votre province ne cessaient et ne cessent encore de me faire dans leurs lettres. J'ai lu votre lettre à mon frère, et nous avons pris une autre détermination. Ma présence n'étant pas, pour le moment, indispensable en Balagne, il a été convenu que je me rendrais à Corte, pour compléter l'organisation du camp volant, recevoir les ôtages des piéves de Vico, Castello et Fiumorbo, et tâcher de régler les affaires de ces localités. Etant à Corte, j'aurai encore l'avantage de surveiller les

bidarle, e mi viene detto che non pensi più ad imbarcarsi.

Questi due giorni, spedirò circa due cento uomini, che battano continuamente la pieve di Serra, Campoloro ed Alesani, ove eglino li torbidi potrebbero posteggiare. Io son di parere che, non facendo altro che obbligarli a stare al forte d'Aleria, si fa molto, perchè dall'aria vi devono stare ammazzati. Il Matra già svelatamente opera per Genovesi, e li Fiumorbesi già cominciano accorti ad abborrirlo. Costui ha rovinato ogni mio disegno; non può stare che la divina providenza non lo faccia severamente castigare a misura del pubblico suo delitto. Ha fatto più male costui che la Repubblica da sè stessa in dieci anni. Pure, grazia Dio, non si sente nè un omicidio, nè una rissa; il popolo, occupato sopra le operazioni... resta fortunatamente distratto dal pensiero delle vendette, benchè l'indegno non manchi fomentarle.

Dio però terminerà la grand'opera, tutta sua, che avea così prosperamente principiato, di pacificare questi nostri popoli e ridurli dagli odj e dalle inimicizie intestine a solamente combattere per la patria e contro il comune nemico di nostra nazione.

Io non ho altra mira in questi tempi che unire il Regno, acciò, nella prossima guerra, che non mancherà accendersi in Europa, non vengano altra volta distolte le potenze contrarie ai Genovesi di sollevarci, a cagione delle civili discordie, come successe in tempo di Gaffori e Rivarola.

Amico, v'ha chi mi taccia di essere troppo indulgente nella mia condotta; ma costoro o non sono a capo del mio progetto, o poco esaminano la natura dei nostri nazionali, che durano più nel pensiero di vendicarsi, se sono offesi, che nell'intenzione di mostrarsi ingrati. Può darsi che mi tradisca il mio pensiero: in un popolo libero e quasi sfrenato, come il nostro, il rigore deve camminar molto dietro alla placidezza. Il Corso vuole essere illuminato, e col maneggio se ne ottiene ogni cosa.

agissements de Matra, qui, m'assure-t-on, cherche encore à semer la discorde et ne songe plus à s'embarquer.

D'ici à deux jours, j'enverrai deux cents hommes environ pour parcourir en tout sens les pièves de Serra, Campoloro, Alesani et prévenir les troubles. Ne ferions-nous qu'obliger les ennemis à rester au fort d'Aleria, je pense que c'est déjà beaucoup, car le mauvais air doit les exterminer. Matra travaille déjà ouvertement pour Gênes ; les Fiumorbais ont découvert ses menées et commencent à le prendre en haine. Matra a détruit tous mes projets. Il me semble impossible que la Divine Providence ne lui inflige pas un châtiment proportionné à son crime. Cet homme nous a fait plus de mal que la République elle-même en dix ans. Toutefois on n'entend plus parler, Dieu merci, ni de meurtres, ni de rixes. Tout entier aux opérations de la guerre, le peuple ne songe heureusement plus aux vengeances, bien que l'infâme Matra ne manque pas de les fomenter.

Dieu, malgré tout, mènera cependant à bonne fin cette grande œuvre, qu'il a si heureusement commencée, de rétablir la paix parmi ces peuples, de faire oublier, à tous, les haines et les discordes intestines, pour tourner tous leurs efforts, vers la défense de la patrie, contre l'ennemi commun.

La seule chose que j'aie en ce moment en vue, c'est l'union de la patrie. Je ne veux pas qu'à la première guerre, qui éclatera en Europe, les puissances ennemies des Génois prennent, encore une fois, prétexte de nos guerres intestines pour nous refuser leur concours, ainsi que cela est arrivé du temps de Gaffori et de Rivarola.

Il y a, cher ami, des personnes qui m'accusent de me montrer trop indulgent. Mais ces personnes ne connaissent pas mes projets ou se méprennent sur le naturel de nos compatriotes, qui désirent plutôt passer pour vindicatifs que pour ingrats. Je peux me tromper, mais chez un peuple libre et, pour ainsi dire, sans frein, comme le nôtre, la

Datemi sopra ciò le vostre riflessioni e non tradite la confidenza che tengo nella vostra sincerità.

Io, stanotte, ho dormito sopra una tavola per dar luogo agli altri, e mi trovo fuor di stato di fare una più ampia lettera, perchè mi trovo sbattuto ed oppresso dalla folla di gente che mi circonda. Animate le provincie ed assicurate pure ognuno che il mio pensiero non è posare, ma girare, e che, poste in perfetta calma le cose qui, verrò a dare una occhiata alla provincia. Mio fratello La riverisce ed io sono sempre.

Vostro affettuoso amico,

P. S. — Mi scordavo dire che trovo due mila uffiziali e non due cento soldati.

La nostra nazione è troppo avida; m'inquieta più contentare tutti in questa occasione, che le trovate di Cl°. Siamo d'accordo circa quel progetto.

Paoli a Venturini

Casinca, 21 settembre 1755.

PARENTE CARISSIMO,

Già questi due giorni deve esser occupato il Forte da nostri nemici; così da Bastia vengo avvisato, onde con mio fratello sopra ciò consultate. Io ho scritto a Majorchini che con 50 de' suoi immediatamente occupi il posto, e poi con mio fratello gettandovi in Serra potreste ordinare che Casajanda e il Forte siano intieramente distrutti, che da quei posti può venirci gran male. Sono vostro affet. parente.

P. S. Io starò quà per tenerli in soggezione per Bastia e per Nebbio.

Paoli a Salvini

Corte, li 23 settembre 1755. — Amico. La lettera che m'acchiudea era del mio colonnello che, scrivendomi da Napoli, diceva, aver egli stesso presentato al re il memoriale per

rigueur doit céder le pas à la douceur. Le Corse veut être éclairé ; avec du savoir faire, on obtient tout de lui.

Faites-moi, à ce sujet, connaître votre avis et ne trahissez pas la confiance que j'ai en votre sincérité.

J'ai couché cette nuit sur une planche, pour faire place aux autres ; il m'est impossible de vous écrire plus longuement, parce que je suis très-fatigué et accablé par le grand nombre de personnes qui m'entourent. Encouragez les provinces et donnez à chacun l'assurance que je n'ai pas l'intention de rester oisif, mais de me porter partout. Lorsque j'aurai complètement rétabli l'ordre ici, je viendrai donner un coup d'œil à votre province. Mon frère vous salue, et je suis….

P. S. — J'oubliais de vous dire que je trouve deux mille officiers et pas même deux cents soldats. Nos compatriotes sont trop avides ; je suis plus embarrassé pour contenter tout le monde, en cette occasion, que pour donner satisfaction aux projets de Clément. Nous sommes d'accord sur le projet en question.

Paoli à Venturini

Casinca, 24 septembre 1755.

Le Fort d'Aleria doit être, dans ces deux jours, occupé par nos ennemis. Tel est l'avis que je reçois de Bastia. Voyez avec mon frère ce qu'il y a à faire. J'ai écrit à Majorchini d'occuper immédiatement le poste avec 50 des siens. Vous pourriez ensuite, avec mon frère, vous jeter dans le piève de Serra et ordonner la destruction complète de Casajanda et du Fort, vu que de ces deux postes on pourrait nous faire beaucoup de mal.

P. S. Je resterai ici pour tenir en échec l'ennemi du côté de Bastia et du Nebbio.

Paoli à Salvini

Corte, 23 septembre 1755. — La lettre que vous m'avez envoyée, incluse dans la vôtre, était de mon colonel. Il m'écrit de Naples, qu'il a présenté lui-même au roi le

la licenza, la quale però non m'hanno mandato. Io sono entrato in qualche sospetto che la corte non abbia inteso piacere della mia elezione, sulla mira che, presentandosi buona occasione, crede poterci aver mano per aver a sua divozione li Corsi; la corte in vero è poco attiva, ma ambiziosa e tutto potrebbe essere.

L'altra era del signor Zerbi, che mi rispondea intorno a quel che gli scrissi, per far venir da Lucca un buon fabbro per assistere alla fonderia del rame. Dice che non vogliono venire se non hanno un milione e mezzo di condizioni e paghe spropositate. Poi Zerbi non è buono per questi maneggi; quando egli ha scritto una lettera mordace, ha dato sfogo a tutto il suo talento; pensi dunque se, per mezzo d'altro, potessimo aver chi ci assistesse per tal fabbrica, stantechè la vena è ricca oltre ogni credere. Qui ho ricevute le umiliazioni di Carlo Giovanni di Vezzani e Santo Petroso (1) che sono comparsi ad esibirsi a tutto ciò che loro, a nome della patria, sarò contento imporre. Il Fiumorbo ancora è venuto a divozione. Io spero che questo frutto non farà tanto amara la nostra vittoria.

Il Matra più alza la maschera per Genovesi; al suo forte tiene molti banditi a soldo, e dicesi ancora gente spedita da Bastia. L'aria è pessima in quel luogo ed io non posso prevenirlo, etc. Santucci ha perduto un figlio e l'altro è moribondo; tutti bisogna crepino al Forte fin al mese d'ottobre. Il fatto però è, che non puo più alzar capo. Già non era più creduto, ed ora nè meno è amato, avendo conosciuto che travaglia per Genovesi.

Spero lunedì o martedì aver un abboccamento con i capi del dilà da' Monti; vorrei incordar tutto il regno, liberarlo dalle civili discordie, acciò invaghisca qualche potenza a soccorrerlo. Per questo disegno però ho bisogno di grande assistenza. S'adoperi per codesta parte, da dove sono asse-

---

(1) Fraticelli.

mémoire, où je demandais mon congé, qu'on ne m'a cependant pas encore envoyé. Je crains que la cour de Naples n'ait vu de mauvais œil mon élection ; elle a pu s'imaginer que, l'occasion devenant favorable, elle pouvait avoir ici des intelligences pour réduire les Corses à sa dévotion. La cour, à vrai dire, a peu d'activité, mais beaucoup d'ambition ; tout est donc possible.

L'autre lettre était de M. Zerbi, qui répondait à celle que je lui avais écrite, l'engageant à faire venir de Lucques un bon ouvrier, pour diriger la fonderie de cuivre. Les ouvriers font, dit-il, un million et demi de conditions et demandent des salaires exorbitants. D'ailleurs Zerbi n'est pas taillé pour ces sortes d'affaires. Quand il a écrit une lettre mordante, il a donné tout ce qu'il peut donner. Voyez donc si, par l'entremise de quelque autre personne, nous ne pourrions pas trouver un ouvrier capable. La minière est plus riche qu'on ne saurait le croire.

J'ai reçu ici la soumission de Charles-Jean Vezzani et de Toussaint Petroso. Ils se sont présentés et ont promis de faire tout ce que j'exigerai d'eux, au nom de la patrie. Le Fiumorbo a fait également sa soumission. J'espère que ces résultats rendront moins amère notre victoire.

Matra se déclare chaque jour plus ouvertement pour les Génois. Il a, à sa solde, au fort d'Aleria, un nombre considérable de bandits, et même, dit-on, des gens envoyés de Bastia. L'air du Fort est pestilentiel et il m'est impossible de le prévenir, etc. Santucci a perdu un de ses fils, et l'autre est moribond. Il faut que tous ceux qui sont au fort y passent avant le mois d'octobre. Ce qu'il y a de certain, c'est que Matra ne peut plus relever la tête. On n'avait déjà guère de confiance en lui ; et maintenant il n'est pas non plus aimé, qu'on l'a vu travailler ouvertement pour Gênes.

Lundi ou mardi, j'espère avoir une entrevue avec les chefs du delà des Monts. Je voudrais établir l'entente dans tout le royaume et le délivrer des guerres intestines, afin de faire naître, chez quelque puissance, le désir de nous

diato da continue lettere, che altro non domandono che sfogo di passioni, ed al lor parziale talento vorrebbero m'accomodassi ancora io. Esorti ognuno a soffrirsi l'un l'altro per far durevole l'unione. Si sa che tutti in un tempo non saranno buoni generalmente, ma con politica potrebbero farli tali. Queste mire sono essenziali per la nostra patria; faccia dunque particolar riflessioni ad impedir li rimproveri de' fucilieri, e servasi del modo che tenne S. Paolo, scrivendo a Romani, che maltrattavano gli Ebrei. Ho troppi affari per far lettere lunghe e che tutto narrassero. Permettami perciò pregarlo di continuare a scrivermi, che sarò sempre disposto a seguir i lumi che mi saranno mostrati.

Suo D.mo amico,

P. S. Veda se fatico in vano : s'era fatta una spedizione notturna per pigliar un bandito famoso, e presolo, me l'han fatto scappare. E vero però che subito presi la famiglia, il fratello, e qui tremano per la giustizia. Ma frattanto il popolo, a dir vero, ama me, ma non confida nella truppa, cosa che molto mi dispiace.

Paoli a Salvini

Corte, li 25 settembre 1755. — Amico. L'ultima vostra, che ricevo, è in data de' 19 di questo; all'altre tutte, quali mi cenna, ho fatto risposta. Questa è piena di savj documenti, proporzionati al bisogno delle nostre cose; sono perciò le migliori, e pregovi della continuazione, che sempre me ne troverò bisognoso.

Circa all'animar li Giulianisti, mi trovo averlo fatto con lettere patenti alli signori Fabiani, li quali non dubito che opportunamente non vadano mostrandole a quelli che potranno farne buon uso. Circa poi a chiamar il dottor Giuliani, non lo stimo a proposito, essendo il suo delitto troppo scandaloso, anche per aver influito in quello di

secourir. Pour mener à bonne fin ce projet, j'ai besoin d'être fortement soutenu. Occupez-vous de votre province, d'où l'on ne cesse de m'accabler de lettres. Chacun voudrait assouvir ses passions et m'entraîner moi-même à prendre part à ses haines personnelles. Exhortez vos compatriotes à la tolérance réciproque, afin de rendre durable l'entente. Il est évident, que nous ne pouvons pas espérer de rendre tous les Corses bons en un moment ; mais, en usant de ménagements, ils peuvent le devenir. Voici le but qu'il faut se proposer, si l'on veut le bien de la patrie. Mettez toute votre attention à empêcher les reproches qu'on peut adresser aux fusiliers, et imitez St-Paul, quand il écrivait aux Romains, persécutant les Hébreux. Je suis trop occupé pour avoir le temps d'écrire de longues lettres, rendant compte de tout. Permettez-moi de vous prier de continuer à m'écrire ; vous me trouverez toujours disposé à écouter les sages conseils qui me seront donnés. Votre....

P. S. Voyez la peine que je me donne en vain. On avait fait une expédition nocturne, pour prendre un fameux bandit, et, une fois pris, on l'a laissé s'évader. Il est vrai que j'ai fait aussitôt arrêter sa famille et son frère, et ici l'on tremble dans la crainte du châtiment. A dire vrai, le peuple m'aime, mais il n'a aucune confiance dans les milices, ce qui me fait de la peine.

Paoli à Salvini

Corte, 25 septembre 1755. — Ami. La dernière de vos lettres porte la date du 19 du courant. J'ai répondu à toutes les autres dont vous me parlez. Celle-ci est remplie de sages conseils, répondant aux circonstances ; de telles lettres sont les meilleures ; je vous prie de continuer à m'en écrire ; je ne saurais désormais m'en passer.

Pour ce qui est d'encourager les partisans de Giuliani, je l'ai déjà fait, par les lettres patentes adressées à MM. Fabiani qui, au besoin, ne manqueront pas de les communiquer aux personnes capables d'en faire bon usage. Quant à mander le docteur Giuliani, je ne suis pas d'avis de le faire. Son crime est trop grand et a même pro-

Matra, come la dittatura di Lucio Silla diede motivo a quella di Cajo Cesare. E finissero qui le cattive conseguenze del di lui fallo. Egli fu il primo che insegnò, a costo di guerre civili, come si tirano li Corsi. Onde devesi ricevere la moltitudine senza rimproverarla, non però il capo, e particolarmente un capo ostinato come Giuliani; ora li suoi partitanti sono contenti se vedono esser trattati come gli altri patriotti; ma, se vedessero in qualche credito il loro capo, aspirerebbero alla vendetta facilmente: è questo lo stile dei nostri nazionali, che vaglionsi in mala parte ed in isfogo delle lor passioni, dell' attinenza che hanno con qualche superiore; e quelli di codesta provincia, che ora comandano, di mala voglia ancora lo soffrirebbero, come vi farò vedere da fasci di lettere che ogni giorno ricevo. Oltre a ciò, la cosa sarebbe gelosa anche per qui, nè io potrei dare un tal passo senza il consenso degli altri capi, che di fatto non possono sentire il Giuliani. Il vostro pensiero però, come buono, può e deve mettersi in pratica, in qualche maniera. Onde stimerei che voi doveste animar Giuliani a portarsi quà da se stesso, che io spererei trattarlo con tale dolcezza che egli restasse contento. Se però li Giulianisti operano con zelo forte, sarebbe bene non toccar nè meno questo tasto, per non rinovar memorie antiche, molto più che sono accostumati a vederlo nell'abbiezione da gran tempo, e così però gli sarà più a cuore quando per altro da chi comanda siano trattati con dolcezza tale, che s'accorgano non aver bisogno d'altro protettore, fine per cui li Corsi s'interessano più a favor di uno che di un altro.

Io scrivo pieno di un' angoscia, non so da cosa proveniente; un doloretto di testa, son due giorni, che mi tormenta: temo che quest' aria non mi sia contraria; non vi sto al mio solito, mi trovo svogliato ad ogni cosa, e poi sono le genti così indiscrete, che se vado, etc. Ho pure una folla.... e vuole dir troppo non aver un momento di libertà. Qui però le cose vanno assai bene; il Fiumorbo è

voqué celui de Matra, comme la dictature de Lucius Sylla donna lieu à celle de Cajus César. Dieu veuille que son crime n'ait pas d'autres conséquences. Giuliani est le premier qui ait enseigné, au prix de guerres civiles, comment on entraîne les Corses. Il faut donc accepter la soumission du peuple, sans lui adresser de reproches, mais non celle des chefs, et surtout d'un chef aussi obstiné que Giuliani. Maintenant ses partisans sont contents de se voir traités comme les autres patriotes ; mais s'ils voyaient leur chef en faveur, ils ne songeraient plus qu'à la vengeance. Nos compatriotes sont ainsi faits : ils mettent à profit le crédit qu'ils ont auprès d'un puissant, pour donner libre carrière à leur haine et à leurs mauvaises passions. Les personnes de votre province, qui sont actuellement au pouvoir, verraient, elles aussi, la chose de mauvais œil, ainsi que je vous le montrerai par le tas de lettres que je reçois chaque jour. La mesure rencontrerait des difficultés même ici, et il ne me serait pas possible d'accorder une pareille autorisation, sans l'assentiment des autres chefs, qui ne peuvent pas sentir Giuliani. Votre idée est cependant bonne, et, comme telle, peut et doit être réalisée d'une manière ou de l'autre. Je serais donc d'avis que vous engagiez Giuliani à se rendre spontanément ici. J'espère le traiter avec tant de douceur qu'il sera content. Si cependant les partisans de Giuliani montraient beaucoup de zèle, il conviendrait de ne toucher même pas cette corde, afin de ne pas réveiller d'anciens souvenirs, d'autant plus, qu'habitués à voir depuis longtemps leur chef humilié, ils seront plus reconnaissants lorsque les chefs, les traitant avec bienveillance, leur feront sentir qu'ils n'ont plus besoin d'autre protecteur. C'est en effet pour s'assurer une protection que les Corses s'attachent à l'un plutôt qu'à l'autre.

J'écris, dans un état de malaise, dont je ne puis connaître la cause ; un léger mal de tête me tourmente depuis deux jours. Je crains que ce climat ne me soit contraire ; je ne

comparso umiliato e quei di Castello si sono ravveduti. Spero un abboccamento con quei del dilà da' monti, per mettere in sistema quella provincia. Scrivo perciò costì a Giudicelli che si porti qui, conforme dell'assemblea, poichè saranno sempre due rappresentanti delle due provincie. Questa è ancora una soddisfazione a' Giulianisti.

Non posso più. Permettete che mi dica.

Devotissimo amico,

Paoli a Salvini

Corte, li 29 settembre 1755. — Amico. Dio, se non ci insuperbiamo, protegge la nostra causa. Santucci morì li 26 di questo, al Luco-di-Nazza. Matra è disperato, e se non s'imbarca, si darà in mano. Entrò la diffidenza fra loro. Non v'è società fra malvaggi. Durilio (1) e Dominazio da Fiumorbo, che tutti l'alloggiavano ed in casa di cui morì Santucci, domandano ora perdono di questo fallo. Se la nostra superbia non interrompe il favorevole corso che la Providenza comincia a dare alle nostre cose, spero che l'unione comune ritornerà universale in patria. Sento con piacere parlar questi Fiumorbesi, de' quali è sempre qui uno stuolo. Genti che posso aver con un invito a tavola, e con quattro chiacchiere, son pazzo se le perdo.

Il nepote di Carlo Giovanni Vezzani entrerà nella truppa, e se voglio, entra ancora Santo Petroso.

Attendo fra oggi e domani, alcuni del di là da' monti, per aver con quelli un abboccamento circa, al sistema di quella

---

(1) Mosca.

suis pas dans mon assiette ordinaire ; je n'ai de goût à rien, et les gens sont si indiscrets, que si je vais, etc., je suis suivi d'une foule de personnes ; il est bien désagréable de ne pouvoir être libre un moment. Les choses ici vont cependant très bien. Le Fiumorbo est venu à résipiscence, et ceux de Castello se sont ravisés. J'espère pouvoir m'aboucher avec ceux du delà des Monts, pour organiser cette province. Aussi, j'écris en Balagne à Giudicelli de venir ici, conformément aux décisions de l'assemblée, car il y aura toujours deux représentants pour les deux provinces. C'est encore une satisfaction accordée aux partisans de Giuliani. Je suis à bout de forces. Permettez-moi de me dire votre...

Paoli à Salvini

Corte, 29 septembre 1755. — Ami. Dieu, si nous ne nous faisons pas illusion, protège notre cause. Santucci est décédé le 26 du mois à Luco-di-Nazza, Matra est au désespoir, et, s'il ne s'embarque pas, il se livrera lui-même. La méfiance a pénétré dans les rangs ennemis. Pas d'union possible entre les méchants. Durilio e Dominazio de Fiumorbo, qui les hébergeaient tous, et chez qui Santucci est mort, en demandent maintenant pardon. Si notre orgueil n'interrompt pas le cours favorable que la Providence commence à donner à nos affaires, j'espère que l'accord ne tardera pas à régner de nouveau parmi tous les patriotes. Je prends plaisir à entendre causer ces Fiumorbais. J'en ai toujours une foule autour de moi. Ces gens, que je puis avoir au prix d'une invitation à ma table et de quelques bonnes paroles, je serais bien fou de les perdre par ma faute. Le neveu de Charles-Jean Vezzani prendra du service dans nos troupes, et, si je le désire, Santo Petroso fera de même.

J'attends aujourd'hui ou demain quelques personnes du

provincia riordinata. Ho scritto perciò, acciò qui si porti il comandante della provincia di Balagna, ed ho scritto che desiderei o il capitano Anfriani, o il Giudicelli; quello del Nebbio è venuto. Ho piacere che vedano la nostra parte tutta unita ed il sistema del nostro governo regolare.

Avrete ricevuta un' altra mia mandatavi per Caccia. Io sarei nella necessità d'incomodarvi pregandovi portarvi meco per il giro del regno, ma temo troppo, dico, incomodarvi. Io vorrei tirar fuori alcuni stabilimenti, e la sua persona mi sarebbe perciò necessaria in affare che ricerca riflessione e posatezza. Se potete, non ricusate alla patria la vostra assistenza, e non defraudate la confidenza che tengo nel vostro consiglio.

Amico devotissimo,

Paoli a Salvini

Corte, li 2 ottobre 1755. — Amico. Io devo passar a far visita per le provincie; ho bisogno perciò di gente illuminata in mia compagnia, la quale, pratica dell'indole dei nostri compatriotti, possa con sincerità comunicarmi gli opportuni e necessari avvisi; non manchi Ella perciò porsi in cammino per trovarsi, la settimana entrante, meco a Sant' Antonio della Casabianca, ove, unito al campo volante, piglierò le dovute misure per il giro che deve farsi. Il Matra è fuor di regno, e Santucci, avanti il tribunale di Dio, avrà conosciuto l'enormità del suo delitto. L'eterna pietà perdonandogli possa confermar la calma che un'altra volta s'è fatta vedere fra' nostri nazionali.

Vostro devotissimo,

delà des Monts. J'aurai une entrevue avec elles touchant la nouvelle organisation de cette province. J'ai écrit en conséquence, afin que le commandant de la Balagne se rende ici, et j'ai exprimé le désir de voir tomber le choix sur le capitaine Anfriani ou sur Giudicelli. Le commandant du Nebbio est déjà arrivé. Je suis bien aise qu'ils soient témoins de l'union qui règne parmi nous, et de la régularité de notre système de gouvernement.

Vous devez avoir reçu une autre de mes lettres, expédiée par la voie de Caccia. Je serais dans la nécessité de vous déranger, en vous priant de m'accompagner dans la tournée générale que je vais entreprendre ; mais je vous le répète, je crains de trop vous déranger. Je voudrais prendre certaines dispositions, et votre présence serait indispensable dans cette affaire, qui demande de la réflexion et un sens rassis. Si vous le pouvez, ne refusez pas à la patrie votre concours, et ne trompez pas la confiance que j'ai dans la sagesse de vos conseils. Votre ami....

Paoli à Salvini

Corte, 2 octobre 1755. — Ami. Je dois faire ma tournée dans les provinces, et j'ai besoin d'être en compagnie de gens éclairés qui, connaissant le caractère de nos compatriotes, puissent, en toute sincérité, me donner les conseils opportuns et nécessaires. Je vous prie, en conséquence, de vous mettre en marche, afin que, la semaine prochaine, nous puissions nous rencontrer à St-Antoine de la Casabianca. Là, accompagné du camp volant, je prendrai les mesures nécessaires pour la tournée que nous devons faire. Matra a quitté le royaume et Santucci aura, devant le tribunal de Dieu, connu l'énormité de son crime. Puisse la Divine Providence, tout en pardonnant à Santucci, assurer la tranquillité qui a reparu parmi nous. Votre dévoué...

Paoli a Salvini

Corte, li 28 ottobre 1755. — Il torbido successo nella truppa spero non sarà di tanta pessima conseguenza per la patria, quanto s'erano lusingati li suoi nemici. Una parte e l'altra son disposte alla pace, e mi fanno sottintendere che bramerebbero che io desistessi dalle informazioni.

Amico, la nazione è grande ed ha gran qualità, quando è sostenuta ed animata a praticarle. Due di Muro sparsero voce che quei di Giovellina aveano ammazzato un prete d'Orezza; io, perchè conobbi di quelli la malignità, li feci carcerare, ma, per abbondare in cautele, scrissi subito un ordine fulminante in Giovellina, e restarono così atterriti che ora fanno querela contro chi possa aver tirata tale voce fuori contro il lor decoro. Mi direte e con ragione: Santo Durante; ma buon è principiare. Se avessi creduto che l'affare avesse così buona presa, mi sarei, prima della Consulta, portato nelle provincie; ma ora è fissata e v'attendo, dovendosi trattare in essa di dar qualche forma al tumultuante nostro governo.

Ieri, una parte della truppa ritornò d'Alesani con undeci prigionieri di Felce, li quali entravano in Bastia con le armi in mano, e furono a dare il viva a Matra, quando s'imbarcò ad Erbalunga. Sono a discrezione, e il meno male che possono avere è una forte emenda pecuniaria. Han portato un semi bandito di Piedicroce d'Orezza. Quelli di Canale e di Giussani hanno però lasciato spirare il tempo delle difese e non portano niente in contrario a quel che dal processo conta; così Dio gli assista.

Non v'era bisogno, per quelli di Belgodere, che una vostra lettera, la quale loro sarebbe servita di salvocondotto. Così non manchi animarli a comparire, perchè, ancora volessi, non posso rifiutar li ricorsi e l'appellazioni dei patriotti delle provincie, e poi, per più sicurezza, po-

Paoli à Salvini

Corte, 28 octobre 1755. — Les troubles survenus parmi nos troupes n'auront pas, je l'espère, des conséquences aussi désastreuses pour la patrie que l'avaient espéré ses ennemis. Des deux côtés on se montre disposé à la paix, et on exprime, sous main, le désir que je ne pousse pas plus loin l'enquête.

Ami, la nation est grande et a de grandes qualités quand elle se sent soutenue et qu'elle est encouragée à les pratiquer. Deux individus de Muro avaient fait courir le bruit que les habitants de Giovellina venaient de tuer un prêtre d'Orezza. Convaincu de la méchanceté de ces deux individus, je les fis arrêter ; et, pour surcroît de précautions, j'envoyai aussitôt dans la piève de Giovellina un ordre du jour foudroyant; les habitants en ont été tellement terrifiés qu'ils portent maintenant plainte contre les propagateurs de ces bruits injurieux. Vous me direz, avec raison : Il faut que cela dure. Mais il convient de commencer une bonne fois. Si j'avais pu m'imaginer que l'affaire aurait pris une si bonne tournure, je me serais rendu dans les provinces avant la Consulte. Mais l'époque de la réunion est maintenant fixée, et je vous attends ici. On traitera à cette Consulte de la forme à donner à notre gouvernement, encore mal assis.

Hier, une partie des troupes est revenue d'Alesani, avec onze prisonniers de Felce ; ils entraient à Bastia, les armes à la main, de retour d'Erbalunga, où ils étaient allés saluer de leurs vivats Matra, qui s'embarquait. Ils sont entre nos mains à discrétion. Ce qui peut leur arriver de plus heureux, c'est une forte amende. Notre troupe a ramené un suspect de Piedicroce d'Orezza. Les bandits de Canale et de Giussani ont laissé expirer les délais accordés à la défense. Ils n'ont produit rien de contraire à ce qui est résulté de la procédure. Que Dieu leur vienne en aide.

Ceux de Belgodere n'avaient qu'à présenter une de vos

tete loro dire che, per quelli che spontaneamente si presentano, l'immunità ecclesiastica ha sempre il suo vigore; così potrebbero mettersi in una di queste chiese e poi comparire *loco ecclesiæ*, che, per cose leggiere, non lascierei ascoltarli. Vengano però come vogliono, che esperimenteranno in lor favore valevole la vostre protezione; prima però di venir quà, dicano intanto voler al sommo Governo ricorrere in loco d'appellazioni, acciò codesti signori non possano procedere al solito.

Al signor Paolo Giovanni Falchi manderò la sua assoluzione condizionata fino al mio arrivo in provincia, riservandomi prendere più esatta informazione del fatto; salvo così la scoja e la midolla.

Quello di Vivario è già sortito da due giorni; così interponete per qualche altro le vostre raccomandazioni, le quali sono più che necessarie nel Governo, poichè mantengono il concetto della clemenza, e non pregiudicano la giustizia, ed animano li zelanti patriotti a maggior cose, onde esser più considerati da chi governa.

Qui le cose vanno troppo bene. A tenor di quello costì scrivono e di ciò che riferisce il signor Giudicelli, spedisco cinquanta uomini pagati a cotesta volta, per essere a portata di ogni tentativa che possa far il nemico.

Attendo con impazienza sempre i vostri riscontri.

Vostro aff.mo,

P. S. — M'inquietano tanto, mentre scrivo, che ora parlo in singolare ora in plurale. Ma gradisca la confidenza che tengo nella di Lei bontà, che, accorgendomi di questi abbagli, nemmeno li correggo.

Il signor Giudicelli se ne ritorna in provincia, per badar là a mantener la pieve d'Olmia, in cui mi viene riferito aver egli forte mano. È un soggetto che pensa con molta giustezza sopra de' nostri affari.

lettres ; elle leur aurait servi de sauf-conduit. Encouragez-les donc à se présenter, car, lors même que je le voudrais, je ne pourrais repousser le recours et les appels des patriotes des provinces. D'ailleurs, pour plus de sûreté, vous pouvez leur dire, que l'immunité ecclésiastique est toujours en vigueur pour ceux qui se présentent spontanément. Ils pourraient donc s'introduire dans une de ces églises, puis comparaître *loco ecclesiæ*. Comme il s'agit de faits peu graves, je les écouterai. Qu'ils viennent donc comme ils l'entendent : ils verront ce que leur vaut votre protection. Mais, avant de venir ici, qu'ils fassent connaître, qu'au lieu de faire appel, ils veulent recourir devant le tribunal suprême, afin d'empêcher ces Messieurs de procéder comme d'habitude.

J'enverrai à M. Paul-Jean Falchi son amnistie conditionnelle. Je me réserve de prendre de plus amples informations sur le fait lors de mon arrivée dans la province. Je sauve ainsi la chèvre et le chou.

L'individu de Vivario a été déjà mis en liberté depuis deux jours. Mettez donc à profit votre influence en faveur de quelque autre. Les recommandations sont plus que nécessaires dans un gouvernement : elles maintiennent l'idée de clémence sans nuire à la justice, et poussent les zélés patriotes à de plus grandes choses, afin d'être plus considérés de ceux qui gouvernent.

Les choses ici vont à merveille. Conformément à ce que l'on m'écrit de la Balagne et d'après ce que me dit Giudicelli, j'y envoie 50 hommes, pris dans la milice payée, pour qu'on soit à même de s'opposer à toute tentative de la part de l'ennemi. J'attends toujours avec impatience vos communications.

P. S. On me dérange tellement pendant que j'écris, que j'emploie tantôt le singulier et tantôt le pluriel. Pardonnez la confiance que j'ai en votre bonté ; je m'aperçois de ces fautes et je ne les corrige pas.

M. Giudicelli retourne dans la province, afin de tenir en respect la piève d'Olmia, où il a, m'assure-t-on, une influence considérable ; c'est un homme qui a des vues très justes sur nos affaires.

Paoli a Venturini

Corti, 1º novembre 1755. — Parente carissimo. L'indovinaste : li falsi esposti fecero carcerare Angelo Santo dei Forci ; mi disse V. che il figlio di questo, in compagnia e di lega col bandito di cui mi parlaste, stava al forte d'Aleria, onde io, quando il povero uomo venne e mi salutò da vostra parte, senza lettera, credei che me lo aveste mandato per trappolarlo. Il V (1) lo volea dopo cacciar fuori, ma io gli risposi che fino al vostro arrivo non avrei fatto risoluzione ; feci così per cacciarmelo dall'occhio ; ognuno, dalla premura di Vitanio, concepì però qualche sospetto ; ma quello si scusava avergli l'Angelo Santo promesso esser sempre con esso collegato, ciò che non essendo di molta premura, io non ne feci caso ; ma non mi disse che quegli era vostro parente ; onde me la pagherà, perchè m'ha fatto passar per ministro delle sue vendette, ciò che m'affligge nell'anima. Fateglielo sentire pure. Arrivata da Alesani la truppa, farò spedizione di 50 uomini per Balagna, ove tenta far qualche sortita Grimaldi ; altri tanti per Nebbio, ove dall' acchiusa pure concepirete il bisogno. Egli gira da un luogo all'altro come un baggiano ; può esser che avrà qualche mira, e, per quel che apparisce, egli vorrebbe cacciarmi dal corpo di mezzo, ma credo che il suo disegno è malvenuto assai. Basta, egli è capace a far male, ma è ancor temerario per riceverne in qualche pazza uscita. Io spero più che non temo da lui ; poi Dio faccia. Sono vostro aff.mo parente.

---

(1) **Vitanio Peretti de S.t-Laurent.**

Paoli à Venturini

Corte, 1er novembre 1755. — Très cher parent. Vous l'avez deviné ; ce sont les faux rapports qui ont fait mettre en prison Ange-Toussaint de Forci. Vitanio me dit que le fils de ce dernier, de compagnie et de concert avec le bandit dont vous m'avez parlé, se tenait au fort d'Aleria. Aussi, lorsque ce pauvre homme vint me saluer de votre part, sans présenter de lettres, je crus que vous l'aviez envoyé pour le faire tomber dans le piège. Vitanio voulait ensuite l'en tirer ; mais je lui répondis que je ne prendrais aucune résolution jusqu'à votre arrivée. J'ai agi ainsi pour m'en débarrasser. Les instances de Vitanio firent cependant concevoir des soupçons à chacun ; mais il s'excusait en disant, qu'Ange Toussaint lui avait promis de marcher toujours d'accord avec lui. Comme rien ne pressait, je passai outre. Mais Vitanio ne me dit pas que l'individu était votre parent. Il me le paiera ; il m'a fait passer pour l'exécuteur de ses vengeances, et c'est ce qui m'afflige profondément. Vous pouvez le lui dire. Lorsque la troupe sera de retour d'Alesani je ferai partir 50 hommes pour la Balagne où Grimaldi a l'intention de se montrer ; j'en enverrai 50 autres dans le Nebbio : par la lecture de la lettre ci-incluse, vous comprendrez l'importance de la mesure. Grimaldi court d'un endroit à l'autre comme un imbécile. Il pourrait bien avoir quelque intention ; d'après les apparences, il semblerait même vouloir m'éloigner du centre des opérations. Je crois que son dessein est insensé. Enfin Grimaldi peut nous faire du mal, mais il est téméraire et il pourrait en recevoir dans quelque folle entreprise. Cet homme me fait concevoir plus d'espérance que de crainte. Au reste, que la volonté de Dieu soit faite. Je suis...

Paoli a Salvini

Corte, li 22 nov. 1755. — Amico. In data degli otto è l'ultima che ricevo dal suo raccomandato con gli ultimi foglietti stampati, ed un altro manoscritto. L'amico forse non tornerà più in provincia; mi viene detto sia richiamato; Ella però faccia quel che l'occasione Le suggerirà di più propizio e vantaggioso per la patria.

Se pure non è più che impossibilitato, non mancherà, per amor di Dio, trovarsi alla consulta, che spero ci riuscirà di dar qualche forma al nostro Governo, giacchè per la terra ferma altro più non si rimprovera alla nazione che il sistema scomposto dei suoi magistrati.

Un certo signor abate di Lumio m'ha dato pure a leggere una lettera del signor Zerbi, scritta li 22 da Livorno; parla in essa del noto suggetto, il quale da altri costì non è trattato che dal solo canonico Orticoni, il quale, predicando irregolare ed illegittima l'ultima Dieta di Sant'Antonio, procura giustificar con tutti cui parla la condotta del Matra. Gli anni allo spesso tolgono il senno,

Ho poi veduto altra lettera, dallo stesso Matra scritta alli signori Valentini e Casabianca, nella quale procura giustificarsi di non aver avuto mano con la Repubblica nelle sue mosse, e poi li esorta ad intercedere, che egli possa ritornarsene a casa sua. Ma chi trovasi sbattuto e solo parla così. Io non lo crederò mai più. Ho ingrossato troppo la vista agli..... (illisible).

Sul riflesso che il Grimaldi avesse potuto far qualche tentativo in codesta provincia, come parea costì si temesse, aveva messo in punto d'accorrervi cento uomini del campo volante; mentre erano sulla mossa, mi vennero lettere pressanti da Nebbio, per le quali era avvisato esser egli venuto in S. Fiorenzo, da dove faceva continua scorreria a predar li bestiami della provincia, minacciando rovine al paese di Barbaggio; mutai perciò il loro destino, ed alla testa posti

Paoli a Salvini

Corte, 22 novembre 1755. — Ami. Je reçois de votre protégé votre dernière lettre en date du huit avec les derniers journaux imprimés et un autre manuscrit. L'ami ne retournera peut-être plus dans la province ; il est, dit-on, rappelé : vous, faites cependant ce que l'occasion vous suggèrera de plus favorable et de plus avantageux à la patrie.

A moins qu'il n'y ait impossibilité absolue, ne manquez pas, pour l'amour de Dieu, de vous rendre à la consulte ; j'espère que nous réussirons à donner une forme à notre Gouvernement. Le seul reproche qu'on lui fait sur le continent, c'est son défaut d'organisation.

Un Monsieur de Lumio, abbé, m'a donné aussi à lire une lettre de M. Zerbi écrite de Livourne le 22, où il est question de l'individu que nous connaissons : personne ne le fréquente plus, si ce n'est le chanoine Orticoni, qui traite publiquement d'irrégulière et d'illégitime la dernière Diète de St-Antoine et tâche ainsi de justifier, auprès de toutes les personnes qu'il fréquente, la conduite de Matra. L'âge affaiblit souvent l'intelligence.

J'ai aussi vu une autre lettre écrite par Matra lui-même à MM. Valentini et Casabianca, où il essaie de prouver que, dans ses entreprises, il n'a pas été d'intelligence avec la République de Gênes ; il les prie ensuite de faire des démarches pour qu'il puisse rentrer chez lui. Mais on parle ainsi parce qu'on est seul et qu'on ne sait où donner de la tête. Je ne croirai jamais plus à ses promesses. Je ne suis que trop clairvoyant.....

En vue des tentatives que Grimaldi pouvait faire dans votre Province, comme on semblait le craindre chez vous, j'avais ordonné à 100 hommes du camp volant de se tenir prêts à partir, et ils étaient sur le point de se mettre en marche lorsque des lettres pressantes, reçues du Nebbio,

li signori Valentini e Casabianca, loro diedi incombenza di coprir dagl'insulti il Nebbio, ed accorrere ancora nella Balagna, in caso che da quella parte egli tornasse a far punta ; digià sono arrivati in provincia, ed hanno prese delle risoluzioni che il Grimaldi non sarà contento ; spero si incontreranno in qualche scaramuccia, e li nostri son vogliosi al par di Grimaldi di provarsi ; si sono dichiarati che il combattere con li vestiti bianchi e con li calzoni larghi loro è piu di piacere. *Exitus acta probat.*

Circa poi il suo raccommandato non so cosa dirle ; cotesto Governo ha una voglia meravigliosa di farmi attaccare con li vescovi, li quali io avea solamente in animo spaventare, senza venir a cimento ; e perchè io resti succombente nella pugna, mi si spuntano le armi. L'impedire o concedere l'esecuzione agli ordine o *monitoriis* che non oltrepassino la disciplina del nostro clero appartiene al supremo tribunale della nazione ; perciò tale facoltà malamente s'arrogano codesti signori, e non so come avanti agli occhj di Dio possono giustificar la loro condotta su tal proposito, non essendo scusabili per l'ignoranza ; perchè la legge che tirai fuori nella mia prima circolare, approvata dal Regno e munita delle sottoscrizioni di tutti li Podestà e PP. del comune, parla troppo chiaro. A dir vero, per più capi, il monitorio in quistione non dovea aver esecuzione : prima, perchè tratta con termini così improprii la nazione, chiamando incendiarj li primi esecutori delle sue leggi. In Canonica, il termine incendiarj, ella sa cosa significa. Con tale espressione, in 2° loco, egli non solamente viene indirettamente a scomunicar tutti li capi, che *ipso facto* che sono incendiarj sono scomunicati in jure, ma viene con ciò ancora a dichiarare ingiusta la nostra guerra, per la quale non hanno legittima autorità d'abbruciare li nostri primi magistrati ; 3°, perchè levino la libertà delle nostre leggi : poichè Mgr de Angelis non potea dichiarar nulla un' opposizione che per niun riguardo non dovea trattarsi nel suo tribunale come egli ordinò ; poichè

me firent connaître que Grimaldi s'était porté sur St-Florent, d'où il faisait de continuelles incursions pour se saisir des bestiaux de la Province, et menaçait de destruction le village de Barbaggio ; je changeai alors la destination des troupes ; je mis à leur tête Valentini et Casabianca, je les chargeai de mettre le Nebbio à l'abri de toute attaque et d'accourir en Balagne dans le cas où Grimaldi ferait de nouveau irruption de ce côté-là. Les deux chefs sont déjà dans le Nebbio et ont pris des résolutions qui sont de nature à ne pas contenter Grimaldi. J'espère qu'ils auront quelque part une rencontre. Les nôtres sont aussi désireux que Grimaldi de se mesurer avec l'ennemi ; ils ont déclaré que ce qu'ils désirent le plus c'est de combattre contre les vêtements blancs et les culottes larges. *Exitus acta probat.*

Quant à votre protégé, je ne sais que vous en dire. Le Gouvernement a une furieuse envie de me mettre aux prises avec les Evêques, que je voulais seulement intimider, sans en venir aux extrémités, et, afin que je succombe dans la lutte, on émousse la pointe de mes armes. Le fait d'empêcher ou de permettre l'exécution des ordres ou monitoires et d'examiner s'ils ne dépassent pas les attributions du Clergé appartient au Tribunal suprême de la nation. C'est donc à tort que ces Messieurs s'arrogent un tel droit, et je ne sais pas comment ils pourront justifier, devant Dieu, une pareille conduite, ne pouvant plus prétexter de leur ignorance. La loi que j'ai publiée dans ma première circulaire approuvée par le Royaume et recouverte de la signature de tous les Podestats et Pères de Commune, est bien claire. A dire vrai, le monitoire en question ne devait pas, et cela pour plusieurs raisons, recevoir d'exécution, d'abord parce qu'il emploie des expressions si inconvenantes envers la nation, en traitant d'incendiaires les premiers Magistrats. En droit canonique le terme incendiaire, vous savez ce qu'il signifie. En second lieu ; en se servant de cette expression, non seulement on excommunie tous les chefs qui, par le fait qu'ils sont incendiaires, sont encore

il Giuseppe non agiva contro il Cherico, ma contro il padre di quello. Il dovere di Giuseppe solamente era far costare per via d'atti che l'opposizione non era fraudolenta o dolosa; le sue ragioni poi non era tenuto sperimentarle nanti il tribunale del vescovo, il quale non potea essere giudice competente nè dell'Andrea nè del Giuseppe, vertendo solo ad essi la differenza. Così mi pare che Mgr de Angelis voglia verificare la calunnia che li Corsi non sanno nè comandare nè ubbidire. Ha scritto una lettera da codesta provincia la più impropria del mondo, piena di bugie ed, a sentirla, par che il Papa l'abbia fatto suo legato *a latere* in Corsica. Io perchè temo che questo fanatico non porti le cose all'eccesso, tengo una raccolta dei suoi fatti meravigliosi, li quali giustificheranno qualunque procedura della nazione contro di lui. Se mi fosse permesso, quasi direi che Ella è entrato in qualche specie di censura, cassando dal monitorio quella parola; almeno li più rigorosi canonisti non gliela passerebbero così facilmente. Ciò posto, io per fuggire impicci di tal sorta, avendone di più importanti, ho differito la causa alla mia venuta in provincia, e quest' ordine lo feci quando venne l'altra parte con prete Croce, che veramente ne infilza. Per il prete Falchi, m'ho preso l'inimicizia di etc.

Avrei mille cose a dirle del mondo, ma alla consulta vi sarà più commoda occasione, assicurandola che, per il freddo, Le farò un buon fuoco. Aff.mo amico.

excommuniés de droit, mais on déclare injuste notre guerre pour laquelle ils n'ont pas l'autorité légitime de condamner au feu nos premiers Magistrats. En 3ᵉ lieu, ils attentent à la liberté de nos lois. Monseigneur d'Angelis n'avait pas en effet, comme il en a décidé, le droit de déclarer nulle une opposition qui ne devait en aucune façon se traiter devant son tribunal : Joseph n'agissait pas contre l'ecclésiastique, mais contre le père de ce dernier. Joseph devait seulement faire constater, par voie d'actes authentiques, que l'opposition n'était entachée ni de fraude, ni de dol. Pour ce qui est des moyens de défense, il n'était pas obligé de les produire devant le tribunal de l'Evêque, qui ne pouvait juger avec compétence ni André, ni Joseph, le différend n'étant qu'entre eux.

Mgr d'Angelis me semble par là vouloir justifier cette calomnie que les Corses ne savent ni commander, ni obéir. Il a écrit de cette Province la lettre la plus inconvenante du monde et remplie de mensonges. En la lisant on dirait que le Pape l'a fait son légat *a latere* en Corse. Je crains que ce fanatique ne pousse les choses à l'extrême. Je conserve un recueil de ses faits et gestes merveilleux qui pourront servir à justifier toutes les mesures que la nation pourrait prendre contre lui. Si la chose m'était permise, je dirais presque que Monseigneur est tombé en quelque sorte sous le coup de la censure pour avoir biffé du monitoire le mot en question ; du moins les plus rigoureux canonistes ne lui passeraient pas si facilement la chose. Cela étant, afin d'éviter de pareils embarras, et ayant des affaires plus importantes, j'ai remis l'affaire pour être traitée à mon arrivée dans la Province. Cet ordre, je l'ai donné lorsque la partie adverse se présenta devant moi avec l'abbé Croce, qui en débite de belles. L'abbé Falchi m'a valu l'inimitié de... etc.

J'aurais mille choses à vous dire du continent ; l'occasion sera plus favorable lors de la consulte. Je vous promets un bon feu contre le froid. Votre.....

Paoli a Venturini

Speloncato, 23 Novembre 1755. — Parente Carissimo. Ho ricevuto la vostra lettera e son persuaso non meno del vostro zelo che della diligenza colla quale potete dar riparo al delitto di Pantaleo, (1) che resta in vostra disposizione; ma vi assicuro che se io era costì, il meno che egli potea avere era una fiera bacchettata; però resta in vostra balìa il tutto, comechè siete sopra il luogo con l'autorità suprema.

Qui ho fatto tutto quel che ho voluto, senza il minimo dispiacere d'alcuno, e ci parleremo sopra ciò in C.... Partirò da qui tra due giorni. Si vede un bastimento in mare; si crede la Galera, chè si ha notizia che Grimaldi voglia venire altra volta in queste parti; scendo perciò a Santa-Reparata. Stamane ho fatto passare per il palo un uomo; ne ho bandito un'altro e bruciata la casa. Il passato per le armi era Torinese che con un Balanino apria e rubava in caso d'Arrighi.

Da Nebbio avrete forse ricevuto le lettere.... io non ho nuova alcuna. State allegro, e salutatemi il Prevosto, Anton Lonardo ed il Missionario, e sono vostro....

(1) De Morosaglia.

Paoli a Venturini

Pietralba, 28 Novembre 1755. — Parente carissimo. Stamane parto per Pastoreccia; domenica mattina partirò per Casinca, ove potremo unirci, e poi facilmente metteremo in istato di timore il nostro nemico, giacchè in S.-Fiorenzo non v'è più pane. Le cose di Balagna le saprete dal dottor Andrea, e meglio parleremo a bocca.

A quel barbiere che mi facea la barba, quando non v'era Scarpa-Leggiera, vi prego lasciargli 30 soldi, mentre me n'andai pressato, ed io non vorrei lasciar debito.

Sono aff° P^{te} vostro.

Paoli à Venturini

Speloncato, 23 Novembre 1755. — Très cher Parent. J'ai reçu votre lettre, et je compte sur votre zèle aussi bien que sur votre diligence pour punir le délit de Pantaleo, qui reste à votre disposition. Mais je vous assure que, si je m'étais trouvé là, il ne s'en serait pas tiré à moins d'une bonne fustigation. Vous êtes sur les lieux muni de pleins pouvoirs et vous aviserez.

Ici j'ai fait tout ce que j'ai voulu, sans déplaire à personne. Nous en causerons à C.... Je partirai d'ici dans deux jours. Un navire est en vue ; on croit que c'est la Galère, car on a eu vent que Grimaldi veut faire une autre apparition dans ces parages ; aussi, je vais me rendre à Santa-Reparata. Ce matin j'ai fait exécuter un homme ; j'en ai banni un autre dont j'ai fait brûler la maison. Celui qui a été passé par les armes était de Turin. Il s'était joint à un habitant de la Balagne pour forcer les portes et voler dans la maison Arrighi.

Vous aurez peut-être reçu du Nebbio les lettres... Quant à moi je suis sans nouvelles. Portez-vous bien. Présentez mes respects au curé, à Antoine Léonard et au Missionnaire, je suis....

Paoli à Venturini

Pietralba, 28 Novembre 1755. — Très cher Parent. Je pars ce matin pour Pastoreccia et dimanche matin je partirai pour la Casinca, où nous pourrons nous rencontrer. Nous inspirerons alors facilement des craintes à l'ennemi, car à S.-Florent il n'y a plus de pain. Le Dr André vous mettra au courant des affaires de la Balagne, en attendant que je puisse vous les faire connaître de vive voix.

Vous donnerez 30 sous au barbier qui me rasait en l'absence de Scarpa-Leggiera. Je suis parti avec précipitation, et je ne voudrais pas laisser de dettes.

Clemente de Paoli a Venturini

Pastoreccia, 29 novembre 1755, — Ecc[a]. Le accludo la risposta che ho ricevuto da varj di Nebbio. Mio fratello è arrivato qui jer sera, e questa sera parte per il convento di Morosaglia, per sentirsi con V. S. E. intorno agli affari di Nebbio, su di cui fanno continua premura, come vedrà dallo istesso. Così porgetegli li vostri saggi sentimenti da cui credo non si dipartirà, o pure, se vi pare di unirvi al convento nostro, perchè passando lui in Nebbio, Ella, se le paresse a proposito, potrà condursi ed il governo, in Casinca, chè da colà si darebbe qualche timore dalla parte di Bastia, e verrebbe il Grimaldi a non inquietare tanto la parte di Nebbio. Ella risolva come meglio ne stima. Mi onori de' suoi minutissimi comandi, mentre col darle un caro abbraccio, mi dico, di V. E.

Aff[mo] e U[mo] servo e parente.

Paoli a Venturini

Murato, 3 decembre 1755. — Parente carissimo. Jer sera giunsi quà, e subito intimai una consulta per domani in Sto-Pietro. Ora scendo in Oletta, e dopo la consulta vi terrò ragguagliato di tutto ciò che si passerà degno d'osservazione. La provincia è in bonissimo sistema. Grimaldi deve essere in disperazione, e più lo sarà se succede quello di cui deve parlarvi mio fratello. La nostra guerra è giusta; le nostre mire sono oneste. Dio è in obbligo prosperarle.

V'abbraccio e sono vostro aff. p[te].

Clément de Paoli à Venturini

Pastoreccia, 29 novembre 1755. — Vous trouverez ci-incluse la réponse que j'ai reçue de plusieurs habitants du Nebbio. Mon frère est arrivé ici hier soir et partira ce soir pour le couvent de Morosaglia, afin de s'entendre avec V. S. E. touchant les affaires du Nebbio, qui sont l'objet de sollicitudes continuelles, ainsi que vous le dira mon frère. Donnez-lui vos sages conseils, dont il ne se départira pas, je l'espère. Voyez si vous croyez à propos de concourir à notre réunion; dans ce cas, tandis que mon frère irait dans le Nebbio, vous pourriez, avec le gouvernement, vous transporter dans la Casinca, d'où l'on pourrait inspirer des craintes du côté de Bastia et empêcher Grimaldi de tant inquiéter le Nebbio. Prenez le parti que vous croirez le meilleur; dans l'attente de vos ordres, je vous embrasse.

Paoli à Venturini

Murato, 3 décembre 1755. — Très cher parent. Je suis arrivé ici hier soir, et j'ai aussitôt après ordonné, pour demain, la réunion d'une consulte à Sto-Pietro. Je vais partir pour Oletta. Après la consulte, je vous informerai de tout ce qui s'y passera de digne d'attention. La province est en très-bon état. Grimaldi doit être au désespoir, et il le sera davantage si le projet, que mon frère est chargé de vous faire connaître, réussit. Notre guerre est juste; nos vues sont honnêtes. Dieu est dans l'obligation de les faire réussir.

Clemente de Paoli a Venturini

Convento della Venzolasca, 12 decembre 1755. — E^a. Domenica sera fui necessitato scendere in Taglio, non essendo potuto riuscire a quei S^{ri} di portarsi la notte antecedente al luogo segnatone ; ma con tutto ciò che io non curassi il cattivo tempo, tutto è stato superfluo per il segnato affare, per esser arrivata la muta mercordì giorno de' 3, contro il solito lor costume, ed jeri mattina non era ancora partita. Non si può comprenderne il motivo; in somma sono entrati in una grande gelosia. Paolo non potè effettuare quanto si pensava, come avrà veduto dall'altra mia che le scrissi il giorno de' sei, prima che partissi da casa, e che avrà ricevuto il giorno de' 7 ; abbiamo maneggiato altro appuntamento, e poi jeri sono partito da Taglio, e sono arrivato qua ; vedremo se si riuscirà. Da Nebbio io non ho ricevuto altro riscontro, credo dal cattivo tempo ; vi ho spedito l'altro jeri P^{te} Nicolao per informare i nostri del poco buon esito di quanto vi erano convenuti ; non è ancora ritornato. Il Signor Pietro Casabianca, che è venuto da Nebbio, ci disse jeri sera, al nostro arrivo, che i nostri aveano accomodati gli affari della provincia e che stavano per fare strada a questa parte ; ci rapporta ancora il seguito con i nostri nemici con la perdita di quattro Nebisini, i quali furono sorpresi in un imboscata, chè aveano tramata, nel luogo dove erano soliti a far le sentinelle.

Chiarelli si dice sbarcato alla Padulella con pochi altri, e di poi imbarcati altra volta, e si dice passati in Aleria ; altro non ho ora che dirvi ; in oggi consulterò con i Signori Vinciguerra e Buttafuoco, se approveranno l'altro appuntamento, poichè i signori di Tavagna non avrebbero caro si tentasse alcuna cosa, almeno non si credesse sicura la riuscita, che altrimenti sarebbe un dispiacere a loro popoli, er-

Clément de Paoli à Venturini

Couvent de la Venzolasca, 12 décembre 1775. — Dimanche soir j'ai été obligé de descendre à Taglio, les chefs n'ayant pu réussir à se rendre la nuit précédente au lieu indiqué. Bien que je n'aie pas regardé au mauvais temps, tout a été inutile pour le but que nous poursuivions. La nouvelle garnison est en effet arrivée mercredi 3, contrairement aux habitudes, et elle n'était pas encore partie hier matin. Il est difficile d'en comprendre la raison. En un mot, l'ennemi est devenu très-circonspect. Paul n'a pas pu mener à bonne fin l'affaire, comme vous aurez pu voir par la lettre que je vous ai écrite le six, avant de partir de chez moi, et que vous devez avoir reçue le sept. Nous avons combiné une autre entrevue, puis je suis parti hier de Taglio et je suis arrivé ici. Nous verrons si nous réussirons à faire quelque chose. Je n'ai plus reçu de nouvelles du Nebbio, peut-être à cause du mauvais temps. J'y ai envoyé avant hier l'abbé Nicolas, afin de donner connaissance à nos amis de l'issue peu favorable du projet que nous avions combiné. Il n'est pas encore de retour. M. Pierre Casabianca, venu du Nebbio, nous a dit hier soir, à notre arrivée, que nos amis avaient arrangé les affaires de la province, et qu'ils étaient sur le point de s'acheminer vers nous. Il nous rapporte aussi que, dans une rencontre, que nos gens ont eue avec l'ennemi, quatre hommes du Nebbio surpris ont trouvé la mort dans une embuscade préparée à l'endroit même où ils avaient l'habitude de monter la garde. On dit que Chiarelli est débarqué à la Padulella, en compagnie de quelques autres ; qu'ils se sont ensuite rembarqués et rendus à Aleria. Pour le moment je n'ai pas autre chose à vous dire. Je vais consulter aujourd'hui MM. Vinciguerra et Buttafuoco pour voir s'ils approuvent l'autre réunion. Les chefs de Tavagna désirent que l'on ne

chè sarebbero privati di quel commercio, e temono de' loro sementati, e bestiami. In caso che non veda di tentare altro in questi due giorni, cercherò di ritornarmene a casa; così Vostra Eccellenza può risolvere come meglio ne stima. In Bastia credo stiano in attenzione per far reclute de' nostri, che fassi continuare a passare in Bastia, e mi fa tenere ancora alle torre, mentre vi si trattiene la muta. Su la torre di S. Pellegrino travagliano in accomodare le batterie, e riducono le batterie del cannone a poter battere le botteghe presso alla torre; sono in molta gelosia, se credo rapporti di spie. Se avrò altro di rimarco, non mancherò ragguagliarla. Resto col darle un caro abbraccio, e mi dico....

Paoli a Venturini

Casinca, 23 decembre 1755. — Parente Carissimo. Quelli di Campoloro mi pajono un poco freddi per andare ad occupare il forte, onde sarà meglio che ne parliate a Vitanio, che sarà più volenteroso per tale esecuzione. Qui vedesi un bastimento che credesi la galera; non vorrei che fossimo prevenuti dal nemico in quel posto da dove potrebbe in vero nuocerci molto. Date la mossa a quella gente che giudicherete necessaria, e non tardiamo. Mio fratello è nel letto con le sue maledette moroidi. Vedete le lettere di Campoloro, ed a bocca vi parlerà Mambrino. Tenetemi subito avvisato, mentre sono vostro affezionatissimo.

fasse aucune tentative, à moins d'être sûrs du succès ; agir autrement serait, d'après eux, contrarier les populations, qui se verraient privées de leur commerce, et qui craignent aussi pour leurs semailles et pour leurs bestiaux. Dans le cas où il me semblerait impossible de tenter autre chose dans ces deux jours, je tâcherai de rentrer chez moi. Votre Excellence peut donc prendre la résolution qu'elle croira la meilleure. — A Bastia, je crois que l'on est occupé à faire des recrues parmi les nôtres que l'on continue à attirer dans cette ville. Si je persiste à rester devant la tour, c'est parce que la garnison s'y maintient. A la tour de S. Pellegrino, on travaille à réparer les batteries et à les mettre en état de battre les magasins situés près de la tour. Les ennemis se tiennent bien sur leurs gardes, si j'en crois les rapports des espions. Lorsque j'aurai d'autres nouvelles importantes, je vous les communiquerai. Je vous embrasse ; votre affectionné serviteur et parent.

Paoli à Venturini

Casinca, 23 décembre 1755. — Très cher parent. Ceux de Campoloro me semblent un peu trop tièdes, pour qu'on les charge de l'occupation du fort d'Aleria. Il vaudrait mieux en parler à Vitanio, qui se chargera plus volontiers de la besogne.

D'ici l'on aperçoit un bâtiment que l'on croit être la galère. Je ne voudrais pas que l'ennemi nous devançât dans l'occupation de ce poste, d'où il pourrait nous faire grand mal. Mettez en mouvement les troupes que vous jugerez nécessaires et pas de retard. Mon frère est retenu au lit par ses maudites hémorroïdes. Lisez les lettres de Campoloro : Mambrino vous entretiendra de vive voix. Renseignez-moi sans perdre un instant.

Paoli a Venturini

Casinca, 27 decembre 1755. — Parente Carissimo. Ho ricevuto la vostra, ed avete ragione; certa gente è troppo venale e non sa muoversi per altri motivi; non crediate però che vi sia poco da temere, perchè da Genova vengono 500 banditi destinati a posta per occupar li posti alle marine, ed inquietarci, ed in Aleria ci farebbero del male; non ci lusinghiamo, parente. Io sarei di sentimento che colà mandaste Vitanio; con esso cinquanta de' suoi per vedere se può sorprendere Chiarelli, che va ogni giorno da Grimaldi, e poi torna colà, e certamente macchina qualche cosa; avuto Chiarelli, cadono le braccia al Matra. Per l'affare sto mareggiando; se potete venire quà ancora voi, meglio; uniti, andrebbero le cose. Io son male colla mia indisposizione. Vi abbraccio e sono vostro affezionatissimo parente.

Paoli a Salvini

Casinca, 28 decembre 1755. — Amico. Non ricevo vostre lettere da molto tempo; e per ora mi sono di necessità, poichè ne ricevo tante al solito della provincia, che, per aver qualche consiglio da amico e sincero, vi prego in prima occasione scrivermi a lungo sopra lo stato della provincia. Le nostre cose vanno bene; Vincentelli vi avrà consegnati 20 zecchini romani e vi avrà parlato di qualche cosa. Spero in breve darvi una consolazione. Sono il vostro devotissimo.

Paoli à Venturini

Casinca, 27 décembre 1755. — Très cher parent. J'ai reçu votre lettre et vous avez raison. Cette sorte de gens est trop vénale et n'obéit jamais à d'autre mobile qu'à l'argent... Ne croyez cependant pas qu'il y ait peu à craindre ; il arrive de Gênes cinq cents bandits, spécialement chargés d'occuper les postes maritimes, et de nous inquiéter. A Aleria ils nous feraient grand mal. Ne nous faisons pas illusion, cher parent. Je serais d'avis que vous envoyiez à Aleria Vitanio, avec cinquante de ses hommes, pour surprendre, si c'est possible, Chiarelli, qui va chaque jour chez Grimaldi et revient ensuite à Aleria. Chiarelli machine à coup sûr quelque chose. Si Chiarelli est entre nos mains, les bras tombent à Matra. Je suis encore indécis au sujet de l'affaire que vous savez. Venez, si vous le pouvez ; une fois unis, les choses n'en iront que mieux. Mon indisposition me tracasse. Je vous embrasse ; votre parent affectionné.

Paoli à Salvini

Casinca, 28 décembre 1755. — Ami. Je ne reçois plus depuis longtemps de vos lettres, et cependant elles m'auraient été nécessaires en ce moment-ci : on m'en écrit, comme d'habitude, beaucoup de Balagne ; mais je désire connaître l'avis d'une personne amie et sincère ; je vous prie donc, par la première occasion, de m'écrire au long sur l'état de la province. Nos affaires vont bien. Vincentelli a dû vous consigner 20 sequins romains, et vous parler d'une certaine affaire. J'espère vous annoncer bientôt quelque chose de consolant. Votre très dévoué.

Paoli a Venturini

Casinca, 31 decembre 1755. — Parente carissimo. — Ho scritto a Giacinto che resti fino a' vostri ordini, onde farete quello che giudicherete più a proposito.

Il Forte è stato occupato dalli nostri di Campoloro, come scorgerete dall'acchiusa. Voi dunque non avete necessità di tanta gente, se non vi determinate alla demolizione, che credo sarà troppo necessaria, perchè il mantener presidiato tale posto anzi si rende troppo difficile e di gran spesa. E vero che se lo poteamo mantenere era un posto vantaggioso per aver del sale da Sardegna, e per farne nello stagno, e per difender l'altro stagno e mantenere in freno il Fiumorbo. Pensateci voi. Sarebbe buono se si potessero obbligar le pievi a custodirlo, cioè quella di Serra e Verde. Ma, dovendovi lasciar presidio, credo che vi potrebbero restar una ventina di Campoloro con Giacinto, e si potrebbe far capire a Sicurani che andasse a prendere il possesso di Casajanda, ponendovi Vitanio per fattore, ed allora non abbiamo più che temere. Nel ritorno venite per Campoloro, e fate guardar le Prunete, che sarà uno scalo che ci farà molto bene; non tardate, ed operiamo, giacchè abbiamo posto in veduta un tal posto. Il presidiarlo dalle pievi, dicono questi signori, che non è cosa sicura; al contrario, li Campolorinchi vi terrebbero li banditi lontani, onde, invece di distruggerlo, io penserei a presidiarlo con 20 uomini, e far come sopra a Casajanda. Questo servirà, Parente caro, per gli altri Capi che sono ancora di vostro giudizio, cioè il D. Ciavaldini e mio fratello, e sono, ecc.

Paoli à Venturini

Casinca, 31 décembre 1755. —. Très cher Parent. J'ai écrit à Hyacinthe de ne partir qu'après avoir reçu vos ordres ; vous aviserez donc.

Le Fort a été occupé par nos amis de Campoloro, comme vous le verrez par la lettre ci-incluse. Vous n'avez donc pas besoin de garder auprès de vous tant de monde, à moins que vous ne vous décidiez pour la démolition, que je juge indispensable. L'occupation du fort serait par trop difficile et fort coûteuse. Il est vrai, que si nous pouvions le garder, ce poste nous aurait beaucoup servi pour tirer du sel de la Sardaigne, et pour en faire à l'étang, ainsi que pour défendre l'autre étang et tenir en échec le Fiumorbo. Examinez la chose. Il nous serait avantageux de pouvoir obliger les pièves à le garder ; j'entends les pièves de Serra et Verde.

Si l'on se décide à y tenir garnison, je suis d'avis d'y laisser une vingtaine d'hommes de Campoloro avec Hyacinthe. On pourrait faire comprendre à Sicurani qu'il convient d'aller prendre possession de Casajanda, en y établissant Vitanio comme fermier. Dans ce cas nous n'aurions plus rien à craindre ; à votre retour, passez par Campoloro et faites occuper les Prunete : c'est un point de débarquement d'où nous pourrons tirer grand bien ; pas de retard ; soyons actifs puisque nous avons mis en évidence un pareil poste. Ces Messieurs disent qu'il n'y a pas sûreté à le faire occuper par les pièves. Loin de là ; les habitants de Campoloro tiendraient les bandits à distance ; ainsi, au lieu de le détruire, je serais d'avis de le faire occuper par 20 hommes, et faire là comme on a fait à Casajanda. Ces instructions serviront, cher parent, pour les autres chefs qui sont de votre avis, c'est-à-dire pour D. Ciavaldini et pour mon frère. Je suis, etc.

Clemente de Paoli a Venturini

Pastoreccia, 31 decembre 1755. — Eccellenza. Questa sera ricevo lettere di Casinca; me ne spiano che i nostri di Campoloro hanno occupato il Forte, sì che la nostra mossa non tende ad altro che a veder quello che si stima più a proposito per la sicurezza di quel luogo, e siccome raccomandano la restaurazione della Torre delle Prunete, per cui ella può pensare da qual luogo potessimo supplire ad una e l'altra; così se non avessimo a cascar in Serra, per riguardo del Forte, potressimo passare per Orezza ad unirci a Ciavaldini, e di poi da colà scendere in Campoloro o Verde, e dove Vostra Ecc. ne giudicherà; io dimani marcio a codesta volta, secondo il suo primo avviso, e sarò a ritrovarla, quando Ella non mi avvisi altrimenti; di ciò se pensasse diversamente, La prego rendermi di subito avvisato. Sono agli ordini di V. E., mentre col desiderio di abbracciarvi mi dico,...

Paoli a Venturini

Casinca, 2 gennaro 1756. — Eccellenza, Per vostra notizia dovete sapere che jeri da Bastia fu qua spedito un laico per sapere se per questa città era diretta la marcia di quella gente che era in mossa; gli è stato risposto che nemmeno si pensava a tale cosa, e che il nostro governo tutto altro avea in mente che la rovina di quella città; credo avranno riscosso il panico timore in cui erano quei cittadini: per tale sospetto alcuni aveano scritto ad amici per venirsene a paesi.

In questo punto arriva qua Mastro Francesco Tartarini, e Cucchia, venuti per dirmi aver parlato con Padron Gia-

Clément de Paoli à Venturini

Pastoreccia, 31 décembre 1755. — Excellence. Je reçois ce soir des lettres de Casinca ; elles m'informent que nos amis de Campoloro ont occupé le Fort. Notre marche n'a donc pour but que d'aviser à ce qu'il y a à faire pour la sûreté de ce poste. Comme on nous recommande la restauration de la tour de Prunete, vous examinerez quel est le point le plus propice pour surveiller l'un et l'autre poste. Si donc il n'était pas indispensable d'arriver dans le canton de Serra, à cause du Fort, nous pourrions passer par Orezza pour nous unir à Ciavaldini et nous rendre ensuite à Campoloro ou à Verde, ou bien là où Votre Excellence le jugera convenable. Demain je m'achemine de ce côté, conformément à votre premier avis, à moins que vous ne me fassiez parvenir un avis contraire. Si vous jugez qu'il faille faire autrement, veuillez m'avertir sans retard. Je suis aux ordres de V. E. avec le désir de vous embrasser, je suis...

Paoli à Venturini

Casinca, 2 janvier 1755. — Excellence. Je tiens à vous faire connaître que hier on nous a envoyé de Bastia un frère lai, afin de savoir si les troupes qui sont en mouvement étaient dirigées sur cette ville. On lui a répondu qu'on ne songeait pas même à une pareille entreprise, et que notre gouvernement ne pensait à rien moins qu'à la ruine de Bastia. Je crois que les habitants de cette ville auront secoué la terreur qui les possédait. Dans la crainte d'une attaque, plusieurs Bastiais avaient déjà écrit à des amis pour se réfugier dans nos villages.

En ce moment viennent d'arriver ici Mastro Francesco

cinto Cecconi di Bastia, il quale da Livorno in quella città dice aver portato Antonuccio Matra. Vedete perciò che la cosa diventa ogni giorno più seria; onde operiamo in maniera da non tornar sempre a capo, come è stato stile fatale della nostra nazione.

In Nebbio, ogni giorno trovono morti della battaglia della vigilia di Natale, li quali furono 36, e quattro ufficiali; quelli di San Fiorenzo, che li credono feriti, si raccomandano acciò si trattino bene; non sortono più, ed hanno perduto la superbia.

Le torri che sono alla marine devono esser distrutte, e dobbiamo riedificare le Prunete, per tener in freno quelle marine; e dite a mio fratello che il suo pensiero non mi dispiace per guarnir quel posto. Sono della Vostra Ecc.

D.mo Alt.mo

I miei rispetti a codesti Signori Capi.

Paoli a Salvini

Casinca, 4 gennajo 1756. — Amico. Due vostre ricevo nel tempo stesso, una in data del 30 del passato, e l'altra dei due di questo. In una v'è la distribuzione del denaro fatta con tutta l'esattezza; Dio volesse che in ogni luoco consimile la rincontrasse; per il restante, quasi le cose stesse. Entrambe contenevano il vostro riflesso sopra Giudicelli; è giusto, ed io vi avea pensato già, e penso che debba considerarsi come il commandante dell'Isola Rossa.

Tartarini et Cucchia, venus expressément pour me dire qu'ils ont causé avec Patron Hyacinthe Cecconi de Bastia, qui dit avoir transporté de Livourne en cette ville Antonuccio Matra. Vous voyez donc que la chose devient de jour en jour plus sérieuse. Tâchons de nous conduire de manière à ce que nous ne nous trouvions pas dans l'obligation de recommencer toujours la même histoire, comme cela n'est que trop malheureusement arrivé à notre nation dans le passé.

Dans le Nebbio, depuis la bataille livrée la veille de Noël, où périrent 36 soldats et quatre officiers, on trouve tous les jours quelques cadavres. Les gens de Saint-Florent les croient blessés, et sollicitent pour qu'on les traite bien ; ils ne font plus de sorties et ont perdu leur arrogance habituelle.

Les tours situées sur le bord de la mer doivent être démolies. Nous devons rebâtir la tour de Prunete, pour tenir en échec les plages. Dites à mon frère que son avis, de ternir garnison à ce poste, ne me déplaît pas. Je suis de Votre Excellence, etc. Mes salutations à Messieurs les Chefs.

Paoli à Salvini

Casinca, 4 janvier 1756. — Ami. Je reçois en même temps deux de vos lettres, l'une du 30 du mois passé et l'autre du 2 du courant. Dans l'une il est parlé de la distribution de l'argent, faite avec la plus grande exactitude, (plaise à Dieu que je rencontre partout la même ponctualité) ; pour le reste, à peu près répétition des mêmes choses. Toutes les deux contiennent vos appréciations sur Giudicelli ; elles sont pleines de justesse, et, pour ma part, j'avais déjà pensé et je pense qu'il doit être considéré comme le commandant de l'Ile-Rousse.

Mi piace la notizia della richezza della vena del rame, e molto ancora che il maestro sia inclinato a venir ad insegnar l'arte.

Il signor Croce ha del zelo, ma ne ha ancora troppo; ed è capace, colle sue maniere, far divenirli patriotti Vittoli. Certamente, chi non si mostrò in tempo che Matra era potente, e che Grimaldi minacciava rovine, non si mostrerà, nemmeno ora. Non bisogna sentir li sospetti di chi altro non sa far che mordere l'altrui condotta. E necessario non si dia orecchio a queste persone, ma bisogna dar loro quel credito che meritano. In Nebbio, chi avesse voluto sentir una parte d'Oletta, non v'era che traditori, e m'esortavano perciò a farne strazio. Io però, non facendo conto di ciò, volli fingere eguale confidenza in tutti, e m'è riuscito averli così ben disposti contro il nemico. Il zelo è come il latte; se si trova in uno stomaco ben disposto, è un ottimo nutrimento e produce un miglior chilo; ma, negli stomachi debilitati e guasti, genera un acido troppo cattivo. Il colonnello Fabiani mi scrisse che sarebbe venuto; con esso ancora mi consiglierò sopra lo stato della provincia; ma siate sicuro che, nello stato presente, niuno può opporsi alle mire del Governo, poichè facil sarebbe atterrarlo. Il capitano Fabiani, in una sua lettera, si lamenta copertamente dicendo, che alcuni pretendono esser patriotti, col tacciar la reputazione degl'onesti uomini, che travagliano ed hanno sempre travagliato per la patria. Per amor di Dio, teniamo quella massima che dice : « Lodate gli uomini o castigateli ». Io temo più le nostre particolari passioni che i Genovesi. Persuadete però questi Signori, che pensino che la loro maniera d'agire fece scoprir Giuliani, e poi quasi ridusse il capitano allo stesso caso.

Più politica. Questa mia lettera, vi prego, appena letta, lacerarla; perche, Dio guardi, se fosse veduta; perderei il credito e gli amici : fatene però voi uso con maniera.

Ho già spedito ordine per le decime, e costì sarà pubblicata la circolare. Non conviene, amico, dar maneggi a ta-

A entendre l'un des partis d'Oletta, il n'y avait, dans le Nebbio, que des traîtres, et l'on me poussait aux plus grandes rigueurs Mais, sans m'arrêter à ce que l'on me disait, je fis semblant d'avoir égale confiance en tous, et je suis ainsi parvenu à les lancer si résolument contre l'ennemi. Le zèle est comme le lait : dans un estomac sain, c'est un excellent aliment, qui se convertit en un très bon chyle ; dans un estomac débilité, alangui, il tourne à l'acide de la pire espèce.

Le colonel Fabiani m'a écrit qu'il viendrait ; je lui demanderai, à lui aussi, son avis sur l'état de la province ; mais soyez convaincu que, dans l'état actuel, nul ne peut s'opposer aux vues du gouvenement ; il serait facilement renversé.

Le capitaine Fabiani, dans une de ses lettres, se plaint à mots couverts disant, que certains individus croient faire preuve de patriotisme en ternissant la réputation des honnêtes gens, qui travaillent et ont toujours travaillé pour la patrie. Pour l'amour de Dieu, tenons-nous en à la maxime qui dit : « Louez les hommes ou châtiez-les ». Je crains nos haines particulières beaucoup plus que les Génois. Dites cependant à ces Messieurs de ne pas oublier que ce fut leur façon d'agir qui décida Giuliani à lever l'étendard de la révolte, et entraina presque le capitaine à suivre le même parti.

Un peu plus de politique. Après avoir lu cette lettre, déchirez-la, je vous prie. Dieu garde, si elle était vue ; je perdrais et confiance et amis. Vous cependant, servez-vous en avec modération.

J'ai déjà expédié l'ordre touchant les dîmes, et l'on publiera chez vous la circulaire. Il ne convient pas, cher ami, de fournir à certaines personnes des moyens qui leur permettent de se créer des relations et des partis, et encore moins de s'associer à des gens, parmi lesquels il faut entretenir un peu de rivalité, afin que l'un surveille l'autre. Les Républiques vivent habituellement de la gloire de leurs

luni, per mezzo dei quali possono farsi leghe e partiti, e molto meno associarsi con genti, tra quali è necessario un poco d'astio, acciò uno vegli sopra l'altro. Ordinariamente le repubbliche sussistono colla gloria dei membri, la quale tiene a dovere i malintenzionati e move a doppio l'anime generose; chi presiede deve sentir tutti, per conoscer le passioni e servirsene in vantaggio del pubblico, e non mai mutarle finchè, direttamente opponendosi a questo fine, non le possa più dirigere.

Scrivo al magistrato, per l'affare di Lumio. Non voglio pigliarlo a petto prima dell'assemblea che terrò degli ecclesiastici, a 15 di questo, ove ho qualche speranza che l'amore o il timore vi porterà qualche vescovo.

---

membres, qui maintient dans le devoir les mal intentionnés et double la vertu des âmes généreuses. Celui qui gouverne doit écouter un chacun, afin de connaitre les passions et de les utiliser pour le bien public ; il ne doit jamais les changer jusqu'à ce que les passions, s'opposant directement à cette fin, il ne puisse plus les diriger.

J'écris au magistrat pour l'affaire de Lumio. Je ne veux pas prendre la chose à cœur, avant d'avoir réuni l'assemblée des ecclésiastiques, que j'ai fixée pour le 15 du courant. J'ai l'espoir d'y voir accourir quelques évêques, poussés par l'amour ou par la crainte.

J'ai écrit à M. l'abbé Anfriani, de dire un mot à l'abbé Croce, sur le projet en question. Je consigne, au sergent Bastianello, vingt sequins romains. J'écris à nos amis conformément etc. J'ai reçu le livre des entrées. Faites en sorte que la marchandise soit de bonne qualité.

Au commandant de la tour et à celui d'Alziprato vous leur donnerez, à chacun, 50 livres par mois. Attention ; nos affaires sont en bonne voie. Dans une autre occasion, je vous écrirai plus au long.

Ho scritto al signor abate Anfriani che parli all'abate Croce del progetto. Consegno al sergente Bastianello venti zecchini romani; scrivo a quelli amici conforme etc. Ho ricevuto il libro degl'introiti. La mercanzia, fate che sia della buona.

Al comandante della torre ed a quello d'Alziprato, gli darete lire 50 per uno al mese. Attenti, che le nostre cose vanno bene.

In altra occasione scriverò più a lungo.

Paoli al magistrato di Balagna

Casinca, 6 gennaro 1756. — L'acchiuso memoriale ci reca non poca ammirazione, poichè l'affare dei banditi è solamente riservato al supremo tribunale. Pare che il più importante è difficile; onde rivocheranno subito il salvocondotto di un'uomo così empio come colui di cui si parla nel memoriale, e non gli permetteranno fare il minimo uso dei beni che gli appartencano, poichè sono confiscati per il pubblico erario. Diano perciò ordini necessarii per arrestare tutti i banditi, che non saranno da noi assoluti, e quelli che gli daranno ricetto; e non devesi credere alcuno, se dicesse essere assoluto da noi, se al magistrato non mostra l'assoluzione. Ciò per loro regola, pregandoli etc.

Paoli a Venturini ed altri Capi

Casinca, 8 gennaro 1756. — Ier sera ricevei la lettera di lor Signori, dalla quale comprendo la poca puntualità dei nostri pedoni.

Sebene al signor Antonio Matra non fosse dovuta l'assoluzione, a me ciò nonostante non pare mal fatto, nel tempo che se ne opprime uno, mostrar clemenza all'altro, ritenendolo in luogo d'ostaggio.

Certamente il birbo Durilio ci ha pagati di buona moneta. Conoscete da ciò il conto che dobbiamo fare del Fiumorbo, in caso di qualche tentativo del nemico, e di qual premura sia il forte di Aleria, per li nostri affari. — Se il Sicurani vuole il possesso del Procojo, conviene certamente paghi; ma costoro son canaglia, a niente buoni, nè per se, nè per altri.

Qui ho parlato con Ortoli, giovine veramente d'indole generosa; gli ho subito parlato del sale, ed egli dice averne mille mezzini in casa; sarebbe pronto a darlo, ma il trasporto per terra è difficile assai, e, per mare, non vedo apertura. — Il Nebbio ne scarseggia assai e patisce. Penso provvederlo con quel poco ricevuto, benchè non servirebbe nemmeno per l'ingordigia dei nostri magnati; non basterebbe, per sodisfare la lor avarizia, tutto Trapani.

Il figlio di Antonuccio è comparso; m'ha riferito quello che vi ho scritto stamane; m'ha domandato la grazia di passare a veder la sua famiglia in Alesani, nell'andar a Corti, e glie l'ho concesso, incaricando Paolo Giov: di scortarlo fino a Corti, acciò egli si presenti in Castello.

Dopo lette le vostre lettere e l'acchiusa di Giacinto, m'è venuto un'idea, di raccomandarvi il forte più che mai, poichè, non trovandosi ora gente che voglia starvi, se bene il Fiumorbo non sia dichiarato nemico, ed il nemico genovese ne sia lontano, considerate che cosa succederebbe d'estate ed a fronte del nemico. Mosè non lasciò niente in piedi di ciò che costava pene e spese a mantenere. Si distrugga, e togliamo ogni disegno del nemico.

Cucchia, venuto da Nebbio, porta infallibile la partenza di Grimaldi. In Ajaccio sono venuti altri rei, per provvedere le fortezze. In Bastia, la chiama dei vescovi ha posto in scompiglio quella città. Si sono uniti li tre Prelati con il Governatore ed i Provinciali; gli uni vietano ai Parochi d'intervenirvi e gli altri ai religiosi con termini empii, fuori chè il capitano, che scrive da vero galantuomo. Sovvengavi di questa sentenza :

« Abominabis utrumque apud Deum, et qui condemnat
» justum et qui justificat impium. »

Se Matra meriti che gli si franchi il forte per riguardo, non lo so, quando, per più titoli, quel luogo è del pubblico.

Savelli l'ho trattenuto, per questo viaggio, fino ad altri riscontri, che ne aspetto in breve ; ha fatto premura per la munizione. Li 8 gennajo partì (questa sera) la feluca. Vi mando Aus^{te} con 10 uomini, acciò vi servano di scorta e di guardia. Mi piacciono le disposizioni prese ; ma la spesa, per il Forte, è troppo forte.

Ho sospeso l'inquisizione in Balagna, che rovinava la provincia ; non prendete sospetto di quei paesi che son tranquilli. Il Corso non bisogna osservarlo così minutamente, perchè, sebbene abbia mille difetti, non lascia di concorrere nelle occasioni. Il detto tribunale deve essere di ogni minuzia informato, ma non deve procedere per esse.

Paoli a Salvini

Casinca, 8 gennajo 1756. — Amico. Per togliere di mezzo la pietra di scandalo, ho pensato sospendere l'inquisizione, perchè il Croce, da mille ricorsi, conosco l'avea tutta posta nel paese di Lumio, e poi, tra esso e li Fabiani, da quel che ne scrive il signor Dottor Antonio, sarebbe nato qualche forte disordine.

La feluca è venuta ed ha portato una sessantina di cantari di sale, che dispenserò in gran parte nel Nebbio, che n'ha più bisogno d'ogni altra parte ; cercherò farne venire molto, per mettermi in istato di mettere in esecuzione un mio disegno, di rovinar li Presidj. La chiamata degli ecclesiastici ha posto sottosopra la Bastìa. Venite, che vi communicherò qualche cosa.

Paoli al Magistrato di Balagna

Casinca, 8 gennajo 1756. — Ci riferisce che li nostri ordini sono stati costì poco eseguiti; per la soddisfazione di ciò che egli costì trovasi, spero per la guarnigione dell'Isola Rossa, in difesa della provincia. Pertanto faranno che puntualmente egli venga rimborsato del suo denaro, e non vi siano più reclami su tale materia. Se in questo convento d'Aregno il magistrato è mal veduto da' religiosi, noi non prenderemo in mala parte che egli possa salvarsi nel paese d'Aregno, di Corbara o di Santa Reparata, luoghi egualmente in mezzo alla provincia, ed appartati contro ogni tentativo del nemico.

Invigileranno sopra li banditi, facendoli arrestare e castigando coloro che gli daranno la mano; ne daranno subito a noi parte. Nelle marcie, pensino sempre a consultare il soprintendente delle marine, a tenor delle prerogative accordategli dal nostro predecessore di gloriosa memoria, e da noi confirmate, il quale deve esser sempre conosciuto per soprintendente della giustizia e direttor della marina, e ciò, perchè conosciamo essere la di lui opera e consiglio molto accertati nella disposizione delle cose, che è quel che si vede negli stati ben governati. Siamo sorpresi che ancora non abbiano pubblicato il taglione del Grimaldi. Lo faranno subito girare e pubblicare.

Paoli a Venturini

Casinca, 11 gennajo 1756. — Quel che, nella mia di jeri, le narrava sopra il disegno del Matra, mi viene confermato dall'onestissimo signor Angelo Filippi il quale mi assicura, per certo, che il Matra è passato in Genova, che Antonucciò è stato prevenuto di non uscir di Bastia, sin a nuovi avvisi, e questo l'ha cavato fuori di bocca alla moglie, alla quale lo stesso Antonuccio queste cose scrive, e perciò s'è protestato che non ne vuole più sentir parlare. Antonietta scrive che trica, in aspettativa del Matra; era in bollore. E dalla partenza della signora Faustina, e dalle mosse del suo partito, e da quello che ha riferito ancora il figlio di Santucci, confirmato da tante bande, certamente, se non s'era occupato il Forte, a quest'ora egli era in Corsica a mettere il torbido. Veda dunque di quale conseguenza a noi sia quel posto. Noi spenderemo il nostro danaro a guardarlo, quando il pericolo sarà lontano, e se il torbido nasce, che il Fiumorbo vacilli al solito, non troveremo più gente che vi voglia stare, e non saremo in stato di più ruinarlo; perlochè il mio sentimento, e quello di questi capi, sarebbe che si distrugga, e, confiscati li terreni, si dessero in affitto alle comunità vicine, ed alla famiglia Monti, a cui forse appartengono *de jure*; è ancora pendente la lite al magistrato di Corsica in Genova; non saressimo così obbligati a fare spese, e saressimo sicuri del luogo, e fuor di sorprese dalle macchine di quelli; pensate e riflettete, che le rivoluzioni vogliono caminare col piede che conviene, cioè con rapidità, altrimenti li popoli si raffreddano. Grimaldi jeri si dice partito, avendo lasciato in suo luogo Giuseppin, forse con 150 tra Greci e soldati; il restante l'ha rimandato alla loro guarnigione in Calvi. E venuto un disertore che dice, averli veduto imbarcare l'equipaggio, ed intese che disse, voler venire a marzo, con tanti banditi delle riviere, per bruciare il Nebbio. Io aspetto sopra ciò li riscontri del magistrato ed avvisi da altre parti.

Peppone, con molti altri, è qui, e partono domani mattina, o per meglio dire stamane, giacchè scrivo alle 24, ma la data è per domani. Spero che faranno qualche cosa per spaventare in Nebbio il nemico, ove dobbiamo portarlo all'estremità; la stagione ci ajuta, ma li 50 uomini che manteniamo al Forte mi escono dall'anima. Li Vescovi fanno il demonio, perchè il clero non concorra all'assemblea; parli forte a codesto capitolo.

S'è ordinato che costì traducano il pievan Cristofini, per data esecuzione all'ordine, prima di presentarlo; mando il processo al voto consultativo. S'è scritto alli vicarii forani come si deve.

Paoli a Venturini ed altri Capi

Eccellenza, Illustrissimi Signori.

Casinca, 13 gennajo 1756. — Il signor Cremona e l'abate Francescolo non sono ancora comparsi; così non ci hanno dato luogo di mostrar la propensione che, a motivo della loro raccomandazione per essi, si avrebbe avuta. Il signor Cremona poi è troppo ubbidiente agli ordini, e vuol vedere, se gli ordini che si danno, sia il consiglio in istato di farli eseguire. Per il Francescolo, s'è pensato convocare molti capi, terminata la dieta degli ecclesiastici, la quale, ad ogni modo, cercano intorbidare li nostri nemici, non volendo che ci sia permesso domandare consiglio, ne' casi dubbj, a quelle persone che, per confermarci nel retto sentiero, la divinità ha poste, per esser esempio di virtù, fonti di salute e d'instruzione. Togliete al sacerdote la sollecitudine di porger documento a chi gliene domanda, e lo priverete dell'essenziale suo impiego. Monsignor d'Angelis, benchè dotto e santo, ha avuto la disgrazia, in questo incontro, di quelli che dicesi: *nolunt intelligere ut bene agant.* Dio riaccenda que' lumi che per nostra scorta devono servirci, chè la malizia genovese pare voglia affogarli ne' vortici del caliginoso fume de' rispetti umani.

Riceveranno dal sargente L. 94 e 14, in tanti zecchini, che serviranno per la truppa, e ne faranno fare esatta distribuzione al sargente. Sono L. novanta quattro e soldi quattordici.

Paoli à Venturini

Casinca, 13 gennajo 1756. — Il signor Angelo Filippi m'averte ora, dopo sigillata la prima, che ha penetrato che pensano mandare in Aleria, ed in codeste spiagge, gente. Il Matra Antonuccio fa ogni sforzo in Bastia, e l'altro è in Genova.

Paoli al Ministro di Balagna

Casinca, 13 gennajo, 1756. — L'attentato commesso nella casa del governo contro la vita del signor Agostini, è meritevole del più aspro risentimento. Facciamo dunque ogni diligenza per scuoprire ed arrestar li rei. Se lo giudicano a proposito, possono ancora convocare una giunta di tre capi di guerra e presidente, per déliberare sul modo di riuscire in tal fatto, che è stato troppo scandaloso e s'oppone direttamente all'onor del pubblico.

Paoli allo stesso

Casinca, 13 gennajo 1756. — Avranno cura di far sentire a codesti signori Rettori e Guardiani indisposti che forse riceveranno qualche visita di sollievo nelle loro malattie, di che si piglierà sollecitudine dal Consiglio.

Paoli à Venturini

Casinca, 14 gennajo 1856. — Gli ecclesiastici di codeste pievi sono venuti a domandarvi parere, e voi, avendo approvato il lor dubbio d'incorrere nelle censure di Monsignor Matteo, li avete trattenuti e permessogli, come scrivono, che consultino e temporeggino. Per Dio, non avviliamo così le nostre cose ; parlate forte, chè tali censure sono nulle per sè, e voi, con tali provvedimenti, le approvate; non sentite in ciò mio fraletto che, in tali materie, come poco pratico, è compatibile se, a tenor del suo timido naturale, si mostra irresoluto. Voi però non siete nelle stesse circostanze.

Il Biagini, contro le leggi, avendo fatto girar la circolare di Monsignore, prima di presentarla, è reo di grave delitto ; pertanto lo precetterete a portarsi nanti il Consiglio di Stato immediatamente acciò una volta contro la canaglia si possa procedere ; pigliamo una volta aria, e non temete.

Paoli à Venturini ed altri Capi

Casinca, 14 gennajo 1756. — In Bastia v'è la costernazione dell'imminente consulta, e fanno ogni sforzo per interromperla ; ma non vi riescono. Li migliori soggetti, da ogni parte vengono, e Saturnini e Astolfi hanno fatto il piano degno di vedersi. Di Balagna sono già venuti il dottor Bartolini, Guelfucci, e 4 Palaschesi ; ed il dottor Anton Leonardo fa un'ostensibile protesta, incolpando la sua vecchiaja, che non gli permette venire. Così non dubitate, chè le cose andranno a lor confusione e danno.

Mi viene in questo punto avviso che in Bastia siano arrivati li Capitoli, e che Monsignor de Angelis, per mezzo dei suoi parenti, siasi compromesso farli noti a' Popoli. Badate che da costì deve principiare. L'astuzia è così diretta. Voi costì vi sollevaste per ottener le vostre franchigie ; ecco ciò che prima domandaste, ed ecco che più ancora concediamo. Se più state ostinati, siete rei avanti il cospetto di Dio. Una testa che si crivella con quattro fucilate, questo agosto, non concluda ; altrimenti sovvengavi, che fu questo che impegnò Giuliani, e servì di pretesto a Matra. Si chiameranno li capi, perchè a ciò s'era pensato già. Fatevi sentire a codesta casta, pigliate l'autorità che abbiamo, e pensate che, non bisogna mostrar timore, se vogliamo veramente abbattere il nemico. Il G. Angelo mi comanda il secreto.

Iampè è fuggito in S. Pellegrino; mando a guastar la casa.

Paoli al ministro di Balagna

Venzolasca 14 gennajo 1756. — Si è presentito che il fanatico signor Grimaldi, dopo avere ottenuto una gran vergogna nella provincia di Nebbio, come alle V. S. Illustrissime sarà ben noto, crede forse ottener qualche vittoria in codesta provincia. Volesse il cielo che lo stesso cercasse di proseguir le sue stravolte idee; sopra di che, si prega V. S. Ill. tener ragguagliato il signor Generale di quanto egli va cercando di operare, e di procurar le distinte notizie ad effetto di scrutare se portano rimedio.

Lo stesso allo stesso

Casinca, 16 gennojo 1756. — Dal signor Orso Giacomo Fabiani, riceveranno il piano della consulta di Corti, colle leggi ed altri stabilimenti autenticati, li quali faranno pubblicare in codesta provincia, acciò vengano a notizia di tutti, ed a quelli che ne terranno copia, li autenticherete colle forme etc., acciò non vi sia contesto. Il meglio sarà che, di ogni paese, obblighiate uno scrittore a venire ad estrarne copia autentica. Le condanne che esigeranno le terranno per consegnarle a chi per tale effetto da noi sarà deputato. Ora che il Grimaldi è nella provincia, speriamo veder gli effetti della loro attenzione.

Paoli al Magistrato di Balagna

Casinca, 18 gennaro 1756. — Essendosi qua riunita la migliore e più numerosa parte del Clero di Marana, Aleria e Nebbio, unita per deporre alcuni gravami al Papa ed alli rispettivi vescovi, ed avendo fatti alcuni deputati, per rilevar da quelli non v'erano le sottoscrizioni. A tal effetto, venendo costì il dottor Bartolini, uno dei deputati, uniranno il clero acciò, ad esso, quello mostri le istanze e stabilimenti per essere da tutti li rettori e capitali della provincia autenticati. Auranno pure incombenza di far girar e sottoscrivere alli stessi Rettori e Vicarii forani la circolare che il signor Bartolini gli presenterà, toccante la dimora dei vescovi nei presidi. Letta, pubblicata e sottoscritta a noi la rimanderanno.

Paoli a Salvini

Casinca, 18 gennaro 1756. — Illustrissimo signore. Avendo il clero unito pensato all'erezione dell'università di scienze nel Regno, ci ha supplicati voler quella dotare di qualche fondo stabile. Alle quali istanze auto riguardo, abbiamo giudicato spediente incorporare adesso, per quanto a noi spetta, lo stabile detto *Finale*, che nel territorio di Belgodere trovasi, proprietà degli Olivetani, atteso le *confische da noi fatte per soccorrere* alli presenti bisogni della patria. Ella però si porterà al sopradetto paese, come procuratore dell'università, per affittare il detto stabile a chi meglio giudicherà, per il vantaggio dell'università e quiete del popolo; a tale effetto abbia ella riguardo alla integrità e spese fatte dall'An. Ignazio etc., e di tutto ci terrà ragguagliati per nostra regola. Ansiosi di ricevere favorevoli riscontri, e di soddisfazione della contrada, e particolari del suo zelo ed abilità, con stima siamo.

Paoli a Giov. Quilico Casabianca (*)

Casinca, 19 gennaro 1756. — Amico. Ora la mula non si può vendere, ed al pubblico conviene averla. Così, mio caro amico, aurete la bontà consegnarla al latore, perchè mi bisogna nel passo che devo fare dopo domani in Orezza.

Paoli a Salvini

Orezza, 23 gennajo 1756. — Amico. Dopo che vi ho scritto per il signor Arrighi, mi giunsero altre due vostre; una per l'affare di Feliceto, in cui il maggior mio disegno è stato far capire a Calenzaninchi che da noi non sono riguardati come nemici, e che domandando giustizia, come agl'altri, gli sarà fatta. Giacchè con l'armi è difficile vincerli, non sarebbe difficile vincerli colla dolcezza.

La seconda mi parla della lagnanza degl'inquisitori, e m'acquieto perchè lo dite voi; ma certamente la mia lettera, in cui sospendevo le inquisizioni del lor tribunale, non mi sembrava tanto aspra. Del resto, li signori Anfriani, collo stesso carattere, due lettere, su tal proposito, mi scrivono, contradittorie. L'abate, a suo nome, mi scrive quella che vedete contro l'inquisizione, e lo stesso abate, a nome del fratello, mi scrive la lagnanza degl'inquisitori; in una dichiara che ogni disordine deriva da X, e nell'altra incolpa tutti tre, giacchè scusarli è impossibile, poichè, dagli acchiusi esami, scorgerete mille interrogatorj suggestivi; e poi sono sopra affari già passati, e, con ogni mezzo, devono togliersi dalla memoria degli uomini costì. Leggete perciò l'acchiusa di Giuliani, il quale credo averlo per il debole, e non voglio disgustarlo inutilmente.

Amico, perchè, più d'ogni altro, faccio caso del vostro

(*) Il était père de Luce qui périt d'une manière si tragique à Aboukir.

discernimento e conosco la vostra probità, non stimo male farvi leggere le acchiuse, le quali so che non saranno penetrate, ed essendo lette, mi saranno rimesse.

In questa assemblea s'è trattato di scarcerar li prigionieri, con idonee sicurtà ; sopra del forte, se alcuno non saprà munirlo e custodirlo, si distruggerà ; e sopra la Rota e le tasse, l'una si erigerà, e le altre si riscuoteranno.

Da terraferma, non ho niente di nuovo ; spero però aver del sale.

Da Arrighi riceverete quaranta zecchini romani, e nel dispensarli, occhio e cautela.

Paoli ad Innocenzio Mari a Taglio

Rostino, 29 gennajo 1756. — Vincentelli parte domattina a buon'ora ; così facilmente sarà la sera in Matra, o in Alesani. Ha ordine intimare la marcia a 100 Alesaninchi ed a 40 di Bozio, ed a quanti più giudicherete spediente e bisognevole. Nelle instruzioni v'è espressa ogni cosa, ed avete ampla facoltà, come vedrete. Ho scritto a Carlo Giovanni e Santo, che vengano ad incontrarvi con gente. A Carlo Giovanni, nemico del Grimaldi, farete capire che Matra, per mettere a devozione il Fiumorbo, metter volea nel forte le truppe di quello. Cercate farlo agire come di *motu proprio*. Voi potete portare pochi compagni ; poi vi concederò una ventina di fucilieri pagati. Se con poco danno possiamo esser sicuri del posto, non ci mettiamo a risicare una gran rovina. Grimaldi se n'è partito da S. Fiorenzo colla galera. Arrivati voi altri, farò facilmente il giro della provincia, per diminuire la spesa delle truppe. Fate da uomini ed animate quelli di Fiumorbo, acciò siano veramente disposti ad agire, ed informatevi delle loro disposizioni. Nel passar per Campoloro, potreste prendere la sicurtà. Devono farla tutti i Cottoni in solido, per Gio. Carlo, a tenor della *(mot illisible)* ; per formula vi mostreranno i caratteri del cancelliere.

Paoli a Giudicelli

Rostino, 30 gennajo 1756. — Il nemico non essendo più in istato d'insultar la provincia colle di lui forze, ed essendo poi, dalle nostre relazioni, persuasi delle buone disposizioni e del ravvedimento del Polo di Calenzana, siamo venuti alla determinazione di levar la guarnigione del posto d'Alziprato, non tanto per il risparmio della camera, che per impiegar la truppa in altri luoghi, per ora più premurosi : perlochè potrete far capire ai bravi fucilieri che, sotto la vostra direzione, nel servizio si sono distinti, che, volendo servire e continuare a farsi merito nella truppa, non hanno che a presentarsi e saranno ricevuti, essendo nostra intenzione voler d'ogni paese formare il campo volante. Noi non possiamo bastantemente encomiare la vostra vigilanza, per la quale siamo vieppiù entrati in cognizione del vostro merito. Siate perciò persuaso che, nelle favorevoli congiunture, la patria ve ne mostrerà tutta la gratitudine, e noi particolarmente ve ne saremo tenuti.

Il signor Salvini tiene il denaro per acquietarli conti ; così, saldati gli avanzi de' fucilieri, li congederete, ed a noi trasmetterete i riscontri con ruolo da voi firmato, acciò sia deposto nell'archivio delle finanze.

Paoli al Magistrato di Balagna

Rostino, 30 gennajo 1756. — La galera se n'è partita, onde i sospetti della invasione sono finiti. Così abbiamo levato la guarnigione d'Alziprato, e ridotto quella dell'Isola Rossa a 8 uomini, un bombardiere ed un sargente. Di quelli fucilieri che servivano in torre di Rogliano, che 4, con un caporale, passino in guardia del Magistrato. Queste riduzioni vogliamo che principino col mese venturo.

Subito che avranno un piano di consulta corretto, ci mandino quello che gli mandammo nell'altra nostra antecedente.

Paoli a Salvini

Rostino, 30 gennajo 1756. — Poichè Grimaldi se n'è partito con la galera, è finito il sospetto che Alziprato e l'Isola Rossa possano esser sorpresi; onde ho pensato levare quelle guarnigioni; vi scrivo, per privata occasione, di diminuire quella dell'Isola, riducendola a soli dieci uomini, e metterne cinque alla guardia del Magistrato. Se il denaro non basta, potremo spedirne.

Paoli a Venturini

Rostino, 2 febbrajo 1756. — Parente carissimo. Portano due donne il biglietto presente; per levarmele d'intorno, gli ho detto che si raccommandino a voi, acciò gli suggeriate i mezzi onde possano trovare idonee sicurtà perchè i loro figli s'imbarchino. Fate però quel che conviene alla vostra prudenza ed all'onor della patria. Vi aspetto e sono vostro parente.

Paoli a Salvini

Rostino, 6 febbrajo 1756. — Come vi scrissi, volea far riformare la guarnigione d'Alziprato; ma la pieve mi fa tanta premura che ho differito, per conoscere il vostro sentimento. Io non credo nè Calenzana vogliosa di cimentarsi, in vista dello stato miserabile di S. Fiorenzo e dei Greci, ed istruita da ciò che prima le accadde, nè la Repubblica in pensiero di fare spesa per quella banda. Se vuole mantenere foraggi, 50 uomini mantenga in Calvi ed Algajola, ed anche al Caldano, adatti al mestiere. Con minore spesa meglio la servirebbero. Però io so che in Genova Grimaldi è stato biasimato dei guasti che ha fatto.

Il Forte è stato risoluto che si distruggesse, se Serra non lo garantiva, e ciò per prevenire gl'inconvenienti e rinfrancar la spesa; ora essendo che i tempj viventi sono a Dio più accetti dei materiali, nello stesso stato di cose non vedo perchè non si possano pigliar le stesse risoluzioni, per impedir le dicerie ancor di queste marine, che l'invidia fomenterebbe con pretesto di ragione; poi noi non possiamo far la guerra con gente pagata, la quale fa assai se mantiene in rispetto le leggi e l'unione della nazione. Deve però sempre essere in moto, ed accorrere ai bisogni. Ogni paese è buono a guarnire un posto, ma non a fare una giustizia imparziale, a persequitar li banditi ed a tenere a dovere qualche malaccorto dal seminar zizanie; perciò la mia idea non è tener nella guarnigione le truppe, le quali essendo necessarie non possono dai paesi esser mantenute. Venti cinque uomini farebbero assai meglio se girassero per codeste marine, ed accorressero ove ne avrò bisogno.

Questi riflessi mi determinano a rimover dunque da Alziprato la truppa, ma il differii fino al vostro avviso. Io giudico ancora opportuno differire acciocchè, riflettendovi sopra, i sospetti dei Pinaschi svaniscano, e la cosa non gli sia tanto sensibile. Ebbi lunghe conferenze con l'amico, e se mi ha nascosto il suo pensiero, io lo stimo un grand'uomo da farne più conto. Quello che ho scorto, è che sarà buono, perchè vede che non gli converrebbe esser cattivo; poi certe persone ad esser patriotti fatigano poco, perchè il patriottisimo lo hanno succhiato col latte. Stimo però fingere di non dubitarne, e stare ad occhi aperti, ciò che costì non si fa. Ad occhi chiusi, altro non si fa che inasprire colle mormorazioni, e ciò proviene perchè è l'astio e non il zelo che gli anima.

La miniera è stata creduta capace di dare un milione di

scudi romani l'anno ; si sono esibiti li maestri a venir da Roma e dal Tirolo ; li aspetto in breve ; perciò bisogna ancora risparmiare. Io spero mettere tali cose in campagna che facciano onore al mio successore, giacchè io, se durano le vertigini, che ogni giorno più si fanno violenti, credo che durerò poco per vederle in corrente.

Amico, non ho a chi voltar le spalle ; fo tutto da me ; questa indisposizione finisce di terminar la sentenza della mia gita. Se potete, ajutate l'amico e la patria ; venite, almeno per un mese, chè non ne posso più. Jeri sera ho dovuto scrivere due fogli in cifra, oltre otto lettere lunghe, senza le ordinarie, e giornali per le provincie.

Mi sono giunte, jer sera, da R. e dagli amici ancora lettere. Io però non faccio che delle disposizioni buone nostre, e cattive pel nemico, di modo che se vogliamo, spero veder in breve lo stato florido. Scrivetemi subito.

Paoli a Salvini

Corte, 14 febbrajo 1756. — Amico. Fino ad ulteriori notizie, mi appiglierò al vostro sentimento per la guarnigione del posto d'Alziprato. So che il sospetto della pieve di Pino è quasi tutto ideale, e viene oltremodo aggrandito dall'accesa loro fantasìa ; ma chi governa non deve disprezzare nè i capricci, nè la fantasìa degli uomini, poichè, senza di questi, poco necessaria sarebbe la subordinazione.

Vorrei saper che cosa vi riuscì fare in Belgodere, ove la principale mia cura è di render valida la pace fra le parti, e, nell'eseguire ciò che gl'imposi, non vi fate scrupolo alcuno, perchè la pietà si contradice con se medesima. Riuscirà sempre a miglior gloria di Dio che lo stabile di Finale serva al mantenimento dell'università, che al capriccio ed all'uso di genti, che non vi hanno verun *jus* naturale.

Il signor Simonetti delle Ville si meritava bene, che un altro gli avesse aggrappato il beneficio, come disubbidiente agli ordini, e, se presto non comparisce, sarò necessitato fargli provare il codice in tutto il suo rigore, per non render disprezzabili le leggi.

Io ho guardato il libro degli affitti, e, per quel beneficio che voi mi segnate aver egli ingerenza, non ho veduto sottoscrizione alcuna. Ond'è in tempo ancora, o alcun altro forse verrà in di lui mancanza a presentarsi per tale beneficio; forse la di lui parentela e bravura a niente più gli servirebbe in tale proposito.

Quel signor Felici, bisogna che sia una seccantissima creatura, mentre non tralascia momento alcuno di ciambottare la testa a voi ed a me, per quel maledetto schioppo; non potendolo avere, gli corrisponderò l'equivalente quattrino, che non importerà più di un rupo. Se egli sentisse altri stimoli di passioni più gentili dell'avarizia, si sarebbe vergognato esser tanto importuno nella richiesta d'una cosa, che lo rende a tutti complice d'un disonesto impegno. Scriverò al magistrato per l'affare di Feliceto.

Se un finissimo catarro non mi tenesse in letto, e non mi obbligasse a servirmi d'alieno carattere, vi direi forse cose più interessanti.

La feluca è in foce di Golo. Iddio proteggerà le nostre cose; e voi credetemi sempre vostro aff.to amico.

Paoli a Salvini

Corte, 18 febbrajo 1756. — Ho parlato con il signor Passani sopra la guarnigione dell'Isola Rossa, a cui ho dimostrato non esservi, a mio parere, sospetto alcuno, nè colà poter tentare il nemico sorpresa, senza mettersi al cimento di farsi tagliar l'apertura dall'immediato concorso de' paesi circonvicini; tuttavia gli ho detto che se capisce qualche evidente pericolo, o avvenimento di bastimenti, non ha che ad ordinare quella gente necessaria dai paesi, come si fa in Nebbio.

Io ho consegnato 20 zecchini romani da portarvi per il soccorso della truppa. Vi ho fatto inoltre parola della ricchezza della vena del rame e, sull'incertezza di avervi risposto intorno a ciò che in altre vostre lettere mi segnate di quella d'argento, che in provincia si è scoperta, vi dico che bramerei che con cautela ne faceste far la prova a spese della Camera, e dare avviso di ciò che ne risulta. Mi dicono però esser situata in luogo troppo vicino a Calvi e Calenzana, ed a portata di potersene approfittare il nemico più di noi; perciò bisogna prima esaminarla cautamente.

Anch'io comprendo le difficoltà che incontrerete ad aggiustare i pretendenti dello stabile Finale; atteso ancora le lettere che vi acchiudo dell'Antonio Ignazio, il quale non si accorge che, ritenendo presso di sè tale stabile, riduce in fide commisso perpetuo l'inimicizia col paese, e questo sarebbe un argomento per disporlo a non pensarvi più. Due altre cose si potrebbero tentare, che la comunità volendo appresso di sè lo stabile per pascolo de' suoi bestiami, pagasse le spese fatte per il Laudemico; potrebbe a ciò convenire il paese, e sarebbe il prezzo dell'impegno superato. L'altra sarebbe, non potendo riuscir questa, che restando Finale ad Anton Ignazio, questi lo sopraffittasse alla comunità ad erbatico, poichè la comunità forse pagherebbe assai più, e tornerebbe più conto al pubblico ed al procuratore che se fosse coltivato a frumento. Altri mezzi termini vi potrebbero essere che, colla vostra penetrazione, essendo sopra la faccia del luogo, potrete vedere e farne uso. Per riuscire in questo maneggio, avreste bisogno di qualche onesto faccendone che disponesse le parti, acciocchè da se medesime convenissero nanti di voi. Temo che non ne siate scarsi in provincia; qui, a dire il vero, ho il vantaggio di abbondarne. Questi mi servono, mentre io parlo dell'onestà delle cose e della giustizia, a farne vedere l'utile inseparabile da essa, chè è questa macchina la quale applicata al cuor degli uomini particolarmente popolosi, li fa prontamente agire.

Scusatemi se faccio queste riflessioni con voi che, scrivendevi da amico, mi dichiaro ricevere le vostre instruzzioni e consigli come precetti di maestro.

In Roma si ridono delle censure de' vescovi e ci animano a non aver riguardi. Il carattere, se bene alieno, é di prete Nicolao; voi conoscete quanto sia cauto. Sono...

Paoli a Salvini

Corte, 20 febbrajo 1756. — La comunità di Lumio, credetemi, non merita che tanto per essa v'interessiate. Son genti che per la patria, almeno il comune, poco servono, ed all'incontro, per il lor maledetto impegno, son capaci di portar le cose fino a qualche scisma. Io ho scritto agli Anziani caldamente, acciò li persuadano che le decime devono esser depositate in mano di terza persona, acciocchè nè essi, nè il rassegnatore possano abusarne. Per continuar la lite e la disunione, hanno un canonista per avvocato, che si lascia più guidar dalla collera che dalle massime della di lui scienza. E bella la di lui ragione: Il Vescovo non può decidere, perchè si è reso sospetto al governo, coll'ostinata dimora nei presidi; il Vicario è da esso creduto parziale; dunque si deve attender la decisione da Roma, e non importa che il tempo passi per la coltura de' terreni; che il pane ebdomadario più non si raccolga nella comunità. Il governo, se vuol por rimedio a questo inconveniente, può mettere in sicuro quei frutti, che al sostentamento dei ministri della chiesa appartengono ed all'immunità ecclesiastica. In somma l'opporsi alle capricciose mire d'un popolo sfrenato, per appropriarsi ciò che non gli appartiene, è per essi un irregolare procedere contro la giustizia e libertà dei Canoni. Nel fondo delle pretensioni, io ho protetto la Comunità di Lumio, e non ho dato orecchio ad impegno alcuno ; ma, nell'usurpazione che vuol far dei beni, mi troverà diverso assai, giacchè son persuaso che, in mano di procuratori, non vi è deposito sicuro, siccome non vi fu mai, nè vi è in Belgodere per consimile causa. Ciò nonostante, per questa volta, ho scritto al Magistrato che debba far depositare i frutti in mano di terza persona ben veduta da una parte e dall'altra, e non potendogli ciò riuscire, che ne lasci la decisione al foro ecclesiastico. Ma questo, amico, credete che la morale di Machiavello non lo giustificherebbe mai, e l'avremo da capo allorchè il rassegnatore rappresenterà il grave pregiudizio che viene a soffrire il suo principale in attendenza della decisione di Roma, perchè le terre resteranno inculte, ed il pane, che si raccoglie perentoriamente, sarà per esso giocato, sebbene guadagni la lite.

Nell'altra mia, che avrete ricevuto dal signor Passani, avrete veduto il mio pensiere sopra le pendenze della Comunità di Belgodere, e dallo stesso signor Passani, avrete ricevuto 20 zecchini romani. Che volete ch'io dica in una lettera, se non che le nostre cose non sono mal incaminate. Gli amici con speranza hanno proseguito il lor viaggio in luogo opportuno ; la guerra non è ancora dichiarata, ma li prepartivi sono forti. Ridetevi di quelli che temono de'Genovesi, o che altro non sanno fare, al vantaggio della patria, se non criticar coloro che per essa travagliano con qualche difettuccio.

In un'altra mia, Le feci capire il pericolo grande che vi era nell'unire due persone di codesta provincia. Mi rispondeste che, essendo troppo sottile la riflessione, era forse a proporzione ancor lontana dallo stesso reale delle cose. Quando ci parleremo, vi farò toccar colle mani che io non di-discorreva nè discorro male adesso su tale materia o dubbio.

Paoli a Luigi Vinciguerra

Corte, 25 febbrajo 1756. — Il Padre Guardiano mi ha consegnato la vostra lettera. Vedrò di servirlo alla meglio che posso. Egli però non ne avrebbe di bisogno, poichè essendo vietato di ricorrere al Provinciale, colla permissione dei Padri che sono fuor dei presidii, potrebbe imbarcarsi, senza timor di censure; ma il nostro clero è ancora indomito, e, per metterlo a dovere, ci vogliono, sulle prime, minacce e carezze.

Si vietò, nell'assemblea tenuta costì, che ricorso alcuno non facessero agli Ordinarii, dimoranti nei presidii; e questi hanno cercato ottener la licenza di predicare. La briglia l'anno in bocca, ma non ancora ben stretta. Bisogna pigliare qualche altro spediente per far che siano diretti.

Volentieri vorrei che faceste le veci costì di presidente delle finanze, ma vorrei che ci parlassimo avanti. La roba che trovasi in Biguglia del pubblico, potreste dir che la vendano, e farsi consegnare il prezzo. In somma, travagliate per la camera, perchè son persuaso del vostro zelo, e le vostre disposizioni saranno sempre approvate.

Credo che vi abboccherete con mio fratello, e con lui potrete parlare, perchè poi abbiamo bisogno di rimettere l'entrate in corrente.

Portate i miei rispetti alla signora Serena, e pregatela di darvi licenza, al principio di quaresima, di venir qua otto o dieci giorni, per concertare meglio. Li Pomontinchi si sono uniti, e siccome i Greci convalidarono il consiglio di Trento in un'assemblea, questi hanno convalidato e la consulta di S. Antonio e quella di Corte. Vedremo ciò che ne riuscirà nel progresso.

Paoli a Salvini

Corte, 29 febbrajo 1756. — Il d'Andrea, vostro parente, è qui venuto per obbligarsi verso la Camera per il beneficio consaputo; ma non avendo portato nessun documento, poco si è potuto concludere con esso lui. Gli si è parlato se lui lo voleva in affitto per 10 some d'olio. Egli non si ha preso la libertà di rispondere senza il consenso dei suoi fratelli. S'è accordata la delazione sufficiente. — Bisogna che abbia gran ragione il pover'uomo, perchè gli sia fatta; porta una raccomandazione, nel suo personale, poco favorevole. Ieri solamente, da una cert'aria di semplicità, che dimostrava nel contratto, perdei la mal concepita opinione ch'ei fosse capo di lega. Il signor Giudicelli, che secondo gli ordini ricevuti diede là basso, dice non essere stato pienamente soddisfatto degli avanzi delle truppe d'Alziprato. Se il danaro non vi basta, ne mandino a prendere per persona sicura.

Il di là da' Monti ha fatto la sua consulta, e si è a noi unito. Sarò perciò nella necessità di farci un passo fra poco.

In Bastia si sono posti in una suggezione oltremodo grande. I giorni passati, per obbligare i cittadini alla guardia, i soldati ne ammazzarono uno con un colpo di bajonetta, ciò che cagionò quasi una rivoluzione, la quale era irreparabile, se Cardi ed il vicario Massei, non s'interponevano, facendo dar soddisfazione al popolo. Al tumulto che successe nella marina, la truppa prese le armi in Terranuova, e prendendo di mira la moltitudine, le drizzò anche sopra i cannoni. Credo sarà stata una cosa poco piacevole a quella canaglia, e Cecco Patrimonio avrà avuto occasione di fare consimili riflessioni a quella che fece il conte Giuliano osservando le ruine che la di lui mal presa vendetta cagionato avea nella Spagna.

A quest'aria, la mia indisposizione mi permette qualche giorno di tregua.

Il signor Giudicelli, in quella che mi scrive, mi dice voler fare qui un' affacciata. Con piacere troverei che vi foste anche voi nello stesso tempo.

Paoli ed il Consiglio di Stato ai popoli di Corsica

Corte, 3 marzo 1756.

Avendo noi, nell'ultimo congresso, tenuto al convento di Orezza, minutamente considerate le partite della Camera delle Finanze, e non trovatele bastanti per le spese da farsi per il mantenimento del governo, siamo venuti alla deliberazione d'ordinar per ora l'esazione d'un piccolo sussidio di venti soldi a fuoco, e dieci a mezzo fuoco, finchè, alla prima consulta generale, si stabiliscano le leggi più opportune sopra i dazi.

Voi ben vedete, amatissimi compatriotti, il grande utile che riportato avete dalla presente costituzione di governo, e dall'aver assoldato una truppa regolata; le quali cose, oltre di aver mantenuta, a fronte di mille ostacoli, la tranquillità che ora godete, colla totale estinzione delle inimicizie, e degli odi, rinfrancandovi dall'incommodo delle continue marcie, hanno spaventato e sconfitto il vostro nemico allorchè più grandi facea gli sforzi per opprimervi, ed hanno vieppiù resa celebre, per l'Europa tutta, la memoria del vostro nome, e la riputazione delle vostre armi. Bisogno perciò non avete d'altri stimoli, per indurvi ed accettar di buon grado una disposizione tanto necessaria, e per prepararvi al sollecito pagamento di somma così tenue, e leggiera, in paragone di quanto davate a' vostri tiranni nei tempi infelicissimi della nostra schiavitù, e di quanto gli altri stati contribuiscono per la loro direzione. Molto più che essendo questo un danaro che gira, e che, a guisa d'acqua del mare, dopo varie benefiche circolazioni, ritorna alla sorgente, in vece di sentirne il peso e gravame, ne potete anzi ricevere gran profitto e sollievo, potendo ognuno che voglia impiegarsi nelle truppe, riprenderlo con usura. Nè dubitate che persistendo voi nella lodevole risoluzione di viver liberi, a proporzione della giustizia della vostra causa, prosperati non vengano i vostri stabilimenti, ed efficacemente protette le vostre ragioni. L'Altissimo è che avvilisce ed accieca il vostro nemico, che vi riempie ogni giorno di maggior coraggio per superarlo, vi somministra sempre nuovi lumi per confonderlo, e che avendo in mano il cuor de' Regnanti, li rivolgerà in vostro vantaggio, per manifestar la fiducia che avete nella di lui protezione. Vogliamo recitiate ogni dì festivo nella confraternita il Salmo 45 che incomincia: *Deus noster refugium et virtus*. Lo stesso vogliamo che facciano ogni giorno tutti i religiosi ecclesiastici, tanto secolari che regolari.

I soggetti deputati per la riscussione usciranno alla metà di quaresima. Questa circolare sarà da' signori Commissari fatta girare nelle rispettive loro pievi, facendola al solito sottoscrivere per poi trasmetterla nelle nostre mani.

Li otto del corrente si erigerà il tribunale della Rota Civile, nanti il quale si porteranno tutte le cause che oltrepasseranno la somma di lire cinquanta, giusta lo stabilimento della consulta.

Paoli a Salvini

Corte, 6 marzo 1756. — Due in una sono le ultime vostre che ricevo. Il signor Passani, l'avete indovinato, lo tiene in casa il timor de' Niolini. L'avviso che ricevete in quel biglittino è stato a mia notizia molto tempo avanti, nè di quell'amico (1) si può più dubitare che non tratti con Genovesi. Il partito stesso lo dice; finge perciò essersene scordato. Zerbi mi scrive da Livorno in data de' 18 del passato, che sta in quella città assieme con Angeluccio, come un cane arrabbiato. Scrive ancora che la consulta del Clero è stata ben ricevuta da' patriotti in Roma, e che non vi è che temere delle rappresentanze orribili che su tal proposito hanno fatto i tre vescovi. La Francia ha permesso le rappresaglie, e la guerra è ormai inevitabile. Se la voce del popolo è voce di Dio, abbiamo che sperare, poichè in Livorno si dice comunemente che la flotta inglese viene in Corsica. La Bastia ne trema, ed i Genovesi credo non siano pienamente sicuri del contrario. *Quod minime....*

E per dirlo in italiano :

> E le timide genti e irresolute,
> Onde meno sperar ebber salute.

Ogni lieve speranza, agli afflitti come noi, apporta sollievo.

Scrivetemi continuatamente, e scrivetemi colla solita libertà, perchè io so far distinzione da chi mi consiglia a chi con arte va insinuando modi di operare, i quali in vece di apportar giovamento, mettendo delle gelosie e delle diffidenze, potrebbero farmi riaver quel male che hanno li ragazzi insolenti stuzzicando il can che giace. Credetemi, amico, certuni non san distinguere dal zelo all'astio. Se esaminate la mia condotta, la troverete direttamente nemica di quest'ultima qualità, che ha sempre rovinata e rovinerà la nostra patria. Non vi sarebbero Vittoli in Corsica, se non vi fossero nimistà particolari, ed è falso quando dicono che portano aversione a taluni perchè son Vittoli. L'aversione in tal caso appena sarebbe

---

(1) Matra Marius ?

compatibile nel superiore. Gli altri non debbono alterare il carattere del zelo, che parer deve sempre un'immutabile tranquillità. A bocca sopra ciò, come dissi, parleremo a lungo.

Il vostro pensiero sopra l'affare di Belgodere, mi piace molto. Spero che con esso metterete in calma quel popolo, e l'Ignazio non griderà tanto, per non dimostrar di aver fatto la pace con mira interessata. Scrivo al signor Arrighi; vi torno a dire, come nell'altra vi ho sempre detto, che la mira mia principale è mantener l'unione, così che, per conservarla in codesto paese, vi do ampia facoltà di far tutto ciò che crederete a ciò spediente nello affittare lo stabile Finale, tanto per contentare l'Ignazio che la Comunità.

Se non è vicino a Calvi ed immediato a Calenzana quel luogo, svanirebbero i miei timori, perchè i Niolini non potrebbero farmi ostacolo. Aspetto l'esperienza che ne avrete fatto fare.

In questo punto vengo avvisato avere un certo di Bozio mortalmente ferito la moglie con un'archibugiata, e nel fuggire, avendosi rotta una gamba, sia stato preso da' parenti della donna per consegnarlo alla giustizia. Ora spedisco a prenderlo, se l'esposto è vero. Cade in acconcio il fatto per rinnovar l'idea della giustizia, che i più semplici credono addormentata.

P. S. Non avete fatto male a parlar a Giudicelli di quell'affare. Egli è quale lo desideravate, onest'uomo. Ho un secretario che sta ancora a compito, come si dice in Corsica; è scusabile perciò, se mostra poca cura dell'ortografia.

Clemente Paoli
a Buttafoco, Casabianca e Vinciguerra

Loreto, 6 marzo 1756. — Amici, questa sera è fuggito l'alfiere svizzero ed un soldato. Mandate subito a fare occupare i posti del ponte Bevinco, Torre di Punta d'Arco, Padulella e S. Pellegrino ; lascino qualche giorno il loco provvisto senza farsi vedere. Per S. Pellegrino ne ho scritto al Silvareccio, a Paolo, a Casalta e Stoppianova acciò vi scendino questa notte. Non perdete tempo. Sono....

Paoli a Salvini

Corte, 6 marzo 1756. — In risposta a quanto ci segna sopra l'affitto dello stabile Finale, controverso fra la comunità di Belgodere e l'Ignazio di quel luogo, che noi credevamo già cosa terminata, le significhiamo parere a noi troppo scarsa ed ingiusta l'offerta fatta dal comune quando da persone zelanti del vantaggio della Camera veniamo assicurati che 100 lire l'anno sarebbero un affitto leggerissimo dello stabile, onde a tale soma vedrà fare arrivare la comunità se lo vuole appresso di sè.

Per troncare ogni differenza e disapore, assegnerà sopra l'affitto lire 20 l'anno al signor Ignazio, acciocchè il denaro da lui speso nell'investitura, gli venga a fruttare a ragione di cento, ed acciocchè usando una compiacenza per metter la pace in questo paese e darla a se medesimo, egli non ne soffra interesse positivo reale ; dovrà però egli promettere di cedere a tutte le ragioni che possa avere sopra detto stabile almeno l'affitto che ne avrà la comunità, il quale sarà di anni cinque.

Crediamo che, essendo egli uomo onesto ed amico della quiete, non farà difficoltà a ciò convenire, molto più quando gli farà sapere che il consiglio ha determinato che lo stabile per 5 anni, alla soma suddetta, si affitti alla comunità, che in conseguenza, senza pregiudicare le sue ragioni, è meglio che ne riceva qualche cosa, per le spese fatte che niente.

Scriviamo al signor D. Arrighi acciò Le sia compagno nell'accommodamento di quest'affare essendo fatto pratico non meno delle spesi che delle scambievoli pretensioni.

Abbiamo fatto registrare ai fogli della Camera la somma che ci segna aver ricevuto dal signor Moretti di Joci per l'affitto del beneficio in aspettattiva de' suoi veri conti. Le protestiamo con sincera stima.

Paoli a Salvini

Corte, 8 marzo 1756. — Dal signor rettore d'Alziprato riceverà 20 zecchini romani per soccorso della truppa di codesta provincia.

Il signor Giudicelli jer sera è qui arrivato a due ore di notte. Non ho ancora avuto tempo di parlargli.

Il vostro popolo è diviso in due sette: l'una crede immediata la venuta dei Francesi, l'altra quella degl'Inglesi. La gente torbida spera mutazioni per vivere più sfrenata; li buoni per non pagar tributo, e viver liberi, senza spender sangue per la libertà. Vorrebbero qualche potenza che facesse i lor fatti. Che orribili disposizioni per chi comanda un popolo per altro unitissimo nel criticare.

L'altro giorno in Bastia si fece festa per la mia morte, e per una ferita mortale a mio fratello. Sono obbligato al commissario Doria della bontà colla quale mi ha avertito sopra certuni.

Non ho più che dirle, se non che rinnovarle la solita cordiale espressione, che sono.....

Paoli a Salvini (*)

Corte, li 11 marzo 1756. — Amico, Nell'altre mie, che avrà ricevute, Le ho acchiuse le istruzioni per le vertenze di Belgodere. Si sovvenga riscuotere almeno la metà anticipatamente. Se lo stabile, o sia beneficio del pievano Terigo, non si affitta almeno 300 lire, pagandone la metà ora, esso resterà a raccoltura al Signor D.r Andrea, come per l'avanti, potendomi di esso fidare, a quanto mi cennate. Al pubblico torna più conto l'affitto, perchè è sempre bisognoso di danari, e la raccoltura va ad annate.

La famosa miniera era un perfettissimo antimonio; al solo odore la potevate conoscere. Potrebbe essere che in vicinanza ci fosse quella d'argento. Per non mancare alle formalità necessarie, scriverò al magistrato per attender notizia se alla provincia convenga l'assoluzione del figlio del dottor Virginio di Speloncato, e se gli basta il ravvedimento di quello. Il signor Arrighi anch'esso me ne scrive.

Il papa non esilierà mai i Corsi, nè mai farà passo contrario alla nazione. Non si conosce da questo solo ricorso che il cardinal Doria è uno scioccarello? La Corte di Roma ed i Romani riguarderanno questo regno con affezione e simpatia finchè si ricorderanno che gli apparteneva; anch'io non so comprendere come il re di Napoli anch'egli si sia interessato per noi; sarà forse stato un ripiego del Papa, per levarsi dall'orecchio l'importuno Genovese.

Il di là da' monti è unito e ben disposto, per quanto appare; per confermarlo meglio, vi farò un passo in breve. Il si-

---

(*) Pascal Kerenvoyez, major au régiment de Berry, a fait en 1771, 1772 et 1773 un recueil de documents sur la Corse, que le Doct. Mattei a légué à la Bibliothèque de Bastia. C'est de ce recueil que sont tirées les lettres à Salvini, Casabianca, Giudicelli, Poletti, Vinciguerra, Mari, Taddei, aux Magistrats de la Balagne, etc., etc.

gnor Giudicelli è stato qui ; mi ha parlato di quel maneggio ; ma ne dubita molto, e poco vi spero.

Paoli a Venturini

Corte, 13 marzo 1756. — Eccellenza, Pesci non ne son venuti, se non pochi, e di pessima qualità, come vedrà. Ostriche ne son venute 450. Il signor Carlotti le chiama chitarre : quante Scarpaleggiera ne ha potuto portare, gli sono state consegnate. Frà Francesco Andrea ve ne manda 25 di un altro genere, delle quali n'è venuto un pignattino.

Questi due giorni spero mandargli un uomo apposta.

Lettre du Ministre de France à Gênes à M. Ciavaldini, banni

Gênes, 17 mars 1756. — Je n'ai pas laissé ignorer à la Cour, Monsieur, la conversation que nous avons eue ensemble, ni les sentiments que vous m'avez témoignés. Votre zèle, pour tout ce qui peut nous intéresser, ne peut manquer de lui être fort agréable, et votre caractère personnel y ajoute un nouveau prix ; on reconnaît en vous une probité éclairée, jointe au courage et au talent.

Vous êtes bien instruit sans doute de ce qui se passe en Corse. On affirme ici généralement que quelques ennemis personnels de M. Pascal Paoli ont attenté à sa vie et lui ont tiré trois coups de fusil, mais qu'il n'a été que légèrement blessé. On ne m'a pourtant pas encore mandé cette nouvelle. Différentes lettres me marquent que ce chef manque tout-à-fait d'argent, et qu'il est obligé de congédier une grande partie des soldats qu'il payait.

Cette inconstance doit affaiblir beaucoup les espérances fondées sur une protection étrangère, dont l'effet serait d'ailleurs toujours dangereux et incertain. Les chefs et les peuples ne tournent-ils pas enfin les yeux du seul côté d'où ils paraissent attendre un repos et un bonheur solides ? Votre nation, Monsieur, tourne contre elle ses armes et sa valeur ; elle se détruit insensiblement par ses divisions intestines, par les vengeances particulières et par tous les maux inséparables de l'anarchie ; elle se trouvera réduite un jour à de faibles restes, qui seront obligés de subir absolument la loi qu'on voudra lui imposer. Ce moment n'est peut-être pas encore prochain, je le vois, mais il paraît inévitable tôt ou tard. Pourquoi ne pas le prévenir, pendant qu'il en est encore temps ? J'ai lieu de présumer que, si les Corses avaient recours aux bontés du Roi, S. M. ne refuserait pas de leur en donner de nouvelles marques, en leur procurant, de la part de la République, un état heureux pour toujours. Quel est aujourd'hui leur but ? c'est de parvenir à vivre sous de bonnes lois, qui leur assurent les avantages et la prospérité dont jouissent les autres peuples, sous un gouvernement équitable et modéré. S'ils peuvent y réussir, sans de nouveaux dangers, sans révolution, sans changement de souverain, n'est-ce pas le plus grand bien qui puisse leur arriver ? Rien n'est plus digne de vous, Monsieur, que de travailler à un pareil ouvrage. Il vous rendrait le père, le conservateur de votre patrie ; il n'y a point de gloire plus véritable, ni plus flatteuse. Mais il serait inutile de s'étendre davantage sur les motifs d'un semblable projet. Nous les avons suffisamment approfondis. La difficulté consiste dans les moyens. Vous les trouverez plus aisément que personne dans vos lumières naturelles et la connaissance que vous avez des dispositions de vos compatriotes.

En attendant j'espère que vous voudrez bien me faire part de tout ce qu'il vous sera permis de me communiquer, et de tout ce qui viendra d'intéressant à votre connaissance, sans être obligé au secret. Vous connaissez la droiture de mes vues et tous les sentiments avec lesquels etc., etc.

Paoli a Salvini

Corte, 20 marzo 1756. — Bene actum in Belgodere. Dal Signor Giuseppe Mariani riceverà 12 zecchini romani. Sono pieno di affari, e dopo pranzo. Non v'è nessuno che scriva. Non mi dilungo sopra altri affari. Non ho cattive nuove. Chi volesse scoprirsi potrebbe incontrare la sorte degli amandoli, che tirano fuori il fiore, in tempo che possono essere sorpresi dall'inverno. Il capitano Fabiani scrive di qualche nuovo partito, e promette venire a darmene relazione, se non parto subito per il di là da' monti, per dove martedì m'incammino.

Risposta di Ciavaldini al signor di Neuilly

Parma, 27 marzo 1756. — Eccellenza. Dal pregiatissimo foglio de' 17 corrente vedo quanto V. E. mi onora, e glie ne rendo, col maggior ossequio, le dovute grazie. In risposta a quanto V. E. si degna ordinarmi, dispiacemi al sommo, stante la mia insufficienza, di non essere a portata di poter effettuare le saggie e tanto persuasive raccomandazioni per il bene comune della mia patria, delle quali V. E. si serve onorarla. Da più di 24 anni circa, dalla medesima vivo esule, e, nella situazione presente in cui vivo coi nazionali, stimo ogni passo superfluo, come ebbi l'onore qui di presenza significarle. Sicuro V. E. che in questo, come in altro, potessi essere utile, mi pregerei obbedirla. Con tale ossequio e stima per li venerati comandi, perpetuamente mi dico essere di V. E.

Lettera di varii Capi del Nebbio ai Membri del supremo Magistrato

Convento d'Olmeta, 30 marzo 1756. — Illustrissimi ed Eccellentissimi Signori. Dopo avere la nostra truppa, per tre volte, data la fuga ai Sanfiorenzini, che aveano presa l'audacia per l'avanti d'accamparsi nelle terre, jeri ci è riuscito, col concorso dei paesi di Oletta, Poggio, Barbaggio, Olmeta, ed altri paesi della provincia, dargli una rotta, che sarebbe riuscita per noi più vantaggiosa, se l'animo dei più zelanti si fosse dimostrato con più pazienza ad attendere il nemico nella rete, secondo il concertato; ad ogni modo, di quei pochi Sanfiorenzini attaccati ne restò molti colpiti, ed uno fatto prigioniere sotto il tiro del posto di Santa Maria, nonostante il forte soccorso uscito da S. Fiorenzo di quel popolo, e di un rinforzo di truppa, che poi un istante con quello accese zuffa speciale; ma serrarsi entro le mura, e fecero continuo fuoco per il timore che aveano di essere attaccati nei loro posti. Il prigioniere suddetto è uno dei capi di quel popolo, uomo assai scaltro, e di non poco spirito; lo inviamo in coteste carceri del Castello per essere più cautelato, iscortato da un capitano d'armi e dodici fucilieri colle dovute ispezioni di vigilanza. Sia cura dell'Eccellenze Loro dar gli ordini più opportuni perchè sia ben custodito costà, perchè altra volta gli riuscì scappare dalle nostre carceri; ciò serva di regola. Tiene questo molti parenti in Oletta; eppure tutti cospiravano alla sua morte; noi però, capi della truppa, abbiamo giudicato meglio conservarlo vivo, perchè provi miglior aria di quella di San Fiorenzo in cotesto Castello.

' Preghiamo l'Eccellenze Loro porgerne avviso a Sua Eccellenza il Signor Generale, affinchè resti persuaso che la provincia, quando si risolve, fa davvero, come speriamo di proseguire in appresso, assicurandole che la truppa presente spende assai più in munizioni giornalmente nelle continue zuffe, che non sopravanza della sua paga: il maggior male si è che a gran fatica se ne può comprare, onde, se ci potesse provvedere di qualche partita, sarebbe di gran sollievo.

Prima d'ora si sono pubblicati per la provincia gli ordini opportuni a chi detiene bestiami di spettanza a detti di S. Fiorenzo, acciò di manifestarli; ma pochi hanno eseguito; ora si eseguirà la contumacia contro i disobbedienti, per dichiararli incorsi nelle pene già comminate.

In occasione che scrivono a Sua Eccellenza, li preghiamo accusargli i nostri ossequj, e frattanto, colla più perfetta stima, passiamo a segnarci.

   Giuseppe Maria Massesi. — Limarola, *Presidente*. — Boccheciampe. — Paolo Limarola. — Giov. Dom. S. Fiorenzo. — Antonio Murati. — Salvatore Costa. Dom. Franc. Clavesani.

Noi Consiglio di Stato del Regno

Corte, 31 marzo 1756. — In seguito dell'ultima consulta tenuta in Casinca, ove furono congregati la più e maggior parte degli ecclesiastici, sì regolari, che secolari, nella quale, fra le altre cose, fu stabilito che tutti i vescovi dovessero, fra giorni quindici, ritirarsi da' presidj, e ritornare alle loro rispettive diocesi ad effetto che con libertà ognuno possa liberamente a quelli ricorrere a misura del bisogno, altrimente che si dovesse venire alla confiscazione dei rispettivi decimati e proventi a loro spettanti per conto del comune. Conformandosi dunque alli sopra detti enunciati stabilimenti, dovrà V. S. intimare, o far intimare a tutti gli affittuari, decimai, raccoltori e debitori esistenti nella sua pieve, acciocchè, per il giorno di domenica, undici dell'entrante aprile, debbano, ed ognun di loro debba, presentarsi nanti di noi, colle rispettive ricevute e documenti in forma valida, per indi denunciare, per mano dell'infrascritto notaro cancelliere, tutto ciò che possa spettare alla mensa vescovile d'Aleria, con intimargli la pena del doppio, in caso d'inobbedienza, ed ogn'altra arbitraria, stante che detto prelato non solo è remoroso e renitente agli ordini nostri nel termine prefisso, ma anche presentemente ritrovasi nei presidj, come ad ognuno è ben noto. Sarà cura dunque di V. S. far pubblicare, nella sua pieve, quanto sopra, ed indi in appresso spedirne a noi la pubblicazione in forma, colla nota dei disubbidienti, ad effetto di punirli in conformità etc., etc.

Paolo Francesco A^{gni} C. di Stato

1756 a' 4 aprile, letta e pubblicata la presente a Paolo Pietro Ortia, affittuario di Monsignore de Angelis.
Io, Giuseppe Maria Ciavaldini, notaro di Tarrano.

Clemente Paoli a Venturini

Pastoreccia, 2 aprile 1756. — Carissimo, Ricevo la graditissima di V. E. L'affare di S. Pellegrino non ebbe buona riuscita. Vi andarono i nostri in numero di sei, con pistole, e quattro disertori; Paolo e gli altri eransi nascosti nelle macchie attorno alla torre la notte antecedente; ma fu tutto invano, perchè il comandante non volle ricevere i soldati in torre; bensì gli fece due lettere per Bastia, che vi accludo. Dal Borgo ritornò il soldato che vi spedii; quel pievano si è posto in una grande agitazione. Per l'affare di Casacconi, non sono appieno informato come possa essere andato; so bensì che hanno fatto la giustizia al reo negli stabili e casa, ma, dei mobili, non so quel che ne abbia determinato il signor Ciavaldini. Al Poggio Marinaccio è stata ferita una femmina di notte, ma credo risulterà il reo, da quanto sento. È necessaria una subita spedizione, altrimente potrebbe crescere il male. La disposizione del Chiarelli, credo provenisse dal timore de' suoi sementati, poi anche dalle poche speranze, come dice, che può avere del Matra, per cui il canonico Orticoni me ne scrive da Roma acciò faccia fare ottenere il perdono al Matra Antonuccio, chè sonosi ravveduti del loro errore. Il soldato lo spedisco di subito. Mi fa ammirazione la tardanza della feluca. Questa ha consegnato una lettera per il signor Agostini, ed altra per il signor sergente Carlo Antonio ad un disertore tedesco che veniva costì, disertato da quattro giorni sono da S. Pellegrino, con due altri. Il sopra detto mi ha parlato, che tiene un di lui fratello prigioniere in cotesto castello.

Paoli a Venturini, a Corte

Bastelica, 3 aprile 1756. — Eccellenza, Ricevei le sue lettera in Cutoli, ed avrei subito spedita la risposta se il fuciliere non avesse cercato persuadermi esser impossibilitato a ritornar subito, per essere molto strapazzato dal viaggio. Alle nostre genti, il ritornar soli dal di là da' monti, sembra esporsi ad un evidente pericolo.

La consulta spero riuscirà bene, e quando altro non vi si faccia, s'incoraggeranno i patriotti, chè ve ne son molti, ed in qualche maniera si stabilirà il governo. Gli omicidii sono cessati, e non è poco; la necessità, più che la ragione, farà agire questi popoli. Quelli della casa Ornano son venuti; spero servirmene. Oggi arrivano gli altri soggetti. Non trascuri la querela di Talasani. Il fatto di Casacconi preme molto.

Forse questa lettera la riceverà, non da quello di Aiti,

ma da uno di Gavignani, che lo suppongo meno atto, ed è vestito a miseria ; la faccia comune a tutti codesti Signori. Facilmente noi ritorneremo per Vico, ove temo non sia necessaria qualche marcia, atteso un omicidio successovi ; ma non è cosa per cui ci sia niente da temere. Li nostri vorrebbero ritornar presto ; ma io poi ho risoluto veder prima le cose a dovere.

Caffajoli a Venturini

Moita, 4 aprile 1756. — Illustrissimo Signor Presidente Carissimo. A tenor della sua gentillissima, farò parte all'Eccellentissimo supremo consiglio di Stato, che di subito ho proseguito a quanto mi viene comandato da V. S. ed a quelli affittuari e decimai, essendo quelli d'Opino del nostro paese, gli ho parlato io, e di più fattoli intimare dal podestà che, al più tardi, per la domenica delle palme, si debbano portare in Corti, sotto le pene pubblicate; ed a quelli di Serra, essendo del paese d'Ampriani, ho mandato ordine penale al Podestà di detto luogo, che di subito debba intimare, in presenza di testimoni, a tutti quelli che tengono decimati e affitti della mensa d'Aleria, che si debbano portare dove sopra, sotto le medesime pene, e questi non si possano scusare, chè gli s'è fatto parte sì nel tempo che furono chiamati in Casinca, come ancora adesso. Abracciandovi con l'onore de' suoi stimatissimi comandi, mi confermo.

Clemente Paoli a Venturini

Pastoreccia, 6 aprile 1756. — Eccellenza. Questa sera ho ricevuto lettere di terra ferma per mio fratello, trasmessemi dal signor Buttafuoco con una sua per la E. V. La feluca arrivata questa mattina mi avvisa che dimani a sera, non potendo aspettare, se ne parte; ma che fra giorni sarà di ritorno. Io mando un fuciliere che vada dritto in Bastelica, o dove saranno, e siccome potrebbe darsi che incontrasse dei bricconi, che potessero levargliele, sarebbe bene che ella gli desse due soldati di costì, almeno sino a Bocognano, con incombenza di farlo bene accompagnare a quei paesani, tanto più che è uomo mal pratico. Per assistere costì alla guardia ed al castello, mando Angelo Santo, che resterà in luogo di quei che manderete, perchè lui non è capace a far viaggi, dalla poca salute. Lucca Agostino, ed il fratello del fu Marino si portano costì; sono vessati dal padre del reo, che dimora in Calenzana, e di quando in quando affacciasi in Pietralba. Li sopradetti vivono perciò in gran timore, e non potranno assicurarsi mai se non vengono chiamati i parenti del sopradetto Anton Carlo, acciò promettano per lui, o pure lo facciano imbarcare. Dal castello furono l'altra volta licenziati con promissioni grandi; ma ora, che sono in libertà, poco si sono curati.

Paoli a Salvini

Corte, 22 aprile 1756. — Amico. Il signor dottore Andrea fu chiamato dal consiglio, per stender l'obbligo dell'affitto; ma ciò poco importa, non avendo noi ancora determinato se il benefizio debba darsi a raccoltura od affitto, onde non s'affanni di non esser venuto. Di quel che ha nelle mani contribuisca a voi quel che avrebbe contribuito a Terigo. *Omnis labor optat pecuniam.* Non posso scriver altro.

Paoli a Salvini

Corte, 24 aprile 1756. — Amico. Questi due o tre giorni per me sono stati e sono ancora i più impacciati, che mai abbia avuti nel mio governo: spedizioni per terra ferma, insinuazioni per il clero, disposizioni sopra le finanze, stabilimenti sopra il sistema degli affari, processo e consiglio di guerra per l'affare di Monte d'Olmo, e per due carcerati di Bozio, e costì trattato per il cambio dei prigionieri, sono state cose delle quali è stato necessario occuparsi e dar giudizio in questi giorni.

Al signor Giovan Battista Antonini, ed al signor Franceschini, ho fatto sentire la mia intenzione. Io non posso dar decreti senza la parte; ma se tutti due convengono di agir la loro causa nanti il magistrato, lo possono fare, e quello allora agirà da giudice amichevole.

Il signor abbate Anton Francesco Franceschini, godo sia libero dal gravame della pensione; però, se v'è niente di spettanza al morto Rovaredo, fategli capire che si deve al pubblico; egli frattanto, volendo dispensarsi dal viaggio, potrà scrivere una lettera circostanziata al consiglio.

Il signor Felice Savelli, essendo il fatto come scrivete, può anch'esso risparmiarsi il viaggio, molto più che non è ancora determinato se debbono prendersi i beni degli abitanti nei presidj. Gli ordini spediti in codesta provincia furono in tempo della mia assenza, ed io non ne sono risponsabile. Le vostre riflessioni sono troppo giuste, ma che ci posso far io? *Quelli che hanno pagato in vostre mani, certamente non sono tenuti a venir più qui.*

Il signor Matra ed il suo nepote, non sono nè colonelli, nè capitani.

Anch'io desidererei che l'affare di Lumio ricevesse qualche sesto. Vi rimetto i vostri avvisi; quello in francese, l'avevo ricevuto assai prima. Le due lettere in stampa sono, due grosse insinuazioni di qualche scrittore pagato dal Signor Matra, colle quali si è lusingato far capire al mondo che il presente governo è poco ben stabilito, ed i popoli non ne sono contenti; ha cercato ancora far capire che le disposizioni prese sono di poco momento; ha voluto anche coprire l'impiastro delle sua mossa. Egli non ha ragione, e lo scrittore non è troppo abile a farsi credere.

Il signor Giovanni Rocca è in foce di Golo; Casabianca è restato; quando mi abboccherò seco lui vi avviserò se vi è niente di rimarchevole.

Paoli a Taddei, Astolfi, Morazzini, Marco Taddei, Leandri a Monte d'Olmo

Corte, 24 aprile 1756. — Ci è stata cara, carissima la notizia che V. S. Illustrissime ci hanno data nella loro lettera di jeri, della buona disposizione che hanno ottenuta dalle parti nimicitate in Monte d'Olmo, e della fiducia di ridurre a perfezione la pace fra di loro; in tal caso potranno meglio godere la loro quiete. Quanto poi ai rei dei delitti colà seguiti, essendo un tal fatto in vista alla comune unione della patria, converrà che in qualche modo sentano la pena del loro rispettivo reato. E ben vero che si avrà tutta la mira alla conservazione della loro pace, se ci verrà presentata. Però non manchino dai loro principiati buoni ufficj per condurla alla debita sicurezza, che è quanto in tal pratica possiamo significarle.

Paoli a G. F. Taddei a Pero di Tavagna

Corte, 24 aprile 1756. — Abbiamo ricevuto la sua lettera; non abbiamo però parlato con il Niolinco. Se poi vuol dar corso alla sua querela, non ha che a presentarla, che gli sarà indefessamente resa giustizia, che è, a quanto vedo, ciò che sognate in tal pratica.

Paoli a Salvini

Casinca, 24 aprile 1756. — Amico. Son venuti i Belgoderesi; non si potranno lagnar certamente del governo.

Alla vostra seconda lettera, farò meglio risposta quando sarò in breve in provincia. La lettera pontificia, leggetela con attenzione, chè ci è favorevole, e scuopre ad evidenza le maligne imposture dei vescovi, ed il Santo Padre, inteso che i vescovi aveano interdetta qualche diocesi, dà a tutta la nazione indifferentemente la sua benedizione. Non temete, chè non dormo; dove certuni finiscono di pensare sopra le nostre cose, mi lusingo principiare le mie meditazioni; se mi fanno tenere il lume, buon pro gli faccia.

Meglio a bocca, caro amico; e credetemi sempre lo stesso.

P. S. — Quelli preti, che dicono che non sanno gli ordini del consiglio, non dicono il vero, poichè molti, per averli trasgrediti, sono stati castigati; ma, a dir vero, in codesta provincia, il pretismo è strangolato dalla speranza della pieve d'Aregno. Qui ancoro sono stati chiamati in Bastia preti e frati, e ci si sono resi alcuni, ignorando l'ordine; altri rispondendo che, in Bastia e ne' presidj, andandovi, il meno che rischino è la libertà; così non potere obligarsi ad andarvi, molto più che, per degni riguardi, lo vieta il governo.

(Cette lettre, copiée sur l'autographe, n'est pas signée).

Paoli a Salvini

Corte, 28 aprile 1756. — Amico. Animate il nostro Passani, chè il lume gli sarà posto col candeliere ancora, se bisogna; che si getti e vada dove il pubblico richiede.

Sto trattando di far venire Monsignor de Angelis; spero riuscirvi, non avendo coi compagni da Roma ricevuto risposta ai loro disegni; di lui vorrei servirmi per mettere a dovere gli altri. Non ne fate però parola.

Genovesi non saranno assistiti, che più potentemente non lo siamo i Corsi nello stesso tempo. E se vivono neutrali, bisognerà oprar almeno svelatamente *nomine proprio*.

La testa, amico, non mi regge; col piacere d'abbracciarvi quì; le cose qui sono tranquille. Ho fatto sperienza della sommissione della nazione; con dieci uomini ho fatto pigliar un reo in Castel d'Acqua, che forse etc., ed avea cento di lega, che lo videro prendere.

Paoli a Salvini

Olmeta, 28 aprile 1756. — Amico. Vengo avvisato da terra ferma che, per vostre mani, devo ricevere un plico di lettere speditevi dalla parte di Calvi. Sono di qualche premura; vorrei cercaste informarvi della loro sorte.

In breve sarò in provincia, se altro non occorre in contrario. Animate l'assani ad oprare, chè l'affare è riuscibile, e sarebbe di massima conseguenza.

Quì i San Fiorinzini sono dimessi, perchè non hanno ottenuto che 60 razioni al giorno per lor sostentamento. Nasce però rulla fra i Bastiesi e questa provincia, per i ladronecci che commettono le genti perverse che il commissario vi refuggia.

Ieri questi popoli arrestarono il figlio del famoso Mattei; sta in arresto a lor disposizione, e le rappresaglie sono scambievoli. Ier sera vi fu una spedizione secreta: su tal proposito, se riesce, avrò consolazione farvene inteso.

Paoli a Mari

Corte, 5 maggio 1756. — Lungulato mi ha parlato dell'affare di S. P. Se possono reggere per il freddo, e se quel medesimo ha tal animo di fare il C., la cosa è facile, colle scale; poi non vi sarebbe che dubitare, purchè li Corsacci volessero. Ma chi si muove più a risichi? tutti vogliono riservarsi a ricevere il premio delle vecchie fatiche, ed a movimenti ed onori niente più pensano. Con mio fratello per ciò concertatevi, avendoli io detto che con voi se la senta; ma secretezza.

Temo che la spada non dica il vero, ed io prevedo che in Corsica si faranno delle battute. Ma chi è con noi vince, è certo pure. Ricevendo Genovesi ajuto, ne riceveremo ancora noi, ed i fidi nostri.

Il giorno 18 del passato, Matra ed Angeluccio stavano a Livorno mesti ed afflitti forte per la partenza di Grimaldi. La guerra va ad accendersi infallibilmente. Non ti sgomentar se senti i gridi di venuta di Francesi, chè allora le nostre cose potrebbero principiare a bonificarsi; e coraggio; col tempo spero di mostrar valore e ricever premio.

La consulta fu ben ricevuto in N. Quando ci parleremo, si risolverà sopra Santucci. Or, amico, mi conosci, che quando perdono, perdono.

Paoli a Mari

Corte, 11 maggio 1756. — Il nostro Aniceto e Gaffonnio stanno in Castello. Giudicherei che si guadagnassero quei tuoi antichi amici, molto più che si sente parlar con ramarico essersi teco tolti. Sarebbe scandaloso il cambio del signor Aniceto; mettiti nei miei panni. Non dubitare di quello che possa fare quell'amico; quando saprà i pericoli e le fatiche dell'impiego, non lo ambirà certamente, e quando lo ambirebbe, credi tu che il popolo lo consentisse? Volentieri mi ritirerei a casa, a riposo, chè non ne posso più.

Il figlio di Santucci non ha ancora compreso il suo fallo, quando così presto vorrebbe ritornare a casa sua. Che il sangue sparso di tanti galantuomini è stato sangue di Cimici? Dove siamo, amico? Or tu sai, che io non sono portato alla vendetta; Dio me ne guardi; ma nella lettera di prete Marc'Antonio v'è dell'impudenza somma. Se Cecco (1) non fosse comparso, la di lui famiglia sarebbe andata raminga, i suoi stabili a terra, ed egli avrebbe patito la fame in Bastia. Amico, ove siamo? Il nostro popolo, che serviamo, dopo, per premio, crederà ricompensarci trucidandoci. Tu ne hai quasi fatto sperienza. Se non andavi girando per la spiaggia, avrai parlato con mio fratello.

Salutami la patriotta e comare Catalina. Non mi fa più ossessioni, poichè ora mi devi conoscere, e dobbiamo conoscerlo. Dio ti dia fortuna, come spero.

Memoria al Re di Francia

Il Supremo Consiglio, Primati e Popoli di Corsica umilmente rappresentano a V. M. che, trovandosi molestati da una guerra da anni 28 non interrotta, e dalle invasioni ed attentati praticati tuttavia dalla Repubblica di Genova, si danno giusto motivo di ricorrere alla sovrana reale pietà per dimostrarle che, ingannata la succennata Repubblica dalle passioni dei suoi membri privati, sopra la pretesa autorità e dominio che intende aver in questo nostro regno, prese impegno in ogni tempo di abusare della nostra docilità e buona fede, con cui fu da noi chiamata ad aver parte nel nostro governo, per l'inclinazione che ebbero i nostri antenati di vivere in Repubblica, di essa godere le prerogative delle quali siamo sempre stati affatto esclusi, e per mantenersi in quella libertà con cui vissero in tutti i secoli precedenti, come appare dalla nostra storia e dalle salutari condizioni che non possono negarsi, come pure dalla costante osservanza di mai aver avuto jus d'imporre la Repubblica, su questo regno e popolo di esso, niun aggravio che quanto quello unitamente le fosse piacciuto d'accor-

---

(1) Cecco Santucci.

darsi. Al tempo dei nostri rappresentanti, col consenso di tutti questi nostri Stati, tuttochè siano queste circostanze indubitabili, inoltrarono talmente gli abusi e le prepotenze di quella Repubblica, che sono arrivati al punto di sterminare, colla libertà, lo Stato. Ci spogliarono i Genovesi dei nostri antichi diritti di libero commercio, distrussero tutte le famiglie e loro castelli più nobili e riguardevoli del regno, riducendoci all'estremo stato in cui siamo; ci spogliarono di tutte le cariche, magistrati e dignità, anco ecclesiastiche, ed oppressero, in ogni tempo, tutti gli uomini più illustri di ogni città che, in tutte le scienze fiorivano e decoravano la nostra patria, e, come dichiarati nemici, attesero sempre al nostro eccidio; ci decantarono, in ogni tempo, ed in ogni parte del mondo, per uomini incapaci ed abbietti, e, con evidente malignità ed inganno, si opposero sempre ai nostri progressi, presso tutte le potenze d'Europa, per averci, non solamente sommessi, ma veramente schiavi; sebbene studiammo sempre di meritare di esse potenze la grazia, anche a costo del nostro sangue, chiamando garante di questa verità la corona di Francia, parte tanto nemica quanto animosa dei Genovesi, che ostentano tuttavia con ogni mezzo.

Giammai si ottenne da noi alcun bene dalla Repubblica, ma sempre supplizj, devastazioni, incendj; ingiustizie e ruine non meritate, anco nel fervor della pace, stanno alla luce, nonostante che dal nostro valore riconosca Genova quella cadente libertà che ha finora goduto. Contese sempre il nostro ceto più nobile con gli uomini più ordinarj e scandalosi della plebe, valendosi sempre di quest'ultimi per far uccidere i nostri primati. Con una legge, che fra i popoli più barbari della terra non si costuma, violarono i diritti più sacri del nostro regno, dando libera facoltà a loro governatori *pro tempore* di condannare, *ex informata conscientia*, i nostri cittadini e pubblici rappresentanti alla galera. In rispetto dei nostri replicati clamori insidiarono, in ogni tempo, la vita a' nostri deputati con mendicati pretesti, e con la vita, li spogliarono delle loro facoltà, riducendoli all'estrema miseria. Ingannarono i più giusti e potenti monarchi, perchè spedissero truppe a devastarci e distruggerci, ed ottennero che da niuna delle potenze si ascoltassero le nostre ragioni, insinuando ai comandanti di non attendere che al nostro esterminio. Piacque però al sommo Iddio che, in vista del nostro lacrimevole stato, e della nostra sempre rispettosa difesa, comprendessero la nimica intenzione della Repubblica, e la giustizia della nostra causa, motivo per cui ci abbandonarono all'antico nostro possesso di libertà che godiamo.

Non persuasa la Repubblica dei fatti suddetti, procurò sempre e procura di svegliare, fra' nostri popoli, le più scandalose dissenzioni, per mantenere fra noi un continuo spargimento di sangue, alimentando inimicizie le più crudeli ed inusitate, colle quali si è ridotto questo povero regno spopolato, come ora si trova, con animo che nel nostro continente non spiri altro che assassinj, persecuzioni e morti, per toglierci con la vita l'onore, e la sostanza.

Persuasi di tutti gli eccessi succennati, la Maestà dell'Imperatrice Regina, e la Maestà del Re di Sardegna, unite alla Maestà Britannica, l'anno 1746, si mossero a farne costare al mondo una solenne dichiarazione con loro rispettivi diplomi' concludendo essi un vicendevole impegno coi loro alleati, perchè i popoli della Corsica fossero assistiti, muniti e protetti fino a che fossero liberati dalle nemiche molestie della Repubblica, come in effetto si degnò V. M. di concorrere a quell'opera di pietà, cogli ajuti che benignamente accordò, in quel tempo, alla supplichevole nostra nazione. Ostinata la Repubblica di non abbandonare lo scandaloso disegno sopra di noi, ancorchè del regno sia intieramente spogliata, esclusi cinque posti situati sul mare, e conosca che non ha potere per contrastare colle nostre forze, ci ha fatto risolvere a convocare l'accennato nostro Superiore Consiglio, Primati e Popoli del Regno, in cui abbiamo deliberato comunemente, deliberando di supplicare, colla maggior venerazione, la M. V. a degnarsi soccorrere, colle reali sue forze di mare, le indigenze alle quali siamo tuttavìa esposti, e prestarci tutti quelli sussidii che son valenti a rimuovere i Genovesi dalle fortezze, e nel modo e forma che stimerà la M. V. più opportuna, offerendo perciò a V. M. l'alto dominio di questo regno, il possesso delle fortezze, e di tutt'i nostri posti. Sperando che V. M. voglia degnarci del suo reale gradimento, la supplichiamo aggregarci per veri confederati alla corona, per dover esser arbitra la M. V. di tutto il Mediterraneo, come del libero commercio di tutte le coste che circondano questo regno. Promettiamo perciò solennemente di non impedire, in alcun tempo, la leva di queste nostre truppe, tanto per difesa del regno, quanto dei castelli accennati, e per qualunque altro bisogno della sua corona, e che tutti quelli popoli prenderanno le armi in difesa del possesso di V. M. in ogni ricorrenza, coll'offerta di contribuire un annuo donativo o tributo, per quanto permetterà il misero stato in cui siamo ridotti.

Con fiducia che V. M. condiscenderà di porre il regno nell'antico suo lustro, confermando l'osservanza dei nostri statuti e leggi fatte e da farsi, niuna esclusa, come rimettere la nobiltà in possesso delle rispettive Signorie o Stati dei quali sono stati spogliati, sottoporsi egualmente all'alto dominio della V. M., e che si degnerà finalmente accordare al regno i succennati magistrati, governi e cariche, niuna esclusa, e dare tutta la mano perchè ritorni il regno nell'antico florido e felice stato, per risarcimento e vantaggio di quelli popoli, il loro libero commercio, e maggior gloria di V. M. e vantaggio della corona.

Il tutto da più e meglio stabilirsi per mezzo dei suoi rappresentanti, che supplichiamo di spedirci per prendere possesso di questo regno, prima che gli altri pensino a questo vantaggioso disegno. E perchè costi della validità e fermezza di questo nostro solenne documento, sarà firmato dai membri del supremo tribunale, corroborato dai nostri cancellieri e secretarii di stato.

Dato al nostro Castello di Corte l'anno del Signore 1756.

CHIFFRE OU CLEF

devant servir à l'interprétation de plusieurs lettres publiées ci-après :

CABALO DEL LOTTO.

1. Eterna : Roma
2. Celebre : Vienna
3. Invitta : Londra
4. Libera : Francia
5. Florida : Torino
6. Prospera : Malta
7. Accorta : Corsica
8. Varia : Bastia
9. Ansante : S. Fiorenzo
10. Opportuna : Calvi
11. Amabile : Ajaccio
12. Lontano : Bonifacio
13. Salutevole : Rostino
14. Provida : Casinca
15. Forte : Ampugnani
16. Splendido : Corte
17. Dubbia : Balagna
18. Timida : Nebbio
19. Indocile : di là da'Monti
20. Prudente : di qua da'Monti
21. Magnifica : Firenze
22. Vicina : Livorno
23. Amorevole : Genova
24. Altissima : Villafranca
25. Tarda : Spagna
26. Giovenile : Longone
27. Utile : Orbitello
28. Sospetta : Napoli
29. Spediente : Guerra
30. Sperabile : Pace
31. Buona : Tregua
32. Scambievole : Rotta
33. Decisiva : Sconfitta
34. Difficile : Vittoria
35. Valente : Assalto
36. Lodevole : Difesa.
37. Necessario : Assedio
38. Iniqua : Scorreria
39. Penoso : Incendio
40. Operante : Polvere
41. Piombo : Mortale
42. Sonori : Cannoni
43. Rinovante : Bombe
44. Compagna : Sale
45. Mattoni : Viveri
46. Volpini : Soldati
47. Urgenti : Uffiziali
48. Nervo : Generale Corso
49. Custodia : Mag^{to} Corso
50. Vertibile : Popolo Corso
51. Spiriti : Inviati Corsi
52. Immagini : Ambasciatori
53. Angeli : Sovrani
54. Lacciuoli : Ministri
55. Lordi : Mercadanti
56. Attico : Senato di Genova
57. Eccelso : Impero
58. Colombe : Navi di guerra
59. Tordi : Legni mercantili
60. Lume : Denari
61. Lampo : 1,000 scudi
62. Lumino : 100 scudi
63. Legami : Fortezze
64. Comodo : Libertà

65. Sconcio : Servitù
66. Compensi : Accordi
67. Funi : Convenzioni
68. Penna : Sussidio
69. Ale : Protezioni
70. Fumo : Speranza
71. Indizio : Accoglienza
72. Dormire : Viaggiare
73. Il Saldo : Clemente Paoli
74. Il Celere : Quilico Casabianca
75. Il Moderato : Gio: Rocca
76. L'acceso : L. Zerbi
77. L'impavido : Vinciguerra
78. Il Dolente : Natali
79. I Languenti : I veri amici
80. I Veglianti : I Nemici
81. Le Remore : I nostri sospetti
82. Le Morche : Genovesi
83. Cicale : Impostori
84. La 1ª Cicala : Teodoro
85. Vecchi palustri : Ciarloni
86. Antro : Corte Reale
87. Destriero : Re
88. Equestri : I Duchi
89. La Siderca : Regno d'Ungheria
90. Il Fulgido : Imperatore
91. La Fortunata : L'Olanda
92. Sitibonda : Parma
93. Arida : Piacenza
94. La Felice : Venezia
95. Ignota : Bologna
96. Terra : Prussia
97. Remota : Polonia
98. Circospetta : Sardegna
99. Simeone : G.to Paoli
100. Il Pomo : Porto-Maone
101. Plutonica : Sicilia
102. I Poli : Cardinali
103. Lattuca : Isola-Rossa
104. Iniziale : Torre di Prunete
105. Fulminante : Foce di Golo
106. Rispettabile : Torre
107. La Deliziosa : Padulella
108. Ospizio : San Pellegrino
109. Luciana : Aleria
110. La Brutta : Fiumorbo
111. Agresto : Niolo
112. Caudatario: Capo-Corso
113. Colletta : Pieve
114. Gratico : Convento
115. Lupi : Vescovi
116. Mastini : Parrochi
117. Cagnolini : Preti
118. Lordini : Frati
119. Angeletto : Feluca
120. Aquila : Barca
121. Il Torbido : Matra
122. L'Alata : Corriere
123. Sincera : Posta
124. Incostante : Gazzetta
125. Il Delicato : Ciavaldini
126. Favore : Plenipotenza

NUOVA CABOLA

per l'estrazione del lotto di Roma.

- 2. Aperta : Italia
- 12. Cardelli : Svizzeri
- 19. Cortese : Civitavecchia
- 21. Arenosa : Pisa
- 23. Furiosa : Marsiglia
- 24. Portiera : Tolone
- 26. Siniostro : Portoferrajo
- 48. Rigida : Calenzana
- 49. Fertile : Macinajo
- 52. Formidabile : Furiani
- 65. L'intrigante : L'abate Rostino
- 66. Il Geniale : Il Visitatore
- 69. Bottiglia : Consulta
- 79. Cantone : Marchese
- 86. Sperone : Conte
- 88. Andante : Lettera
- 97. Conteso : Convento S. Antonio
- 193. Strepito : Mortaro
- 115. Merletto : Blocco
- 120. Tordi : Legni mercantili
- 140. Cordiale : Commercio
- 141. La Volpe : Presidio
- 142. Il Mufro : Matra
- 143. L'intrepido : Alessandrini
- 115. Il Lepre : Fortezza

CHIFFRE DU GÉNÉRAL RIVAROLA

et celui des Chefs du Conseil Supérieur du Gouvernement de la Corse.

1.

a	b	c	d	e	f	g	h	i	l	m	n	o	p
3	2	14	6	8	3	19	96	43	15	1	5	11	13

q	r	s	t	u	y	x	z
26	39	41	65	99	9	13	27

2.

a	b	c	d	e	f	g	h	i	l	m	n	o	p
3	1	5	8	4	2	6	29	18	30	15	7	9	28

q	r	s	t	u	x	y	z
14	11	13	10	17			27

LE NOUVEAU CHIFFRE DE ZERBI

a	b	c	d	e	f	g	h	i	l	m	n	o	p
x	1	5	2	z	3	t	4	6	7	c	o	8	e

	q	r	s	t	u	x	z
	r	9	n	o	m	T	a

AUTRE CHIFFRE DU MÊME

a	b	c	d	e	f	g	h	i	l	m	n	o	p
m	n	o	r	t	s	u	c	L	o	1	2	3

q	r	s	t	v	x	z
4	5	6	7	8	y	9

CHIFFRE DE HYACINTHE PAOLI

a	b	c	d	e	f	g	h	i	l	m	n	o	p
3	1	5	8	4	2	6	29	28	30	15	7	9	18

q	r	s	t	u	z
14	11	13	10	17	27

CHIFFRE DE GAFFORIO EN MARS 1752

a	b	c	d	e	f	g	h	i	l	m
78	3	104	20	245	360	1	930	5	39	91

n	o	p	q	r	s	t	u	x
580	8	7	1000	706	3000	6	55	2

Paoli a Salvini

Rostino, 23 maggio 1756. — Riceverete dal sergente Antonio 25 zecchini romani per la truppa.

Da varie lettere recatemi dalla feluca, che è venuta jeri l'altro, ho appreso che l'Europa tutta pare che sia in bisbiglio. Si vuole a quest'ora occupato dai francesi Porto-Maone, sicchè gl'Inglesi vorranno necessariamente procacciarsi un nido nel mediterraneo, e comunemente si dice che avranno l'idea di tentarlo nella Corsica; che la Spagna entrerà in lega con la Francia, dalla quale gli sarà data la fortezza di Porto-Maone; che la regina d'Ungheria ed il Re di Sardegna si dichiareranno per gl'Inglesi, e finalmente che la Francia tenterà ogni mezzo per prevenire i disegni dell'Inghilterra, per non lasciarsi occupare la Corsica. Io spero che noi saremo al momento della nostra redenzione.

Paoli a Taddei G. F. a Pero

Corte, 12 giugno 1756. — Abbiamo ricevuta la sua lettera, e vediamo la premura che ci fa. Circa il Nicolao, siamo bene informati non esser colpevole degli accidenti successi in Monte d'Olmo, anzi essersi in quelli portato molto bene, e che per tale cosa non è in castello detenuto; per alcuni giusti riflessi, non siamo in stato di poterlo presentemente rilasciare, ma gli sarà usata ogni agilità e convenienza.

Siamo ben persuasi del carattere del signor Angelino, suo parroco ed, a riguardo suo, avranno tutta la cura, salvo l'onor della giustizia. Toccante il Gio: Francesco, questo poi è ritenuto in qualità di reo, e si vedrà la sua vita. La parola, cioè la schedola, che segnate per il signor Guerino ed Alessandro, per qua non si trova; ed al solito siamo.

Paoli al Magistrato di Balagna

Rostino, 17 giugno 1756. — Dopo un breve giro, che siamo al momento di fare nella provincia del Nebbio, speriamo di fare una comparsa costì.

Paoli a Salvini

Casinca, 22 giugno 1756. — Le acchiuse vengono da Livorno. La Repubblica con maggior impudenza ha rinnovato l'editto, e fa girar per le Corti una memoria giustificativa assai impertinente ed ardita. La Corte di Roma ne fa girare un'altra, la quale non mai finisce, perchè non piglia la vera strada per confutare Genovesi. Devo farne una per giustificar la mia condotta riguardo agli affari ecclesiastici, e per rintuzzare quella della Repubblica incidentemente. Ci vorrebbe un corriere colla sua valigia, se volessi mandarvi tutto ciò che ho ricevuto d'importante.

Venitevene, ma fate conto di starci un mese; si deve scrivere; *nunc est tempus acceptabile*. Il Papa è contento di noi. Genovesi minacciano fare gli ultimi tentativi.

Paoli a Salvini

Rostino, 28 giugno 1756. — Amico. Ho ricevuto le lettere. Niente ancora di positivo sopra a Porto-Maone. Intorno a quella fortezza, succedono delle battaglie di mare, essendovi e la flotta inglese e la francese, ciascheduna composta di 16 navi; le inglesi però sono più grosse; da questo assedio, o per meglio dire dall'esito, dovranno gli affari nostri prendere una gran piega. Vi è più da sperare che da temere.

In breve sarò in provincia, ed avrò il piacere di abbracciarvi. Sono afflittissimo da una maledetta peste di carbonchi sotto l'ascella, che mi danno dolori mortali.

Sono il vostro affezionatissimo amico.

Paoli a Salvini

Casinca, 12 luglio 1756. — Il signor Franceschini si è presentato al Consiglio, ed io gli ha fatto raccomandazione, onde spero saranne uscito consolato. Noi abbiamo fatto accomodare la Torre delle Prunete, alla quale si può attirare una specie di commercio. I nostri vescovi in Bastia si sono fatti profeti di Balaam. Monsignor de Angelis però si dice che verrà. Spero con esso fare un bel giuoco, e gettar della polvere negli occhi a quelli Genovesi che gli hanno troppo aperti. Quell'amico, di cui costì si teme, meco ha un commercio strettissimo di lettere, e, da quelle che sono fide prove, può scoprir quello che ancora si vorrebbe tacere. Non comprendo poi tante cattive disposizioni. E vero ancora che egli mi acchiuse una lettera dei Signori Inquisitori, scritta con assai poco garbo, e con troppo superiorità ; ma nel lamentarsi ha molta moderazione ; perciò non so che dire. Egli nell'occasione opera bene, ed è attivo più degli altri, e lo vogliono perdere con fargli troppo da inspettori sopra, ciò che è un gran cimento per un giovine del di lui merito e condizione. Aveste troppo ragione circa l'elezione di quel soggetto, ma credei troppo all'altro. Se vedete le deposizioni che mandano, sono cose da vomitare, e perciò mi sono accinto a sospendere le informazioni fino a nuovo ordine, per consiglio ancora dell'abate Anfriani.

Con li Corsi, l'indovinate, ci bisogna destrezza, e finger di fidarsi, quando più si deve stare attenti.

L'inquisizione faceva strepito sopra coglionerie, che la rendevano odiosa senza profitto. Quando bisogna danaro, ne mandino a prendere. Grimaldi ha lasciato il Nebbio, senza averlo bruciato. Bisogna che abbia trovato il fodero della spada che impugnò in senato. Sono.

Paoli a Salvini

Belgodere, 22 luglio 1756. — Domani mattina parto per Caccia ; se avrete qualche notizia di rimarco, me la comunicarete colla solita attenzione.

Dal Cancelliere del Magistrato vi sarà consegnata una condanna di 20 lire. Se dal signor Giudicelli vi sarà ricercata qualche piccola somma, anticipata per l'affitto della casa del Magistrato, potrete rimettergliela. Usate vigilanza agli affari della provincia, ed intanto con sincera stima.

Rocca al Magistrato di Balagna

Belgodere, 22 luglio 1756. — Noi dimani partiamo da qui per restituirci nel corpo di mezzo.

Rocca, segretario di Stato, al signor Innocenzio Mari, consigliere di Stato

Rostino, 27 luglio 1756. — Si deve tenere una dieta generale in Corte, nei giorni 8, 9 e 10 del prossimo agosto, in cui si tratteranno gli affari più importanti che conferiranno al vantaggio della nazione. Ella, come uno dei Presidenti del Consiglio, dovrà intervenire. Tanto commette ch'io le significhi S. E. il Signor Generale. Colla dovuta stima.

Paoli al Magistrato di Balagna

Corte, 10 agosto 1756. — Nella consulta si sono stabilite due lire a fuoco per il mantenimento del governo nel presente anno, 20 soldi a pagarsi per tutto questo mese, il restante alle feste di Natale, come vedranno dall'acchiuso editto, il quale faranno puntualmente eseguire, facendolo prima prontamente girare per tutta la provincia; dipoi spediranno il capo della truppa del Magistrato, con qualche altro soggetto di onorata probità, a far la riscussione, quando non credessero più opportuno comandare ai popoli che consegnino in mano dei P. P. del Comune il denaro, obbligando questi a consegnarlo in loro mani per poi, riscosso che sarà, farcene intesi. Non si risponde alle altre particolarità della loro lettera, riservandoci ad altra occasione più agiata per farlo.

Paoli a suo padre

, 18 agosto 1756. — Ieri l'altro ricevei la vostra del 29 giugno. Sento con piacere lo stato di vostra salute. L'amico, a cui scriveste l'altra, m'impone ch'io risponda anche da parte sua. Qualora si fa mancanza, per qualche giorno, fuori del proprio paese, dubito se ne perdano i costumi. Non sapete che a giuocare al lotto i numeri 8. 9. 10. 11. 12, come voi mi cennate, sarebbe la maniera di disgustare le genti dei legami, e nel caso che il 4 c'ingannasse, il 23 sarebbe assistito dalla Signora Varia, e dalle altre sorelle. E come vorreste voi che il 58 in numero di due potesse più dare penna, nè valente al 50, se il 63 fosse disprezzato nel giuoco che mi avete segnato. Dite pure al direttore del 3 del 28 che chi è lontano non può sapere

la situazione dei giuochi, e se il 50 si unisse al 30 nel 63, senza il 58, e che non guadagnasse nè ambo, nè terno, che giuoco sarebbe allora il 48 e 49 nel 50? Perdonatemi che avete perduto ancora voi la tramontana del lotto. Se la Signora Libera non è determinata a quest'ora, che ha perduto la figlia, di maritarsi col padre della Signora accorta, io son di parere che abbia poca intenzione di celebrare gli sponsali. Le intenzioni dello sposo, le ha intese dalli due figli. Se poi il parentado non gli comoda, pigli le sue misure; la figlia così amorevole, che voi conoscete, aspetta, benchè con infinito rammarico, il di lei amante, figlio della Signora Libera. Se ciò succede, vado a vedere qualche contratto di matrimonio, benchè contro la volontà della sposa. Io vi consiglierei a passare in casa della Signora Provida, e po nel forte, poichè a quest'ora dovrebbe aver pigliate le necessarie risoluzioni il figlio della Signora Invitta, che costì si ritrova. Li 8. 9 e 10 di 36. 9. 13. 10. 9. il 48. 49. e 50 andorno al 18 col 19, 18 e 17 e si 34. 5. 4. 8. 28. 4. 10. 3. 6. 4. 7. 4. 11. 3. 30. 4. 11. 18. 9. 13. 4., 30. 3., 10. 3. 13. 13. 3; 8. 28., 30. 28. 11. 4., 8. 17. 4. 3., 2. 9. 5. 9., 4. 17. 7. 3; 3., 15, 4, 27. 9.... L'affare di Monte d'Olmo finì in bene. Gian Battista, fratello di prete Delfino è ferito, ed è in Castello con Petrucciolo; Antonio e prete Paolo sono banditi ed esiliati, ed anche il prete Delfino. La baruffa fu tra Picchiato ed Antonio, il giovedì Santo, perchè Antonio, priore, volea segnar Picchiato, che non avea cappa. Questo pretendea esser chierico, e volea fare come il pipistrello; si accese il rumore per gli antichi livori, poi colà finì; giunti al paese, Picchiato si tirò in casa di Petracchiolo, ferì i Gian Battista da casa, e poi si salvò dal fuoco. Ora il Picchiato è stato condannato a pagar 500 lire, e poi imbarcarsi; e Gian Battista a 3 mesi di carcere. Otto giorni sono, successe una scaramuccia fra la Porta e la Croce, per il bosco controverso. Vi restò morto Chiacchiolo della Porta; ferito a morte Gio: Battista Viterbi del Quercitello, a cui fu rotto l'osso del ginocchio, e Filippolo della Croce ferito a morte, con tre palle in petto. I principali dell'una e l'altra comunità sono comparsi jeri, e passeranno in Castello; poi si farà la giustizia, per esimersi dalla quale, mi fanno sentire che vogliono far la pace.

In Campoloro, la settimana scorsa, si tirarono di notte, per un serenato fra parenti, e ne restò uno morto, ed Orso Paolo ferito.

Nei scorsi giorni, si sono fatti passare per le armi uno di Venaco, che avea ucciso il padre; uno di Alesani, reo d'omicidio, ed uno dei Prunelli di Casacconi, che avea rapito una figlia, e tenutola alla campagna due giorni e due notti.

Non si può scrivere spesso, per difetto di occasione, nè l'amico scrive al signor Simeone, per non arrischiare la lettera alla fortuna.

L'abate Natali a Casabianca

, *18 maggio 1758*. — Abbiamo sentita qualche consolazione dal 71 che avete incontrato presso il 512 del 3. Il fuoco attivissimo del celere, regolato dal 992, ha finalmente trovato della materia suscettibile di saggie, valide ed egregie impressioni. Non dubitiamo di esso celere corrispondere al suo nome con gli effetti caldissimamente per far vedere al 7 almeno il 14, acciò la corte sappia che si deve a lei. Certo è che se al 44 riuscisse di unire il 40 e 41, il 68 sarebbe quasi pieno. Il 18 forse potrebbe avere il 61 per giuocar sicuro. Ma come metterlo presto al fatto della cosa senza il 123 e senza 19? Non si mancherà di studiare, ed intanto, perchè il celere possa proseguire la sua grand'opera ed indurre il grazioso 52 del 3 a dare almeno un 61 o l'equivalente, se gli porge avviso che 123 ha fatto un 67 col 4 in vigor di tal 67. Si vedranno volpini del 123 col lume del 4 nel 7, e saranno tanti i volpini che con altri del 4 medesimo potranno tener lontano il 3. La Libera conta già per sè il 100, e non vuole che il 3 possa unirsi al 7. Questa è una nuova che qui si sa per certa, e ben si potrebbe render vano il pensiero del 4...., il celere potrà dimostrare la necessità di pervenire alla nota immagine alla quale sarà giunta contezza del 67 motivata; ciò che si può operare ora con uno o due del 61, in altre circostanze richiederebbe 200. 61. La cosa parla da per sè. Se il 52 del 3 non fosse vero, e non operasse colla mano, allora il celere dovrà persuadersi che il 2º 52 del 3 è peggiore del 1º durissimo.

I Lacciuoli del 31 sono potentissimi, perchè i direttori delle loro colombe poco deferiscono al suo destriero. Quando codesta immagine volesse ricorrere al suo antro il celere lo preghi di far caso del direttore delle sue colombe. Lo stato della dubbia veramente è dubbio, ed i languenti temono a ragione, benchè non possano a ragione dolersi.

Il moderato felicemente si unì al 7. Sarà stata una 58anm70X per em69Z-8C656266 in monte d'86C8. e sarà stata cosa esemplare.

Mille abbracci al Simeone ed al celere dai 4 vostri languenti.

L'acceso non è certamente del nervo contento. I suoi motivi sono alcuni fatti non nuovi, ma di nuova scoperta; non è però da temersi lo sdegno inconsiderato di colui. L'amore ch'egli ha pel 7 di troppo prevale ad ogni altra sua passione. Il dolente se ne rende mallevadore, e si ride dei trasporti di quel cuore incapace di moderazione, ma non molto al giuocare al 7 in varie occorrenze. Non ignora l'acceso che la salute del 7 dipende dalla vita e dalla riputazione del nervo.

Incresce peraltro anche al dolente che il proceder con estrema dolcezza, ed il fidarsi più del 80 che del 79 abbia oggi mai disarmato lo stesso nervo. Il 3 non ha buona intenzione; le scuse da lei allegate sono mendicate. Dica il celere a codesta immagine che il 4 farà il suo negozio e preverrà, come si è veduto, nel caso del pomo. Il dolente conchiude che il 7 non vuole operare da per sè, e gli altri giustamente fanno i sordi. Mille abbracci al S.r Simeone ed al celere. Si è vantato il torbido di essere stato all'1. e di aver parlato col dolente; che imposture! Qual uomo un giorno andrà nel 7. e siccome sarà riguardato come si riguarda il primo dell'80, la dubbia così potrà (il che Dio non voglia) eseguire i suoi consigli.

Luigi Zerbi a Giacinto Paoli, Colonello a Napoli

Livorno, 12 luglio 1758. — Dai primi Capi nazionali, giunti da codesta dominante, la settimana passata, mi fu reso il suo foglio dei 18 giugno, in cui ella si compiace ricercarmi le novità di Corsica, ed un ragguaglio sopra la condotta del Signor suo figlio. Le dirò in replica brevemente, che le novità, le avrà ricevute giuste ed esatte dalle ricevute lettere del medesimo, che, siccome è a capo degli affari, così egli avrà distintamente potuto informarlane; ed intorno alla condotta del medesimo, sarei io ben temerario se ardissi di farne parola. Ha egli vasta mente, talento vastissimo, non già da governare un'ombra di regno, come il nostro, ma i più colti ed enormi del mondo. Dovrebbe piuttosto averne interrogato qualche gran politico della Corte d'Aleria, di lui amico, perchè da questi avrebbe saputo il gran fondo delle ricevute idee. Io, da molti mesi, non sono in commercio di lettere con lui, e mi guarderò bene di entrarvi giammai. Le sue mire sono più grandi di quelle di Teodoro, e voglio sperare che maggiori saranno le sue operazioni; così lo pensa un Coglia, un asino, un fanatico come sono io; così cantava un giorno un saltimbanco....

Matra partì di qui, sulla fine di aprile, per Longone. Si

seppe, poco dopo, che era di là sparito, ed il suo zio, il grande, scrisse che non sapeva ove era trasmigrato. Noi, da relazioni verbali e lettere, sappiamo essere stato occultamente a Genova, e di là ritornato a Longone; ed ha divulgato essere stato a prendere l'indulgenza a Roma, ciò che è falsissimo.

Io non so che possa altro significarle.

La ringrazio della bontà che ha per me, e le ne conservo la mia perpetua riconoscenza.

Paoli al Magistrato di Balagna

Vescovato, 4 settembre 1756. — I Padri del Comune del paese di Pioggiola di Giussani sono venuti nanti di noi, e ci hanno presentato un ordine, nel quale codesto magistrato, pretendendo inibire, ha comandato agli uomini del detto paese d'impedire ogn'altra persona della provincia di poter pascolare e tagliare legni nel bosco detto Melaggia, il quale dichiara esser giudicato suo per atto pubblico della Consulta dei Presidenti, la quale, a dir vero, non può esser giudice legittimo sopra le ragioni della Camera del Regno. In somma, l'ordine è così mal concepito che noi temiamo non sia anche di gravame alla comunità sudetta, mentre nella esposizione pare che non conti Giussani nella provincia di Balagna, ed in tal caso il giudizio apparisce nullo. Questi errori fanno troppo torto a codesto governo, sebbene sembrino inezie. Il sudetto Padre del Comune dice, aver un suo paesano presentato querela contro uno della provincia, per essere stato da questo disarmato, senza che la detta querela abbia avuto corso. Questo sarebbe scandaloso, non dovendovi essere nel governo eccezione di persone; vi provvedano di giustizia. Ci mandino pure relazione della confina della Paomia, o del paese di Muro, con quello di Pioggiola

Paoli al Magistrato di Balagna

Vescovato, 5 settembre 1756. — Il signor Bartoli ha consegnato la loro lettera in data del 3 corrente. Li Signori Capi di guerra hanno malamente interpretato il nostro ordine, nel quale non si dicea, che subentrasse uno di essi in luogo del signor Bartoli, ma che, stante l'opinione che v'è, che possa qualcheduna delle potenze, che sono colle loro flotte nel mediterraneo, fare sbarco nell'isola, era spediente, che al Magistrato assistesse un capo di guerra, per essere alla testa delle genti d'armi, ove il bisogno lo avesse richiesto; e che in questo, il capo di guerra era come collega del Presidente, ed era lo stesso che lo stare nell'attuale esercizio del suo impiego. Con un poco di riflessione, molte cose svaniscono. Mantengano l'unione della provincia.

Paoli a Salvini

Vescovato, 8 settembre 1756. — Amico. Credo quanto mi dite sopra l'innocenza delli due uomini di Corbara, ed, a tale effetto, vi spedisco l'ordine per il magistrato. Farebbero però male dar altra volta sospetto di simili mancanze. Sono colla solita stima ed affetto.

Il vostro affezionatissimo amico.

Paoli ai Magistrati di Balagna

Vescovato, 16 settembre 1756. — Abbiamo inteso le ragioni delle parti controverse. Qualora verranno a fare i loro ricorsi, non mancheremo di render giustizia a cui si spetta.

Riguardo alle franchizie che pretendono i Signori Presidenti, Consiglieri e Padri del Comune, dobbiamo dirgli che si fanno torto, per cose così frivole, farsi sentire, tanto più che, se intendessero esimersi dalla tassa, dovrebbero far una più conveniente volontaria contribuzione, come deve fare ognuno, purchè vanti il nome di zelante patriotto.

Paoli ai Magistrati di Balagna

Vescovato, 20 settembre 1756. — Siamo stati informati che il consultore Antonio Capiassi di Santa Reparata siasi portato in Bastia, contro le pubbliche proibizioni. L. S. ne prenderanno quelle giustificazioni più espedienti, per esecuzione dei comuni stabilimenti.

Paoli al Magistrato di Balagna

Vescovato, 20 settembre 1756. — .... E vero, si attendono sei battaglioni francesi. Dimoreranno questi nel Borgo di Calvi, in S. Fiorenzo, nella città d'Ajaccio, e forse qualche pochi in Bonifacio; non ne prendano sospetto alcuno, non essendo destinati alla distruzione di questo Regno, e coll'occasione riceveranno le instruzioni le più opportune.

Paoli ai Magistrati di Balagna

Sans date mais en septembre (1756?). — Bisognando a noi codesto Signor Bartoli per qualche tempo, per comandare la truppa e le marcie che dovessero dare, faranno che continuamente al governo assista uno dei capi di guerra, i quali a tale oggetto convocheranno tutti per stabilire fra essi il turno, volendo noi che quello che sarà di mese sia consultato in tutte le spedizioni da farsi, e sia il più legittimo consigliere di guerra nell'assemblea da tenersi subito dai capi di guerra.

Leggeranno quella che loro è diretta, e consegneranno l'altra al predetto Signor Bartoli.

Paoli ai Magistrati di Balagna

Vescovato, 25 settembre 1756. — Codesto cancelliere dovrebbe aver l'avvertenza che il Supremo Consiglio non ha altro titolo che d'Eccellenza; che se gli si condona il qualificar con questo titolo codesto Magistrato nelle altre scritture, ciò che è incoerente a far di ragione, devesi badare a non scrivere mai più lettere al consiglio in cui cada in consimile errore; scrive al primo tribunale d'Eccellenza, e parla del secondo con lo stesso grado di distinzione. Per agire in questo modo, bisogna, in vero, sia privo di riflessione. Siamo persuasi che altra volta sarà più cauto.

Paoli a Giudicelli

Caccia, 3 ottobre 1756. — Non posso a meno di scrivervi questo biglietto amichevole per significarvi, che la puntualità ed esattezza che dimostrate ad adempimento degli ordini in vantaggio della patria, io la ricevo come una finezza particolare ancora da amico, e ve ne servo la stessa gratitudine come se lo faceste per solo mio riguardo. Sopra questo riflesso, sperimentatemi nelle congiunture in cui posso dimostrare il mio animo.

Io credo che i popoli di Calenzana, avendo altre volte avuto occasione trattarvi, forse si ravvederanno. Inspirategli con destrezza il pensiero di farsi un Magistrato, o una piccola specie di governo, giacchè i Genovesi, all'arrivo dei Francesi, non saranno più in stato di governarli, e da questi essi certamente non vorranno dipendere. Promettetegli l'assistenza dalla provincia, ed il buon accoglimento. La politica sta a fargli fare un piccolo passo ; entrati nel mare, s'ingolferanno anch'essi, se hanno capito che i Genovesi non possono, e non vogliono fargli distinzione alcuna, e che i popoli che più stettero male in tempo dei Francesi, furono Moncale a Calenzana. È vero che vi è un soggetto troppo ostinato ; ma questo ancora, conoscendo non aver più cosa da sperare, e niente da temere, se si mostrasse una volta in vantaggio della patria, chi sa che non si ravveda? Il tentare non nuoce, ed ogni tentativo, fatto da uomini della vostra sperienza e capacità, sempre produce qualche buon effetto. La provincia purchè sia unita, voi che avete credito presso tutti, illuminate chi ne ha bisogno, e, nelle occasioni, non mi risparmiate i vostri pensieri. Bisogna, in questi tempi, far tutto lo sforzo ; da essi dipende la nostra salute la quale, credetemi, non è mai stata in crisi tanto favorevole. Abbiamo moltissimo timore : Iddio, protettore della nostra causa, spero metterà tutti in questi riflessi, e vorrà perfezionare la sua opera, giacchè, essendo la nostra guerra necessaria, deve dirsi per conseguenza santa, e di Dio. I miei rispetti a quei Capi della pieve, i quali si sono mostrati puntuali ad assisterci nell'occupare il convento. Credetemi che sono.

Paoli al Magistrato di Balagna

Rostino, 5 ottobre 1756. — Il paese di Lumio, temo non metta la ruina in Balagna. Sentitevi con Arrighi, e dateci gli ultimi rimedii. Il vostro governo sia celebre per questo fatto. Se vi è di bisogno, pigliate anche gli ostaggi, e mandateli in Castello.

Sento che il tenente Croce e Mariani siano sul punto di fare un duello. Sarebbe poco male per loro due, ma vi concorrebbero gli altri. Invigilate, e, se credete a proposito, date l'arresto ad entrambi, ed inviatemeli qua ancora.

Ma operate con cautela, e non ve ne date per inteso, se il fatto non merita osservazione.

Paoli al Magistrato di Balagna

Caccia, 16 ottobre 1756. — Godiamo che efficacemente abbiano pensato dar sesto al paese di Lumio, onde si tolga dalla provincia la pietra di scandalo. Il nuovo eletto pievano, si è anche pensato da noi, lo abbiano imposto. Prenderà dal vicario generale necessarii requisiti, se brama esser ricevuto nella parrocchia; debbono ancora avere i loro ricorsi i Lumiesi se hanno niente che opporre, dovendo quello dichiarare se l'economo sia dipendente o indipendente.

Paoli al Magistrato di Balagna

Caccia, 24 ottobre 1756. — Per consultare e risolvere sopra urgentissimi affari di stato, è necessario che il Consiglio si unisca nella sua pienezza, coll'intervento d'altri uffiziali ancora della nazione, il giorno dei 4 dell'entrante mese nel paese di Pietralba. Le S. V. Illustrissime pertanto renderanno avvisati i Signori Presidenti, Capi di guerra ed altri soggetti, che hanno assistito per l'innanzi nel rango di Presidenti cotesto Magnifico Magistrato, con aver riguardo di condur seco poca gente per loro accompagnamento, per diminuir l'incommodo del paese, acciò di segnarvi il loro zelo e capacità. L'attuale Signor Presidente dovrà continuare a presiedere fino a nuove determinazioni del sopra cennato congresso.

Segnato, MASSESI.

Paoli al Magistrato di Balagna

Caccia, 30 ottobre 1756. — Servirà loro d'intelligenza esser stata da noi ordinata l'occupazione del convento d'Alziprato, ove abbiamo posta una guarnigione di 26 uomini, sotto gli ordini del Signor Simon Giovanni Giudicelli. E questo un posto vantaggioso per coprire la frontiera della provincia da qualunque insulto. Non mancheranno, nelle occorrenze, prestargli tutta l'assistenza che avesse di bisogno.

Paoli al Magistrato di Balagna

Caccia, 2 novembre 1756. — Sospenderanno subito le cause civili. Il Signor abate Franceschini avrà la bontà pazientare un poco, per ottenere il suo *exequatur*. Sono.

Paoli a Poletti

Caccia, 2 novembre 1756. — Amico, ho stamane scritto per la sospensione delle cause civili. Vedete però che non intendo pregiudicar alcuno con quell'ordine che avesse le sue cause quasi terminate. Così non gli date esecuzione, se non lo giudicate a proposito. Al signor Franceschini però, ditegli che abbia pazienza. La provincia, credetemi, sarà unita, e non vi sgomentate di niente. Sono vostro amico.

Paoli al Magistrato di Balagna

Caccia, 2 novembre 1756. — Abbiamo ricevuto ambedue le lettere che ci hanno scritte, sopra la comparsa del convoglio nel golfo di Calvi. Con ansietà questa mattina attendiamo più circonstanziati riscontri. Frattanto non possiamo a meno di non approvare le disposizioni prese nelle due strade dell'Algajola e Calvi, le quali disposizioni saranno anche più a proposito questa notte ventura. A tal fine accresceranno, di dieci altri uomini, la truppa della loro guardia, perchè ella possi girare in osservazione di ogni andamento. Noi faremo il congresso in Pietralba, nel quale si estenderanno le instruzione sopra questo importantissimo affare della venuta delle truppe del Re. La provincia sarà persuasa che, nelle presenti circostanze, altro non abbisogna alla nazione che una strettissima unione, per non interrompere il disegno felicemente incominciato della nostra liberazione. Abbiano perciò questa massima, ed a tutti la insinuino: uniti contro il nemico, uniti a ricever l'amico, onde ci accolga con più gradimento e rispetto. Se lo giudicano a proposito, potrebbero mettersi in qualche luogo più a portata degli affari. In caso di qualche subita richiesta, pretesteranno l'obbligo farcene avvisati, per attenderne la risoluzione. Invigilino sopra gli andamenti, chè noi stiamo qui in attenzione; e, per poterci determinare in un luogo o nell'altro, attendiamo le notizie più distinte.

Segnato, MASSESI.

Circolare ai dilettissimi popoli della Corsica

Pietralba, 5 novembre 1756. — Se mai abbiamo dato prove di costanza ed amore per la nostra libertà, questo è il tempo di riaccendere il nostro zelo, amatissimi compatriotti, colla sicura speranza di ottenere il pacifico possedimento (se pur sappiamo profittarne) in queste pur troppo a noi favorevoli circostanze, in cui il nostro nemico, oppresso dal timore, ed occupato dai suoi sospetti, ovunque egli rivolga lo sguardo, altro non vede che l'imminente suo precipizio, ed altra speranza a lui non rimane, per alimento del suo timore e dello sdegno che contro di noi ha sempre nutrito, che quella degl'inganni, e delle frodi, con cui si avvisa di suscitar fra noi le discordie, fomentando lo spirito di partito e di divisione, arti colle quali s'introdusse, e gli è riuscito finora mantenersi in questo regno, e di distogliere, o almen ritardare l'esito delle giuste mire che alcune potenze, commiserando il nostro lagrimevole stato, concepite aveano tutte favorevoli a quell'infelice ed oppressa nazione.

Ma, viva Iddio, che, illuminati dalla diuturna esperienza di secoli, abbiamo appreso che la nostra patria non può essere sventurata certamente che allora quando fosse dai proprii figli lacerata e tradita, e che tutti quelli che hanno alzata la fronte contro i comuni sentimenti del regno, ed hanno cercato i proprii vantaggi, sotto mascherato zelo di patria, colla speranza di una vile ricompensa, se loro fosse riuscito di essere i primi ad offrirla al sacrifizio, o si son resi l'obbrobrio della nazione, che ha scoperti ed abbattuti, colla forza, i loro fraudolenti maneggi, o ravveduti del grave errore commesso contro la propria madre, si sono distolti dalla ignominiosa intrapresa.

La salvezza dunque e la libertà stanno nelle nostre mani; basta che mostriamo la solita costanza in difesa della nostra causa, e quanti più sofferti abbiamo danni e strapazzi, nel corso così lungo di ostinatissima guerra, tanto più dobbiamo mostrar coraggio e valore per vederne il fine, con cui godere, in perfetta calma, il frutto delle nostre gloriose fatiche.

Il mezzo più conducente esser deve, la comune unione. Questa si è confermata col solenne giuramento prestato in questo Congresso in cui, vie più per mantenerla salda e durevole, si son fatti i presenti stabilimenti, dei quali commettiamo l'esecuzione a tutti i popoli, sotto le pene in essi prescritte.

1. Conoscendo il grave pregiudizio che ha risentito la

nazione dalle combriccole tenute dai particolari, e dai maneggi e corrispondenze di lettere avuti con quelli che abitano nei presidii dei nemici, col mezzo dei quali hanno tentato di frastornare la comune tranquillità ed unione, e, volendo andare al riparo di simili inconvenienti proibiamo a tutte le persone di qualunque grado, stato o condizione, di avere alcuna corrispondenza di lettere, o altri maneggi con gente sospetta alla patria, sotto le più rigorose pene da prefiggersi dal governo, compreso l'ultimo supplizio; e chiunque avesse occasione, per privati interessi, di scrivere in alcuno di detti luoghi, debba prima ricavarne la permissione da noi, o da altri soggetti, da noi deputati; nelle stesse pene iucorrano quelli che tentassero altre adunanze private, o, in qualunque altro modo, conspirassero ad intelligenze pregiudicevoli allo Stato, siccome tutti coloro che dessero ajuto, favore o consiglio a persone che cercassero di fomentar turbulenze e disunioni nel regno.

2. Incorra in pena capitale, confisca o devastazione dei beni, ad arbitrio, qualunque nazionale uscisse del regno, senza la dovuta permissione del governo, per andare in terra ferma, o a servizio di qualunque potenza estera, o nemica.

3. Avuto riguardo all'esposto fattoci dai popoli per la penuria dei viveri dell'anno corrente, affinchè se ne inibisca l'estrazione, ordiniamo a tutti i Podestà e Padri di comune di ogni rispettiva pieve, o parrocchia, che ci mandino fra un mese, dal giorno della pubblicazione della presente, un esatto dettaglio di tutte le biade che sono in ogni paese, od ogni altro genere necessario al mantenimento di ognuno di essi, fino alla nuova raccolta dell'anno venturo, e del di più che sopravanza al bisogno, per dare in appresso gli opportuni provvedimenti in permetter le tratte del superfluo, imponendo la pena di un mese di carcere, o soldi 20 al giorno per le guardie, oltre la perdita delle merci, ad ognuno che, prima di tale perquisizione ed ordine del governo, facesse alcuna estrazione di biade, e contravenisse alla presente determinazione.

Ed affine che le presenti vengano a notizia ad ognuno, ne sarà transmessa copia ad ogni Commissario di ciascuna pieve, acciocchè venga pubblicata nelle forme solite e consuete.

Rocca Seg^rio di Stato ai Magistrati di Balagna

Pietralba, 6 novembre 1756. — Il risultato dell'unione delle tre camere, componenti il Supremo Consiglio nella sua pienezza, crediamo avanzarglielo come in dettaglio in questa lettera, che dovrà loro servire d'istruzione e di regola nella condotta da tenersi.

Si spedirà appresso la circolare, la quale si farà girare, secondo il solito. Frattanto, con avviso ed ordine particolare a tutti i Podestà e P. P. di Comune d'ogni paese, participeranno quelle cose che sono della maggior premura, come la risoluzione presa di sospender l'estrazione delle biade, fino a che, dagli deputati dell'abbondanza, che saranno subito eletti in ogni paese, venga presa l'esatta nota di quelle che vi sono, e della quantità necessaria per il mantenimento, sino alla ventura raccolta, per dare a noi le più distinte informazioni, ad oggetto di permettere soltanto la tratta di ciò che soprabbondasse al bisogno, per non esporre i nostri popoli a qualche penuria, in queste circostanze, massimamente che ritrovansi nell'Isola truppe straniere; per lo che si è ordinato la perdita de' sopra detti generi che, prima delle positive relazioni, fossero estratti, oltre la pena di un mese di carcere, e soldi 20 al giorno per le guardie, ad ognuno che contravenisse. Per vieppiù conservare l'unione dei popoli ed il rispetto al governo, si è vietato ogni carteggio e confabulazione con genti dimoranti nei presidii, sotto le più rigorose pene, che s'imprimeranno nella circolare, siccome si è giurata la ruina totale di chi intentasse innovazione alcuna nel governo, per toglier così la strada solita al nemico di macchinar con profitto a nostro svantaggio.

In seguito delle presenti deliberazioni, se mai qualche uffiziale, o altra persona, o per parte dei Francesi, o dei Genovesi, si avanzasse con qualche lettera o avviso, se questo viene con trombetta, o secondo i costumi praticati, lo riceveranno, per trasmettere la lettera a noi, facendo in voce sentire al messo non avere altra incombenza che darne parte al Consiglio, ed attenderne le risoluzioni per eseguirle; e se qualche uffiziale più del dovere si accostasse a' paesi, con tutta la gentilezza, per mezzo di qualche persona di condizione, gli si faccia capire che altra volta non si azzardi senza passaporto, per non esporsi esso medesimo a qualche sinistro, che infallibilmente potrebbe accadergli, se fosse incontrato dalle partite che scorrono la campagna.

Ora più che mai il governo deve rendersi rispettabile; quindi, con ogni esattezza, invigileranno all'esecuzione degli ordini, castigando con rigore duplicato ogni disubbidiente. I membri del Magistrato, senza gravissima necessità, non se ne appartino; cresceranno la truppa della guardia, fino al numero di 20, non compresi il comandante ed un sergente; una parte di questi potrà girare le spiagge e le strade sospette, ed invigilare al buon ordine della provincia. Subito formata questa truppa, ce ne manderanno il ruolo, con distinzione autenticata colle lor sottoscrizioni, acciò possiamo trasmettere gli ordini corrispondenti al Signor Salvini, per contribuire il soldo a proporzione. Procurino che i fucilieri siano di buona qualità, e quanto, se gli rende possibile, ve ne siano d'ogni paese. In quanto ai soggetti che devono comporre il Magistrato per il corrente mese, abbiamo determinato che continui il signor Poletti, in compagnia del Signor Giuseppe Fabiani e Francesco Antonio Anfriani, lasciando in loro arbitrio far la residenza ove stimeranno più a proposito nelle presenti circostanze.

Per la truppa che deve servir di guardia, due fucilieri dovranno essere impiegati per relatarci di tutto ciò che accaderà nella provincia, e per darci il comodo di spedirle spesso le necessarie disposizioni. Procureranno, con qualche mezzo sicuro, però e di conosciuta probità, spiare i disegni ed andamenti dei presidii, ed, affidati alla loro sperienza e zelo, dal cielo le auguriamo ogni prospero successo.

Paoli ed il Supremo Consiglio di Stato Corsica ai Magistrati di Balagna.

A voi, signor Francesco Savelli d'Aregno, Marco Maria Petrucci e Mastro Signor Francesco Mortelli, ambi delli Cateri di Balagna.

Caccia, 16 novembre 1756. — Niente abbiamo da communicargli in lettera d'uffizio, solo ci resta in particolare farle premura, per conservare l'unione della provincia, a dar sulla voce a qualche torbido, che in Feliceto tenta rinnovar disturbi. Vi provvedano subito, prendendo le più sincere informazioni dal Signor Renucci, uomo portato assai alla pace, e di buone massime. Egli potrà metterle al fatto di ciò che più concerne il suo paese. Si raddoppiano i motivi per usar tutta la diligenza sopra dell'Isola Rossa. Abbiano però prudenza.

Paoli ai Magistrati di Balagna

Caccia, 18 novembre 1756. — Il portatore di questa sarà un Religioso di S. Francesco, benchè di famiglia in Campoloro, raccomandatoci dal padre Leonardo, acciò gli sia permesso passar in Calvi per alcuni affari di religione. Vi noto il zelo del raccomandante, onde non faranno difficoltà munirlo di una salva guardia, acciò dai fucilieri non venga molestato per la strada.

Paoli ai Magistrati di Balagna

Pietralba, 29 novembre 1756. — Ora comprenderanno la ragione delle nostre premure, e della vigilanza che incaricavamo che avessero sopra il paese di Lumio, nel quale si è introdotto, con troppo scandalo, lo spirito di partito. Le bisogna tutta la destrezza possibile in questo fatto per isfuggire dal governo la taccia di parziale. Hanno fatto bene a sospendere la marcia che, senza dubbio, avrebbe accresciuto il torbido. A bella posta ritorna in provincia il Signor Giuliani, a cui abbiamo comunicato i nostri sentimenti. Noi, senz'altro, fra giorni saremo a visitare la provincia. Abbiano perciò la sofferenza di assistere al governo sino al nostro arrivo.

Paoli a

Patrimonio, 5 decembre 1756. — Illustrissimo Signore. Rimetterò al Magistrato la nota dei ladri e malviventi. Gli scriverò qualche cosa per il segretario Savelli, ma credo che a quest'ora sarà licenziato. Vi ringrazio infinitamente delle preziose trotte. Non potevano arrivare in tempo più opportuno. I miei complimenti alla vostra Signora. Vi saluto e sono.

Paoli a Giudicelli

Vescovato, 7 decembre 1756. — Avea sempre previsto che il paese di Lumio dovea un giorno esser la pietra di scandalo della provincia. Grazia al Signore Iddio però, che inspirò il modo e la maniera di sedare il tumulto. Mi dispiace ora che, con gli altri vostri compagni, abbiate rifiutato di darvi l'ultima mano, molto più che, prima d'otto o dieci giorni, non potrò essere col Consiglio costì. Scrivo a Salvini, acciò vi corrisponda tal viso che gli segnerete per la spesa. Parleremo dell'altro capitolo di vostra lettera a bocca. Sono.

Paoli a F.co M.a Casabianca a Bozio

Murato, 11 decembre 1756. — S. Casabianca. Subito ricevuta la lettera del Signor Paolo Pietro Mariotti della morte del fu Commissario Casta, spedimmo ordine al Signor Valentini in Rostino, acciò si portasse sopra dei rei, ad esercitare la più rigorosa giustizia; e questa mattina ancora, con la gente di Murato e Rutali, e con un ramo di pagati, abbiamo spedito il Signor Anton Marco Galloni, colle necessarie instruzioni a tale effetto, e l'uno e l'altro di questi Signori sarà infallibilmente costì a quest'ora; dal consiglio e direzione di quelli assolutamente dipenderete, acciò non si proceda se non contro i rei, e col braccio della giustizia, chè altrimenti facendo fareste cosa di onta vostra, e non incontrereste che il biasimo e lo sdegno del governo. Il Signore Iddio vi feliciti.

Paoli ai Magistrati di Balagna

Vescovato, 8 settembre 1756. — Sono tante le scuse addotte dai due economi del Capitolo di Corbara, per dimostrarsi innocenti da malizia nell'aver spedito il noto libello del vescovo de Angelis, contro la buona suora Elisabetta, che noi, anche per questa volta, siamo determinati ad usargli pietà. Gli sarà perciò raddoppiata la condanna, e solamente li chiamiamo per fargli una zelante ammonizione, e per mettergli innanzi gli occhi la gravezza della pena in cui incorrebbero, se altra volta fossero sorpresi rei di simili mancanze.

Conte Rivarola al Colonello Paoli

Livorno, 20 decembre 1756. — Ricevei sabato scorso una lettera del Signor suo figliuolo, Don Pasquale, scritta in data de' 19 del passato mese di novembre, in cui, imponendomi egli di dar parte a V. S. Illustrissima dello stato della patria e di loro, trovo oggi indispensabile mio dovere scriverle queste poche righe per ubbidirlo.

Può essere che Ella abbia prima d'ora saputo tutto ciò che egli mi scrive, per vie più corte; pure, se mai non fosse ancora a di lei notizia pervenuto, non voglio trascurare di darlene contezza, tanto più che lui me lo impone; ma cercherò solo di dirglielo in ristretto; per non copiare l'intiera sua lettera. Mi dice dunque arrivati tre reggimenti francesi, composti di 3,000 uomini, a guarnir Calvi, Ajaccio, S. Fiorenzo, e le torri; M. de Castries, comandante, risiede in Calvi; M. de Segur in Ajaccio, M. Barbi in S. Fiorenzo, Ha il nostro Generale subito guarnito Alziprato e Lumio, ed ordinato di tener custoditi Barbaggio, Farinole, Patrimonio ed il convento d'Oletta. Valentini, con 100 uomini, nelle pievi di Alesani, Verde, Serra, Rogna; il Signor Clemente ed altri, con 300 uomini a Marana; Venturini in Vallerustie e Bozio; Ciavaldini in Orezza, tengono in moto tutte le armi del regno. Godesi nell'interno peraltro di una pace tranquilla, e di una calma perfetta. Tavagna e Moriani invigilano alle torri di S. Pellegrino e Padulella; e tutti insieme non fanno che dichiararsi di voler difendere la nostra libertà, se alcuno cercasse di volercela togliere.

I Francesi, a questo apparato, protestano non essere nè contro i Corsi, nè contro i Genovesi, ma volere, in ogni occorrenza, osservare una perfetta neutralità. In Balagna, non son più partiti; quello dello scioperato di Mario Matra si dice estinto, benchè i nostri nemici si vantino che rinnova. In somma, dalla lettera del mio amico Don Pasquale, io ancora comprendo una buonissima disposizione nel regno, la quale prego Dio ci conservi.

Il dì 5 novembre si tenne in Pietralba la Consulta, che poi diede alla luce la qui occhiusa circolare.

Mi scrive di più, in cifra, acciò non sia letto da alcuno, ed io ancora lo farei nello stesso modo a V. S. Illustrissima, se sapessi che il Signor Casabianca conservasse quella con cui scriveano egli ed il suo compagno, che vorrebbe che si sollecitasse a qualche dichiarazione l'amico costì, con cui tratta il Signor Quilico, e gli altri altrove, perchè non sarà che per necessità che si metterà a trattare coi Francesi, ed allorquando non avrà più altra speranza. Mi dice di farlo sapere al sudettto Signor Quilico, a cui Ella potrà far comune la presente, abbracciandolo ben di cuore a nome mio e di Don Luigi, come facciamo ancora a codesto nostro padre Colonna, per cui si mette oggi alla posta una lettera pressata, che vien di patria.

Io ho scritto per la permissione di passare in patria, ora che i Francesi vi sono, essendomi fin qui stata negata dalla Corte, che non vuole dar sospetti; a quale motivo mi ha finora dato uno spazio di 30 mesi per accudire, da qui, ai miei affari, e ne avrò ancora di più, se non cerco di passare a casa.

Mio cognato, (1) che è nella stessa necessità, e forse maggiore, di passare in Matra, a motivo del mal procedere di suo fratello, contro cui mi scrive con inchiostro ben nero, ha cercato di passare da Cagliari a Torino, per rappresentar con viva voce il suo bisogno. Ma, per la strada, è stato, il dì 3 di questo mese, preso dai Francesi il bastimento Danese, in cui navigava per Villafranca, avendogli trovato l'equipaggio quasi tutto inglese, e gli hanno portati a Marsiglia.

Le scriverei più diffuso e più chiaro diverse cose, se fossi sicuro che dal Signor Casabianca fosse interpretata la cifra,

---

(1) Alerius Matra.

onde, sul dubbio, me ne astengo, e rinnovando a V. S. Illustrissima gli atti di mio antica ossequiosa servitù, ho l'onore di scrivermi, salutando tutti i veri patriotti.

P. de P. e S. C. D. S. del Regno di Corsica, a Giudicelli, Simon Giovanni.

Palasca, 22 dicembre 1756. — Eccoci arrivati in provincia, per riconoscere il sistema delle cose, e particolarmente l'importante affare di Lumio. A quella parte, si spediscono domani due soggetti del nostro Consiglio, per esaminare i successi seguiti in quel paese, e siccome V. S. Illustrissima è pienamente informata del tutto, così è troppo necessaria una distinta relazione, perchè serva a questi di lume, e da cui possano prendere le misure più adatte ad una tale causa. Veda pertanto mandargliela in scritto colà posdomani con tutta esattezza, a fine che, assicurati sul di lei onore, passino alle ulteriori determinazioni, colla maggior brevità, poichè la chiama di un congresso in S. Antonio della Casabianca, per li 29 a venire, richiede il nostro ritorno in quella parte fra pochi giorni.

Siamo ben persuasi che Lei presterà la mano, in un punto di tanta conseguenza, collo stesso zelo e sincerità colla quale si è sempre dimostrata in tutte le occasioni che hanno interessato la pubblica tranquillità della sudetta patria, ed in tanto colla dovuta stima dal cielo auguriamo ogni bene.

Rocca, *Segretario di Stato.*

Ordine Cronologico

Dei Magistrati di Balagna per l'anno 1756, secondo il MS. di Kerenveyer

---

Gennajo : Ant. Romani.
Febbrajo : Giuseppe Renucci.
Marzo : Ant. Orso Quercioli.
Aprile : Fr. M^a. Mariani.
Maggio : Petrucci.
Giugno : Orso Giacomo Fabiani.
Luglio : Domenico Arrighi.
Agosto : Graziani.
Settembre : Carlo Mariani.
Ottobre : Nicolò Poletti.
Novembre : Negretti e Compagnoni.
Decembre : Mariani e Savelli.

Paoli a Casabianca, per communicarla a suo padre a Napoli.

S. Antonio, 4 gennajo 1757. — Signor padre. Clemente vi scriverà una lettera più diffusa, essendo io troppo agitato in questo punto per farne altrettanto. Ho dovuto combattere con molto calore un inveterato abuso per il quale alcuni parolanti pretendevano che gli consegnassi i rei della morte del fu Venienzo Passa, stati aggrappati dalla truppa del regno, uno de'quali stamane passa per le armi, l'altro, sospetto di complicità, scampò l'altra notte colle sentinelle, per maneggio di un professo servita che, essendo nelle mani, ha molto motivo di pregare che la complicità del fuggitivo prigioniere non apparisca in giudizio. Le cose sono in buon sistema, e la nazione vive con grande vigilanza sopra gli andamenti dei Signori Francesi, i quali, dalle cose finora osservate, credo saranno spregiudiziati intorno alla pretesa volubilità di questi popoli, costantemente fermi nella risoluzione di tutto intraprendere e soffrire, piuttosto che entrare in alcun trattato, per cui si possa sospettare qualche cosa favorevole alle ingiuste pretensioni de'loro nemici. Ed in questo proposito hanno parlato troppo intelligibilmente con qualche persona, che avea commissione forse indagare i loro sentimenti, protestandosi però talmente pieni di rispetto per S. M. Cristianissima, e tanto penetrati di gratitudine, per i molti benefizii ricevuti da sua corona, che quando le sue truppe volessero assicurargli autenticamente, non aver esse mire contrarie alla loro libertà, gli sarebbe un piacere singolare a potersi, in sostegno di quelle, ed in tutto ciò che concerne gl'interessi e la gloria del Re Cristianissimo, impiegare. Ciò nonostante in Calvi, Ajaccio e S. Fiorenzo finora s'inalbera lo stendardo genovese. I Francesi, come essi dicono, lasciano il governo ai ministri della Repubblica, e ad altro non pensano che a guardar le fortezze dagl'Inglesi.

Questo è lo stato, Signor padre, dei nostri pubblici affari che, per quanto comporta la natura e l'indole dei popoli sollevati, non è il più tumultuoso di quelli che finora si sono veduti. Iddio però, che ha sempre diretta la nostra giustissima guerra, ci preparerà l'esito corrispondente ai suoi occulti disegni, e disponerà gli accidenti più opportuni, bastando a noi fare ogni sforzo per non mancare da nostra parte. Lo stato della casa, lo sapete da Clemente; è un anno e mezzo che non vi sono stato. Di salute, vado alquanto bene, e le vertigini non sono più, nè così forti, nè così frequenti. Io spero che il Signore vi manterà in salute per vedere, un giorno, la nostra patria libera, e che la protezione di S. M. Sarda renderà la vostra vecchiaia tranquilla in tale aspettativa. Il Signor Nicodemo fa oramai troppo mancanza alla pieve. Esortatelo a porsi subito in viaggio con il Signor Celere (1), che è uno di quelli che sono molto a capo delle cose.

Il Signor Leoni, mi è debitore di molte risposte. Quando viene da voi, non gli date l'acchiusa, se non con il patto che vi dia una lunghissima risposta. Datemi la vostra benedizione, e non vi scordate di suggerirmi i vostri consigli, dai quali sempre dipenderò, essendo vostro affezionatissimo figlio.

Paoli a Giudicelli.

Casinca, 14 gennaro 1757. — Dalle notizie che tengo, i Francesi non possono, e non vogliono per ora cercarci, ed altra mira non mostrano, che custodir le piazze che occupano. Ciò nonostante, un segno di guarnigione è necessario che resti in codesto convento, nel mentre che si procura rinfrancar spese. Se conoscete però pericolo di qualche invasione, fate uso della facoltà che vi si dà nella lettera ostensibile.

Il furto dell'Isola Rossa è troppo vergognoso, perchè temo non faccia sospettar i Francesi che in Corsica, anche i più raguardevoli, non sono esenti di certi difetti villani. Si è spedito ordine per il risarcimento del forte, o sia della torre. La relazione fa montar la spesa a 350 lire. Spero trovare qualche diminuzione.

Non si parla che di passi di certa gente. Ma, credetemi, i maneggiatori, questa volta, non conoscono il lor tempo. Bisogna però star cogli occhi aperti.

Si vocifera, che la lega della regina con la Francia non si farà più; se ciò fosse vero, porterebbe certamente delle serie conseguenze, anche in Italia. La feluca però non porta se non che, in Livorno, si dicea per certo il grande

---

(1) Casabianca.

armamento degl'Inglesi per il Mediterraneo. La nostra indifferenza, nella presente situazione degli affari, può molto contribuire alla nostra libertà. Vorrei saper che cosa avete potuto ricavar da quell'uomo, intorno agli andamenti di quella gente. Interessatevi alla buona armonia della provincia, e sappiate mantener gli animi lontani da qualche altro scisma. Credetemi che sono.

Rivarola a G. Q. Casabianca.

Livorno, 17 gennaro 1757. — In risposta della gentilissima sua, e del poscritto dell'amico nostro C.... mi ristringerò a dirle che la cifra, che egli crede ci fosse qui lasciata dal di lui socio, non fu che vista da noi, senza pensare a farcene lasciar copia, ma bensì è quella, con cui eglino, dal loro destino, scriveano al di lui Signor figliuolo in numeri, la quale, per essere scritta da loro, colle solite distanze dello scritto ordinario, fu qui da persona, a noi amorevole, interpretata, e letta tutta senza difficoltà, come dissi al Signor R. nel suo passaggio, e con cui io seguo da qui a scrivere colla stessa cifra. L'amico costì ne farà l'uso che stima opportuno, tanto più che credo che, se non è questo il tempo buono, strazieremo a trovarne uno migliore.

Qui non si dorme, e la penna si tempera spesso ; se poi il carattere non è intelligibile, non è nostra la colpa.

La stessa sua lettera, jeri appunto, l'ho acchiusa in una dell'abate Salvini a Nessa, e l'ho consegnata ad un Riformato di Corbara, che partirà da qui col primo tempo ; onde spero che non tarderà ad averla. Non tarderemo altresì noi ad avere dal Regno qualche notizia, poichè il Bonifazino, che è già colà arrivato, non tarderà forse a ripartirne. Ed in attenzione de'suoi a me gratissimi comandi per la solita via, pregandola di riverire, in nome anche di mio cugino, l'amico ed il padre Colonna, a cui non si scrive per mancanza di notizie, Sono.

Copia del capitolo della lettera di 0213 + 648 + lror3 + 2 le in data de' 19 novembre 1756, levata dalla cifra con cui egli scrive, e posta nella seguente di parola in parola, senza alterarne alcuna.

Paoli a Arrighi e Romani.

Casinca, 24 gennaro 1757. — Dalla loro lettera dei 10 corrente, abbiamo appreso il buon sistema in cui continua codesta provincia, e la rappresaglia delle munizioni nel magazzino dell'Isola Rossa. Questo procedere, troppo insolente e scandaloso, merita un vigoroso risentimento. Conviene pertanto fare le più esatte perquisizioni per indagarne i rei, affinchè abbiano il condegno castigo. Si è dato l'ordine che la truppa d'Alziprato sia ridotta al numero di 6 soldati col suo capo, poichè si riconosce superfluo il mantenerla nel piede più numeroso in un tempo, che conosciamo, che non possiamo risicare verun attentato in quella parte.

ROCCA, *Segretario di Stato.*

Paoli a Arrighi e Romani.

Casinca, 28 gennaro 1757. — Con nostro dispiacere sentiamo il desiderio che hanno di essere rilevati dal governo, quandochè da noi, e dalla provincia, era acclamata la loro condotta. Tuttavia, per secondare il loro desiderio, abbiamo giudicato espediente dovere appoggiar l'impiego ai Signori G. P. Quilici, Ott. Orsatelli, e Don Giulio Savelli. Quindi le S. V. illustrissime faranno inteso che, anche noi, a tal motivo, gliene avanziamo lettera particolare, acciocchè, per il giorno che stabiliremo per la mutazione, possano subentrare al governo.

Segnato MASSESI.

Paoli a Vinciguerra.

S. Francesco, 30 gennaro 1757. — Sento che su la vana apprensione d'un decreto ottenuto da Vescovacci, codesto paese sia su le mosse per scendere alla spiaggia, per far sciaratto coi guardiani. Ve ne prevengo, acciò possiate illuminarlo, che decreto alcuno contro di esso non è uscito, e, se mai vi fosse, sarebbe nullo ed ottenuto, *ad falsas prœces*; e gli uomini di questo paese farebbero male a correre *armata manu* per garentirsi dal pregiudizio che temessero di ricevere da un tal decreto. La strada migliore per essi sarebbe, o di ricorrere umilmente ad annullare il decreto, o, con querela, contro de' guardiani. Ma io l'altro giorno assicurai ad alcuni che il decreto, o non vi era, o non gli avrebbe recato pregiudizio di sorte alcuna. Quindi non so comprendere per qual motivo si mettano su le mosse irregolari, e su l'occasione di commettere de'disordini, onde essi soli ne sarebbero risponsabili e motori principali. Se Vescovacci insistenti, per mezzo de' loro guardiani, prenderanno i castrati, perchè non portarsi i pastori dell'Oreto contro di quelli. Le vie di fatto sono sempre malintese dal governo, e recano sempre nocumento a chi le pratica, la qual cosa non vorrei che succedesse a codesto paese, per cui, per qualche particolare distinzione, conservo gratitudine, e non vorrei ricompensarlo della buona accoglienza che mi fecero alla spiaggia, con qualche rigida esecuzione. Preveniteli pertanto, giacchè non ho creduto necessario spedire credenza. Voi, scendete qua, perchè procureremo indagare com'è stato l'affare di questo decreto, e se veramente si trova, e che espressamente pregiudichi la vostra comunità, forse raschieremo l'unghie al Landolfini, per avere scritto a suo modo, e contro le intenzioni del Consiglio. Vi attendo subito. Vi prego de'miei complimenti alla Signora Serena, e resto.

Paoli a Giudicelli.

Rostino, 3 febbrajo 1757. Ritrovomi nella più grande confusione per provvedere di successore il Signor Poletti, perchè gli affari sono un poco attrazzati nel di lui governo, ed, entrando alcun altro, non so che giuoco farebbero le passioni. Pertanto, amico, vedete se potete fare questo turno; ognuno ha nella vostra condotta confidenza somma, ed io più che altri, e, di questa fatica per la patria, ve ne sarei anche particolarmente obbligato. Per gli altri riguardi, e per gl'interessi di vostra casa, non ci avreste a pensare, e potreste risieder ovunque vi piace, e forse avreste più comodo per il maneggio ecc.

Sotto pretesto di spedire una lettera a Mr Marengo, che sta in Calvi, spedisco il fuciliere, per aver subito risposta favorevole. Spero, e frattanto trattengo il pedone del Magistrato finchè non la ricevo, perchè dovrei nominare il presidente. Se niente ci è di nuovo, fatemelo sapere. Scrivendo in fretta, io non posso, come vorrei, rispondere ai punti di vostra lettera. Scusatemi, che scrivo da letto. Sono come al solito.

Paoli a Arrighi e Romani.

Casinca, 9 febbrajo 1757. — Matra finalmente, due giorni sono, è scalato in Bastia, accompagnato da Angeluccio d'Alesani, da un prete, stato ultimamente bandito, e dal suo fattore Chiarelli. Ebbe molte segrete conferenze di notte col Commissario. (pubbliche forse non può dargliene). Scrisse alcune lettere a molti partitanti, le quali ci furono puntualmente consegnate dai medesimi. Quindi egli disperato, con quei banditi che trovavansi in Bastia, se n'è andato in Aleria, avendo creduto lasciare, a girar per i paesi, li suoi tre consiglieri. Noi, per prevenire ogni possibile disordine, abbiamo ordinato che stiano pronte tutte le armi, e forse faremo un passo fino a Matra, da dove facilmente spediremo le truppe in Aleria, se pensa trattenersi, a motivo che si crede abbiano arrestato il Signor Conte Rivarola che, colla sorella, colà ritrovavasi. Abbiamo ordinato la marcia di 100 uomini della provincia del Nebbio, che domani, al più tardi, saranno qua, per marciare colle altre truppe. Il disegno de' Genovesi è di frastornare, colle nostre discordie, l'esito felice che, alle nostre cose, presagisce la presente situazione degli affari. Veglieranno perciò alla buona armonia della provincia, chè noi, in caso di bisogno di qualche distaccamento di gente, spediremo gli ordini opportuni.

Ci tengano spesso ragguagliati dello stato delle cose di costì, onde possiamo sempre più confirmarci nella buona dea che abbiamo del loro merito e zelo.

Paoli a Arrighi e Romani

Moriani, 14 febbrajo 1757. — Di già avranno avuto altre nostre lettere intorno alla comparsa del Matra che, di concerto colle guarnigioni di queste torri e del campo volante di Bastia, ha l'insigne temerità di voler minacciar questi popoli colla forza ad accettar la catena genovese. Partiamo in questo punto per disingannarlo. Veglino alla sicurezza della provincia, e diano ordine che tutte le armi siano pronte ad ogni nuovo ordine. In questo punto mi viene notizia essere il Matra ed Angeluccio accampati in Alesani.

Paoli a Arrighi e Romani

Bozio, 17 febbrajo 1757. — Il Matra che, continuando nella pessima sua idea di sacrificare la patria ed offrirla, qual vittima, alla Rep. di Genova, in ricompensa del condonato enfiteusi, credeva, con tante sue mendicate menzogne, sedurre alcuni popoli de'più semplici a secondare le di lui massime per ritardare almeno il conseguir certo della nostra libertà, unica premura del comune nemico, avea fatto avanzare nella pieve di Alesani Angeluccio, suo compagno, con 14 fra banditi e gente facinorosa, ramassati in Bastia, e di nascosto s'impadronì di quel convento. Ma avvedutisi i popoli di quella, non tardarono ad accamparli e darne avviso. A tale notizia, spedimmo il nostro squadron volante, con ordine d'attaccarli. Ma appena che, da lontano, lo scoprirono, si diedero per disperati alla fuga, in mezzo alla furia delle archibugiate. Due però ne rimasero feriti, benchè leggermente. Furono per gran tempo inseguiti, e soppraggiunta la notte, gli riuscì porsi in salvo.

Non contento il Matra di questo primo accoglimento fatto al compagno, volle egli inoltrarsi jeri in questa pieve di Bozio, seguitato da 100 uomini, fra di Fiumorbo, e suoi seguaci banditi, ed impatronitosi di poche case, cercò di dar principio a' partiti, sotto mille falsi pretesti. Poche ore passarono che si vide *abbloccato* dal Signor Presidente Venturini. Questa mattina, con tutta sollecitudine, ci portammo qui ancora noi per unitamente dare, in un sol tempo, l'ultima mano a questo *torbido*; ma vedutosi, fin dalla notte antecedente, abbandonato da quei di Fiumorbo che, conosciuto l'inganno, a tempo si sono ravveduti, fu costretto, con soli 15 dei suoi seguaci, fuggirsene. Speriamo però che il suo delitto lo condurrà ad una ignominiosa disperazione, o a cader nelle forze della nazione, o a ritornarsene in Genova, a rendere la ricevuta istruzione.

Il signor Pietro Casale, che ha persuaso il Matra a fomentare simile disunione, e ad accettar l'impresa di seduttore, perchè apertamente non comparisse idea della sua Repubblica, ha meritato il giusto risentimento della nazione, ed è per ciò che, senza verun altro riguardo, si sono dati gli ordini opportuni per la confisca dei suoi beni.

Segnato MASSESI.

Paoli a Casabianca, Francesco Maria

Corte, 25 febbrajo 1757. — Quello di Marana, prima d'ora mi sta dipinto per quale egli è, ed alla fine non potrò più lungamente dissimulare con esso lui. Questa volta voglio provare, in grazia dello zio, se colle esortazioni posso farlo ravvedere, e quando se ne abusi, prenderò altra strada. Frattanto voi spedite l'acchiusa a vostro cognato. State oculato e credetemi.

Paoli a Arrighi e Romani

Corte, 28 febbraro 1757. — .... il Matra da Vezzani, scortato solamente da' suoi seguaci banditi, si è ritirato al forte d'Aleria. Noi attendiamo i principali di Ghisoni e di pieve di Castello qua domani, e, dalla buona disposizione che dimostrano di ravvedimento gli uomini stessi di Vezzani, abbiamo sospesa, per qualche giorno, la marcia del di là da' monti, perchè era tutto in armi pronta per abissarli. Questo turbine, con cui la Repubblica credeva abbatter la nostra libertà, ad altro non ha servito finora, e non servirà in avvenire, che per vieppiù confermarla.

Segretario MASSESI.

Rivarola a Casabianca a Napoli

Livorno, 28 febbrajo 1757. — In una lettera di Don Pasquale al Padre lettore Leonardo di Campoloro, in data del 16 febbrajo, leggo le precise parole : « Matra non è più in istato di far dei passi. » Esso Padre lettore, partito li 17, ed arrivato qui li 22, assicurava essere il Matra talmente ristretto in Arbitro da Venturini, Rocca, e Venaco, che era impossibile ch'egli scappasse. Ieri mattina arriva una gondola; a lei domandando notizie, ci è stato, dice egli, impossibile il raccorne; ma siccome questi birbanti sono molto tristi, così, dal loro silenzio, ho argomentato di sperar bene per i nostri. Una lettera di Bastia dei 25, dice che Matra ha finito di far ruinare alcune pievi, che era scappato vergognosamente, e che i suoi stati presi erano in Castello di Corti.

Paoli a Vinciguerra e Buttafuoco

Corte, 3 marzo 1757. — Amici, di già vi scrissi essersi Matra ritirato al Forte con la sola compagnia dei suoi banditi, ove, se avesse vittovaglia e danaro, vi anderebbero molti della pieve di Castello, eccettuato però il paese di Ghisoni di cui i principali capi son qui, ed attualmente con essi concerto la forma di governo di tutto il Fiumorbo, giacchè non ho dubbio che il paese di Vezzani, il solo che di questa comarca sia tutto per Matra, non venga anch'esso a prendere il suo perdono. In alcune case della comarca, mi dice Giulio Pietro, che un fratello è di un partito, ed un altro siegue l'opposto, con questa diversità però, che la gente proba è nemica di Matra, nel qual numero deve porsi il paese dell'Isolaccio, del quale soli cinque o sei canagli gli hanno dato seguito. Dice di più Costantini che vedendosi Vezzanesi traditi e delusi nelle speranze fattegli concepire, il Matra ha forte ragione di temerli molto. Da queste sincere relazioni, mi pare di potervi assicurare che questo torbido, da qui a quindici giorni, sarà intieramente dileguato.

Non mancate di star con tutta l'attenzione da codesta parte, e fate una volta come facevano in tempo di Gafforio:

non avendo ragionevole motivo, fingetene qualcheduno, e mettetevi in campagna. Le marcie servono non poco a ravvivare il popolo.

Mi era scordato dirvi che quelli di Vivario, che aveano seguito Matra, hanno domandato il loro perdono, e noi ci abbiamo il più forte partito. Datemi delle notizie ; voi participerete questa agli amici, e particolarmente agl'illustrissimi due Vecchioni della patria.

Paoli a Arrighi e Romani

Corte, 6 Marzo 1757. — .... Alcuni, che con il Signor Salvini litigano civilmente, sentesi che lo minacciano di morte. Questa maniera di procedere non deve essere nè meno tollerata. Agiscano dunque con vigore per punire gl'insolenti·......

Il Matra si è ritirato nel forte d'Aleria, da dove fa qualche scorrerìa colla sua squadra d'assassini. Gli è riuscito la notte scorsa, di far prigioniere il pievano di Moita, (1) per strappargli qualche danaro. Le pievi di Castello e Fiumorbo hanno inviato i loro principali, per ottenere il perdono di quei pochi che si sono scoperti a favor di Matra. Abbiamo colà spedito il Signor Alberti, per governare in qualità di Inogotenente, e per amministrar la giustizia, colla facoltà d'erigervi una compagnìa pagata. In breve speriamo che, nel suo asilo stesso, tema di non esser più sicuro.

Segnato MASSESI.

Paoli ad Arrighi e Romani

Corte, 14 marzo 1757. — In questo punto partiamo per la pieve di Serra, per dal l'ultima mano alle turbolenze

---

(1) **Marchi.**

suscitate dal Matra, che si è rifuggiato con alquanti banditi nel Forte, dove resta ristretto da un corpo della nostra truppa colà spedita. Ci tengano ragguagliati di ciò che succede nella provincia.

Segnato MASSESI.

C. Rivarola a Giacinto Paoli

Livorno, 21 marzo 1757. — .... Di fanatici, ne abbiamo abbastanza nella nostra nazione, senza che ci abbiamo a caricar di quelli delle altre; ma è bene altresì, quando senza dispendio lo possiamo, tenere amici tali persone, che nemici possono in qualche maniera più nuocere che giovare amici. Io vorrei che questa sorte di gente fosse indifferente; ma, quando non si puole, bisogna aver pazienza, e mostrar di farne capitale. Le pure notizie di Corsica, eccole, ma sono poche, benchè troppo mi affliggano: Matra non ha che circa 20 uomini in Aleria, dove sono state spedite due gondole da Bastia scariche, su le quali al più v'era qualche poca di munizione. Ecco le mie riflessioni. Se questo birbante volesse abbandonare Aleria, non erano necessarie due gondole, poichè in meno d'una vi stava, con tutto il seguito de'suoi scellerati compagni. Non eran nè pure necessarie le munizioni. Sicchè, cosa vuol dunque significar questa spedizione? Forse non m'inganno se così la discorro: O egli maneggia sott'acqua, lo che non voglio temere, o egli vuol le gondole per far la guardia al Bonifazino, o egli ha idea di mandar in Bastia il suo bestiame, e tutto ciò che può raccogliere del suo, e poi mettersi ad inquietare, a qualunque patto, le spiagge. Questo, per ora, lo credo più facile, benchè speri che abbia appunto ad essere il totale suo precipizio. Io temo ancora di mia sorella, la quale è in Aleria colla sua famiglia, e vi fu da lui sorpresa, essendo in parto di un maschio. Egli l'odia come cognata, l'odia come sorella nostra, e poi l'odierà più perchè i nostri stretti gli sono e gli saranno sempre contrarii; poichè io non ho mai raccomandato altro a mio fratello che di perseguitarlo a tutto costo, finchè egli sarà Genovese. Di più, egli stesso lesse in mia mano, quando era qui, la lettera suddetta, da me scritta a mio fratello. Or vedete, amico caro, che imbrogli! Mio cognato è in Torino, da dove piange la sua disgrazia, ma non vuol licenziarsi per passare in Corsica. dice egli, a veder le sue ruine, e non licenziandosi, gli è impossibile ad andarci, se gli affari d'Europa non cambiano faccia; ed io sono quasi nello stesso piede, eccettuato che egli sarebbe uno strumento buono ed utile al regno, ed io non potrei che crescere un fucile ai nostri........

Ecco la cifra di cui servivasi Giacinto Paoli:

a, b, c, d, e, f, g, h,   i,   l, m, n, o, p,   q,   r,   s,   t,   u,   z,
3, 1, 5, 8, 4, 2, 6, 29, 28, 30, 15, 7, 9, 18, 14, 11, 13, 10, 17, 27.

Se questa poi nè pure vi serve per sciogliere o decifrar ciò che vi scrivono, avvisatemi, che ve n'è un'altra di cui ci serviamo Don Pasquale ed io.

Il Colonna ora è qui, e parte, sulla fine del mese, per il Regno. Pare che ora sia buono; ma chi se ne fida? Io prendo più argomento a temere il male dalla sua gran calma, poichè, se egli sempre stesse agitato, saprei almeno fin dove posso fidarmi; ma, nella calma e nelle incostanze sue, chi potrebbe regolarsi?

Paoli a Casabianca, Francesco Maria

Verde, 23 marzo 1757. — Nella marcia che sarà comandata su codesta pieve, come nelle altre, mi preme che vi siate ancora voi con tutti quelli che potete dei vostri. Provvigionatevi però per 4 giorni, ed il giorno dei 28 corrente, vi porrete in marcia per Rostino ad unirvi con mio fratello, dal quale vi sarà comunicato il disegno, chè non è bene farlo alla carta. Non mancate in un affare di tanta importanza, e dal quale dipende la comune unione e tranquillità della patria.

Paoli a Arrighi e Romani

Aprile 1757. — La brevità del tempo non ci permette transmettervi la circolare, che contiene gli stabilimenti che si sono fatti in questo congresso. Per la prima occasione, ve ne manderemo la copia. Quello che possiamo significarvi in succinto si è, che sia proibito il commercio nei presidii dei Genovesi, cioè di Bastia e delle torri, sotto pena della vita a chi contravenisse. Si è dato il termine di giorni 3 a presentarsi, salva la vita e sostanze, a tutti quelli che sono stati fautori dell'ultima sedizione, sotto pena del bando, e totale esterminio dei loro beni controvenendo. Si è comandata l'intiera demolizione del forte d'Aleria, di Casabianda, di Coasina, e si è stabilita una marcia generale, per il 10 dell'entrante maggio, di tutti gli armati, all'esecuzione della quale se ne avanzerà in appresso il destino e la commissione.

Ci viene riferito da alcuni che costì siasi sparsa voce che i Signori Francesi abbiano idea d'inoltrarsi nei paesi; non sappiamo se sia per passare in S. Fiorenzo, o per far permanenza in qualcheduno di quelli. A questi movimenti non ci crediamo, senza che ne sia intesa la nazione, poichè in tal guisa si renderebbero pregiudizievoli alla nostra libertà; onde v'incarichiamo a dover di ciò prendere le più esatte informazioni, e rendercene intesi colla maggior prontezza, affinchè si prendano sopra di ciò le necessarie precauzioni.

Clemente Paoli a suo Padre

Pastoreccia, 2 aprile 1757. — Ho ricevuto le vostre lettere. Nella prima mi mortificate a torto, mentre io non avevo causa alcuna in quel negozio, chè già sapete come io in altre mie, se vi saranno pervenute, vi ho meglio significato il pria operato di Francesco Andrea. Ricevei la vostra puntualmente in tempo che ne avea di bisogno per la casa, e ne ringrazio Iddio, che fa soccorrere quando ne scorge la necessità. Signor Padre, io vorrei saper meglio da voi la regola che devo tenere per il governo di nostra casa, mentre si sta sempre sospetti in queste turbolenze di guerra per non sapersene il fine, o buono, o reo, lo che fa poco pensare alle cose domestiche. Frattanto io sono necessitato a ristaurare la casa a Pastoreccia, per vivere con miglior decoro che non vivo, e poichè la necessitate me ne astringe, mi abbisogna ristaurare ancora quella di Morosaglia, che sta cadente una partita verso l'orto. La terrazza è già caduta; devo rifare la cappella, che ancora è pericolosa di cadere, e, per consiglio dei maestri, devo levargli il tetto chè è rotto il trave della sima, e così ci vuole spesa a sollevar la muraglia, e spese di legni. Il più forte che mi dispiace, si è che il chiuso delle piane, che tiene Orsilio in pegno, scaderà questa estate ventura, mentre, a tal tempo, saranno finiti gli otto anni, come nella scrittura consta. In tempo che era Guardiano del convento il padre Desiderio, si compromisero e censo e rediti, senza mia notizia. Avvisatemi come devo regolarmi. Mirabilio ed Ignazio vogliono i castagni ai pacefichi, e Mirabilio in specie cerca d'impossessarsene anche contro il mio volere; abbenchè l'ho fatto desistere. Ricordatevi sempre della cappella, di farvi qualche cosa di quello che vi abbisogna: ne spendete tanti, e non io, e non potrete spenderne qualche piccola parte in decoro della gran Madre di Dio. Mi avvisate che faccia dire delle messe. Io farò quel che potrò; ma vi sono altri legati, cioè quello che ha lasciato Clorinda a noi di carica, a due messe l'anno; che se ne scorti tanto che vi pare. Il fisso è cent'anni d'obbligo; se vi pare essere aggravato per la cappella, lasciamole qualche stabile, che servirà sempre di decoro alla casa, e di bene alle anime nostre. Per Cecca, (1) non v'è luogo di pensarci per adesso, perchè ha fatto poca riuscita. Tutti quei di casa vi salutano, amici e parenti. Giovan Felice vi saluta.

Morte di Matra a Casabianca

Casti, 3 aprile 1757. — Da quello che scorgo nella *Gazetta di Modena*, le notizie di Corsica si hanno in terra ferma veridiche e sincere ; onde, anche prima che vi giunga questa mia lettera, verrete informato dell'infelice e tragico fine di Mario Matra, e dei suoi partitanti a favor dei Genovesi.

Egli dunque da Longone venne in Bastia, stette sopra il bastimento nascosto fino alla notte ; accompagnato da Pietro Casale, uno dei capi direttori della zizania genovese, si portò a ricevere le istruzioni del Commissario Doria, il quale, preparatogli un accompagnamento di banditi e facinorosi, sopra due gondole caprajesi lo spedì al forte d'Aleria, da dove scrisse varie e moltissime lettere per ogni parte del Regno, procurando in ognun fomentare lo spirito delle fazioni, onde accrescere i malviventi ed aumentare il suo partito. Moltissime di queste lettere furono intercettate, ed altre, da quelli stessi ai quali erano dirette, furono rimesse in mano di S. E. il Signor Generale de Paoli, ed al Magistrato Supremo. Pretendeva in esse essere venuto in sollievo della patria, e liberarla dalla schiavitù, per rimetterla in tranquillità e per dare gloria all'altissimo.

I popoli però che, per lo spazio di più secoli, continuata e dura aveano sofferto l'oppressione della Repubblica di Genova, non poteano persuadersi come ei, sotto la istru-

---

(1) Sœur de Paoli.

zione della Repubblica e di un suo Commissario, potesse recarle sollievo di sorta alcuna, e molto meno concepire poteano che egli pensasse a liberar la patria, essendo persuasi che la Repubblica altro, in ogni tempo, non ha meditato che di aggravarla ed avvilirla in tutte le sue parti essenziali, siccome era difficile che egli loro facesse credere che, alla testa di facinorosi, travagliasse per la tranquillità e per la gloria di Dio.

Quindi alcuno non accorse ad incontrarlo in Aleria, sebbene esso si protestasse aver danari in quantità e qualità, e moltissime patenti, colla facoltà di innalzare tre reggimenti per la Repubblica. Il paese di Vezzani, e quello di Antisanti solamente si lasciarono sedurre da queste fallaci e vane speranze, i quali, uniti ad alcuni altri particolari della pieve di Castello, accorsero a riverirlo e, condottolo in Vezzani, lo animarono a passare il fiume Tavignano, colla aspettativa che molti paesi, alla di lui comparsa, si sarebbero dimostrati e fatti suoi seguaci.

Egli, di naturale violente, e poco portato alla riflessione, con tale scorta portossi nella pieve di Bozio. Il Generale, che stava in Casinca, quando egli giunse in Bastia, anticipatamente spedì un distaccamento di gente al soldo per togliergli le comunicazioni delle due torri di Padulella e S. Pellegrino; perchè, compreso il suo disegno, colle pievi di marina si pose il Generale in marcia per occupare il passo di Aleria. Arrivato in Campoloro, sentì che Angeluccio, con alquanti banditi, avea occupato il convento di Alesani. La truppa pagata accorse con marcia forzata a stringer l'assedio che quella pieve avea formato. Ma appena egli, veduto da lontano il Signor Valentini, capo del distaccamento, che deliberato correa ad investirlo, precipitosamente si diede alla fuga. Fu inseguito per molto tempo, facendogli sempre fuoco addosso; ma tre soli restarono feriti.

Il generale, con altri capi di guerra, la stessa sera s'incamminò per Bozio, a prendere di fronte il Matra; il Signor

Presidente fu avvertito che gli uscisse alle spalle; ma un' altissima neve, calata la notte, ritenne la marcia, ond'egli, da una fedele spia avvertito, notte tempo ed all'improvviso, si ritirò un'altra volta in Vezzani.

Meditava il Generale Paoli attaccarlo in quel paese; ma la quantità, come dissi, della neve chiuse affatto i passi per dove si entra, e siccome, nelle spiagge stesse, innalzò detta neve fino a tre palmi, così il Matra ebbe il comodo, prima che le truppe potessero agire e passare il fiume, di ritirarsi nel forte d'Aleria con 150 del suo seguito.

Da colà fece subito due sortite, in una delle quali abbruciò la casa del pievano di Moita, prese il danaro che vi ritrovò, e menò seco prigioniere quel buon vecchio sacerdote; nell'altra sortita, sorprese il magazzino dei Signori Lepidi a Lendinaccio, in cui vi trovò una quantità di grano e vino, e molti buovi, li quali, sopra alcune gondole che, per dargli continuamente soccorso, tenea in quella spiaggia il Commissario genovese, spedì a vendere in Bastia. A tali notizie, subito che il tempo lo permise, e che si potè valicare il fiume, si spedì un corpo di truppa pagata, sotto gli ordini del Signor Venturini, per formare l'assedio sotto quel forte, il quale marciò con molta diligenza, ed, in pochi giorni, lo ridusse in gran strettezza, e nella penuria di tutte le cose.

Il Commissario Doria, che di malavoglia da Bastia lo sentiva rinchiuso e vicino a cadere prigioniere, mandogli dei bastimenti, con un rinforzo di soldati vestiti alla corsa, stimolandolo a mettersi alla campagna, onde animare i suoi antichi partitanti a prendere le armi in suo favore; onde, spedito avanti un certo prete Delfino di Castel d'Acqua nella Valle d'Orezza, egli stesso si portò in Verde, e, tirati al suo partito i paesi di Linguizzetta, Chiatra e Canale, alla testa di quelli improvvisamente entra in Alesani, riuscendogli sedurre altra volta quella pieve, di sua natura incostante.

Il Generale, avvertito da persona fedele del disegno che questi meditavano d'inoltrarsi nelle pievi, spedì a quelle gli ordini necessarii acciò tutte stessero su l'armi, e poi si ritirò in Bozio, per dar campo al Matra che si avanzasse. Ingannato egli da una spia, che gli riferì avere il Generale tenuissima guardia nel convento di detta pieve, inconsideratamente si pose alla testa dei suoi partitanti, il giorno dei 27 marzo spirato, accorrendovi come un fulmine per sorprenderlo in detto convento. Ma la guardia avanzata gli fece fuoco sopra, e lo tenne molto lontano per tutto il giorno. La notte, essendo le parti di fianco del convento ben munite, egli si accostò a metter fuoco alla porta maggiore della chiesa ; non ebbe però coraggio entrarvi.

Sentito il grande strepito del fuoco i paesi vicini, ed andatane la notizia fino in Aleria, ove stava il Signor Valentini, questi subito, con marcia forzata per tutta la notte, col suo distaccamento giunse al far del giorno nel paese di Sermano, in faccia al convento, ove vi erano accorsi la stessa notte molti delle pievi di Giovellina, Talcini e Vallerustie. Ad ora di terza circa, si disposero per rompere il blocco, che il Matra avea formato intorno al convento. Questi non erano più di 400, numero minore assai dei seguaci del detto Matra, poichè, della pieve stessa di Bozio, molti si erano scoperti a suo favore, e molti altri furono forzati a seguirlo in quest'azione. Avendo disposto bene in ordine ed in posti vantaggiosi, sì alla sinistra che alla diritta, la sua gente, il Signor Valentini lo attaccò da tre parti, ed ebbe l'avvertenza di fare lo sforzo maggiore, rompere il posto che tenea nel paese d'Alando. Il Signor Generale frattanto, col Signor Presidente Venturini, e seco loro gli altri della Corte, colla guardia gli uscirono da fianco, sbaragliando tutte le guardie che bloccavano il convento ; con grande impeto gli misero in fuga, obbligando tutti gli altri assedianti a voltare le spalle, e ad abbandonare l'assedio di quel convento ; fu allora orribile il macello dei fuggitivi ; pochi furono che, o morti, o feriti, o prigionieri, non restassero. Il Matra stesso, che fino all'ultimo alla retroguardia solo facea fuoco, restò mortalmente ferito. Il Generale, che lo voleva salvo, e che gli era poco lontano, ordinò che gli facessero quartiere; ma questi da disperato, impugnando una pistola, obbligò due dei suoi soldati genovesi di sua guardia ad ucciderlo.

Furono inseguiti gli avanzi del suo accompagnamento fin di là del paese d'Arbitro; non potè avanzarsi di più la truppa per la stanchezza grande, e travaglio sofferto di un giorno ed una notte, senza mai prender nè cibo, nè riposo; poi i fuggitivi si erano nascosti nelle macchie vicine. Il popolaccio ivi accorse, e volea fare uno scempio del cadavere del Matra; ma il Generale ordinò che gli fosse data sepoltura, anche contro la volontà dei Padri di quel convento, i quali ebbero tutta la difficoltà a permetterlo, stante l'ingiuria fatta alla chiesa, e la ribellione alla patria.

Nel mentre che il Matra partì per Bozio, il popolo della Valle prese le armi, e corse per occupare il convento di Orezza; ma quelli della pieve di Ampugnani sopraggiunsero a dargli le botte. Arrivati la sera, il Signor Clemente de Paoli, e molti di Rostino gli misero in fuga, e fecero tre prigionieri, fra quali il prete Delfino, presidente del Matra; tutti tre li passarono immediatamente per le armi, incendiarono il paese della Valle, e gli abitanti che erano fuggiti, minacciando la distruzione dei beni, gli obbligarono a comparire, salva la vita; di questi ne sono piene le carceri del Castello di Corte.

Entrarono poi nella pieve di Alesani, ove presero tutti i principali dei paesi, e, jer sera ancora, quelli mandarono in Castello. Il Generale vittorioso si avanzò nella pieve di Rogna: Il paese d'Antisanti mandò immediatamente gli ostaggi, domandando perdono. I Vezzanesi, credendo imperdonabile il loro fallo, abbandonarono il paese e si ritirarono nelle macchie. Ma, per opera di carità, alcuni Religiosi hanno ottenuto otto giorni di tempo per andare a rintracciarli, ed esortarli alla dovuta sottomissione.

Frattanto il Magistrato del Fiumorbo, che fu eretto subito morto il Matra, è stato incaricato di portarsi al Pietroso, paese poco distante da Vezzani, coll'autorità di procedere al castigo dei capi facinorosi, e di formare il piano per sterpare la zizania che la Repubblica di Genova avea seminata in quel paese, stato per l'addietro tanto zelante per la patria.

I Francesi, ai quali sono state riferite tutte le circostanze di quest'azione, hanno detto che la nazione ha combattuto con molto coraggio e molt'arte, e devono aver compreso essere cosa troppo malagevole il voler attaccare la libertà di questo paese.

Il Commissario Doria in Bastia, che avea formato col Doge Grimaldi tanti castelli in aria, ed ideato di sottomettere il regno di Corsica per mezzo del Matra, smaniava quando sentì il funesto successo dell'ultimo suo movimento. Nel Regno però il giubilo è stato universale, e le cose sembrano riposte in un tranquillo stato; nè si crede, a vista di quanto è successo a questo sventurato, che mai alcuno più possa tentare sollevazione, ed opporsi al governo, ed alle menti sane di tutto il Regno.

Paoli a Casabianca, a Napoli

Corte, 7 aprile 1757. — Amico, avrete saputo da altre parti, per mia commissione, il ritorno di Matra in patria, il suo primo sbarco in Bastia, e le sue conferenze col Doria e con Pietro Casale. Tutti gli altri di lui movimenti non vi sono ignoti, e forse prima che vi pervenga questa lettera, avrete anche ricevuto la relazione dell'ultimo fatto di Bozio, nel quale ha lasciato miserabilmente la vita, colla totale sconfitta dei suoi partigiani dei quali, quello che non restò morto o prigioniero in quella occasione, è comparso dopo, franca la vita, e trovasi in queste carceri del Castello.

Si credevano Genovesi aver accesa una fierissima guerra civile fra noi; ma, con somma loro confusione, hanno veduto tutti gli onesti uomini unirsi ed agire con concerto per esterminarli in un sol giorno. Il Doge Grimaldi, si crede sia stato quello che dette l'impulso al Matra. La compagnia però dei banditi e facinorosi che, per di lui scorta, da molto tempo egli tenea preparata in Bastia, ha servito molto a manifestar le intenzioni della sua Repubblica riguardo a questo Regno, e tutta resterà scoperta la debolezza e la malignità. E stato forse questo un tiro della providenza, onde persuadere i Gabinetti d'Europa intorno alla giustizia della nostra rivoluzione, non meno che della verità delle nostre rappresentanze, e della necessità di darvi opportuno riparo.

La Corte di Francia, più d'ogni altra, deve esser penetrata da questa riflessione, mentre, in faccia alle stesse sue truppe, sfolgora la vendetta. La Repubblica non si è arrossita servirsi di mezzi così barbari ed empi, ed una condotta cotanto scandalosa deve giustamente allarmare la pietà di quel Cristianissimo Re, avendo tradito quella confidenza nella quale viveamo, di riposar tranquilli sotto la protezione delle sue armi.

Fatte le feste, si terrà una Consulta riguardo a questi movimenti, e prenderemo le più rigorose risoluzioni per prevenirne altri consimili.

La mia indisposizione, da jeri in qua, sembra alleggerita, e mi ha dato luogo a poter scrivere questa. Vi prego del fido ricapito all'acchiusa, e del credermi sempre vivamente interessato in tutto ciò che vi concerne, mentre sono ecc.

Paoli a Giudicelli

Corte, 8 aprile 1757.—Sembrano terminate le suggestioni e le turbolenze. Così, per risparmiare qualche spesa al pubblico, si è pensato levar la guarnigione d'Alziprato, ciò che Ella farà, se altro d'urgente non conosce in contrario, con avvisarne subito. Bramerei aver seco lei una conferenza, la quale, son sicuro, mi metterà a capo dello stato della provincia. Colla solita stima, sono ecc.

Rivarola a Giacinto de Paoli

Livorno, 11 aprile 1757. — E troppo interessante la morte del Matra in Corsica, da non dargliene, in questo ordinario, subito la notizia. Vero è, che io non ho potuto a meno di non rattristarmene, a causa di suo fratello, mio cognato, che vuol piangere la perdita di un fratello, e ciò che più lo affliggerà, sarà la di lui perdita vergognosa contro la patria. Ecco come si è perduto un uomo che potea onoratamente vivere, e serbar a maggior gloria la sua morte in pro della patria. Pur troppo con l'esperienza conosciamo, ed ancor ora comprovasi, che chi è stato vero seguace della patria, senza alcun cattivo fine, ha sempre prosperato, e chi ha traviato da essa, ha dato in una pessima e vergognosa morte.

Esaminiamo tutti i nostri più rinomati; ne troveremo la fine a seconda delle loro azioni. Non posso fin qui che raccontarle il fatto giusto di sua perdita, secondo che dicesi riferito da uno di Nebbio, sbarcato venerdì 8 del corrente e partito subito per Roma, a cui par quasi che convenga quello che ora raccontano i marinari di Bastia: ed è che, volendo il Signor Don Pasquale tirarlo fuori della sua tana d'Aleria, si sia egli stesso portato con soli 20 uomini nel convento di Bozio; il che sentitosi dal Signor Mario, si mise questi in una precipitosa marcia con tutte le sue forze per sorprenderlo; ma, a guisa dei pifferi di montagna, invece di sorprendere, fu sorpreso dal Signor Clemente, e dicono che fosse ferito in un ginocchio, nel tempo che egli era per forzar la porta del convento; onde scappando tutti gli altri lo abbandonassero solo ed immobile. Voleva il Signor Don Pasquale averlo vivo ; ma quei Rostininchi, i di cui parenti furono, due anni fa, trucidati dopo uccisi, non gli diedero tempo ad impedirlo. Si vuole da alcuni che egli sia stato ucciso e tradito da qualcheduno dei suoi, lo che, se fosse, non mi recherebbe stupore alcuno, poichè e perchè aveva egli rammassati seco tutti i birbanti del Regno. Non gli si può dire altro in tutti i conti che : buon pro gli faccia.

Comunque sia il fatto, il certo si è ch'egli è morto, ed è ora più di 15 giorni. Appunto jeri mi diceva qui il padrone della casa ove egli abitava che, nel Sabbato Santo dell'anno passato, sparando dei fucili per la risurrezione, esclamò : « O se potessi così tirare a chi voglio ! » Poi soggiunse : « da qui ad un anno, o io, o lui dobbiamo essere in sepoltura. » Si vede che non profetò per la santità sua, ma per la santità forse del giorno in cui pronunziava queste parole. Dio lo abbia perdonato per l'anima sua, chè per il corpo, non potea far miglior fine.

Dicesi ancora che, dal Signor Don Pasquale, sia stato fatto demolire affatto un paese intiero ; ma non ne dicono il nome. Che sia poi Vezzani, o qualche paese di Bozio, non possiamo che congetturarlo.

.... Vorrei, senza scrupolo alcuno, farle tutte le settimane così la relazione della fine di qualcheduno dei principali nemici della patria, assicurandola per altro che io non ho odio particolare con alcuno al mondo ; e di fatti, se consideriamo il Matra fuor del caso in cui era, potrei io rallegrarmi di sua morte ? Mi crederei un indegno......

Clemente Paoli a suo Padre

Rostino, 12 aprile 1757. — Ricevei le vostre lettere per mano del Signor abate Fabiani, alle quali ho risposto di subito e mandato per Roma. Ora che mi si ripresenta l'occasione che i frati vengono, e forse ancora verrà fra Francesco Andrea, non voglio mancare di darvi nuova dell'ottima salute che godiamo tutti ; e tanto spero ne sarà di voi costì. Nell'altra mia, vi ho significato come il chiuso alle piane scaderà il mese di giugno prossimo venturo, ed io per me non mi dà l'animo di darci rimedio, per l'annata tanto sterile in questi luoghi; oltre ancora che ci hanno, senza mia notizia, preso a sè il censo che aveamo coi frati, con secondo fine di accrescere il credito sopra questo chiuso. Diamoci rimedio, se possiamo, sì per l'interesse che per l'onore. Io ho bisogno di fare delle spese per ristaurare la cappetta del camino che sta per cadere ecc. Inutile.....

Generale e Consiglio di Stato ai Popoli di Corsica.

Convento di Orezza, 18 aprile 1757. — La Repubblica di Genova, nostra implacabile nemica, amatissimi compatriotti, scorgendo forse poco lontano il momento di dover abbandonar questo Regno, si era avvisata a lasciarlo involto nelle disavventure di una guerra civile. L'altissimo Dio però, che sempre ha protetto la nostra patria, ci ha dato forza e vigore, in quest'ultime turbolenze, di render vano un sì barbaro ed inumano disegno. Il fu Mario Emanuele Matra si era impegnato di esserne l'esecutore. Questo ingrato e perfido connazionale erasi messo alla testa dei suoi nemici e dei banditi e facinorosi per ridurre, sotto l'infelice dominio di Genova, quella patria che data gli avea la luce, ed a lei imputar non potea altra colpa che quella di non voler sacrificar la di lei libertà all'odio illimitato di questo tiranno, da cui è stata, per tanto tempo, lacerata ed oppressa. Una morte ignominiosa fu la ricompensa di una sì nera perfidia. I di lui partitanti, alcuni di quelli che avea sedotti con promesse di vantaggiose ricompense, ed altri timidi e vigliacchi, guadagnati colle minacce, pentitisi poi del commesso fallo, e dato un vero contrassegno di ravvedimento coll'essersi gettati alla discrezione del pubblico, hanno ottenuto il generale indulto. I banditi e facinorosi hanno avuto l'asilo in Bastia, e nelle due torri di Padulella e S. Pellegrino, posti che unicamente sono mantenuti in Corsica dai Genovesi, i quali, per ultimo sfogo del loro livore, e della sete che hanno sempre nutrita del nostro sangue, vanno insinuandogli di meritarsi un vile e miserabile sostentamento coll'eccidio di qualche altro fedele compatriotta, come gli è riuscito, il giorno dei 18 corrente, di assassinarne, 4 di Porri. Quindi noi, per prevenire consimili funesti avvenimenti, e per vie più mantenere la patria nella sua totale e perfetta tranquillità ed unione, siamo venuti in questo congresso alle presenti determinazioni e stabilimenti:

1. In consequenza delle leggi stabilite nell'ultima generale assemblea, abbiamo determinato di proibire, siccome espressamente proibiamo, a qualunque persona di qualsivoglia stato e condizione, di aver commercio in detti luoghi di Padulella e S. Pellegrino, sotto pena di poter essere impunemente uccisi dalle guardie che dovran girare per impedire le sortite dei sicari, e prevenire ogn'altro ulteriore disordine. Vogliamo altresì che, sotto la stessa pena, niuno ardisca passare in Bastia, ove hanno avuto origine queste ultime fomentazioni, senza espressa licenza in iscritto, da ottenersi da noi, o da altri deputandi, per fino a tanto che in questa città non vengano rifiutati e scacciati questi uomini ribelli alla patria; potendo ognuno godere del vantaggio del commercio in quei presidj, ove sono le armi di S. M. Cristianissima.

2. Nella pena di morte dichiariamo incorsi tutti coloro che daranno alloggio, ajuto, o favore ai predetti banditi e ribelli della patria e loro famiglie, ordinando ad ogni podestà di dare pronta notizia di quelli che contravenissero

a quanto sopra, siccome pure dare sollecita relazione, se alcuno dei suddetti banditi venisse scoperto nel paese, o nelle vicinanze di esso, e sapesse che alcuno della loro famiglia avesse ricovero nel suo distretto, sotto pena di carcere e devastazione dei beni.

3. Niuno in avvenire si ardisca pubblicamente, nè privatamente tenere discorsi sediziosi contro il Governo, e tendenti a favorire i ribelli della patria, sotto pena di morte, e devastazione dei beni.

4. La confisca fatta dei beni di Pietro Casale, come principale fautore delle ultime fomentazioni, viene approvata, qualora i beni possano affittarsi, ed estrarne le rendite al vantaggio del pubblico; altrimenti si proceda immediatamente alla devastazione di essi.

5. Tutti quelli del paese della Valle, e Guerino, ed altri, incorsi nello stesso reato di fellonìa, che ancora non sono comparsi o imbarcati, debbono, fra il termine di giorni tre incominciando da oggi, presentarsi, salva la vita e sostanze, nanti di noi, e dare idonea sicurtà che ci assicuri la persona di essi doversi imbarcare fra giorni quindici, altrimenti si venga alla totale distruzione dei loro beni, non compresi però quelli che fossero stati all'atrocissimo delitto di jer l'altro, contro dei quali, senza altra dilazione, si proceda come sopra. Per l'esecuzione di tutto ciò, viene deputato il Signor Giuseppe Maria Giuseppi, con parte della truppa, e colle genti di alcune pievi.

6. Per dare il condegno castigo a tanti altri facinorosi, e porre in perfetto sistema gli affari interni del Regno, si determina una marcia generale di tutte le armi, per li 10 dell'entrante mese di Maggio 1757, da dividersi in più corpi, secondo le istruzioni che si daranno, ed a tale effetto, verranno incaricati i commissarii delle rispettive pievi.

7. Il forte d'Aleria, stato luogo di asilo, e ricettacolo dei malviventi e facinorosi, non essendo intieramente distrutto, si è stabilito che le pievi di Serra, Alesani e Verde,

al riservo del paese della Pietra, debbano, sotto pena di 1000 lire ciascheduno, e 25 per ogni particolare mancante, da applicarsi alla pubblica camera, portarsi ad effettuare la demolizione totale del palazzo e tutte le altre cose che vi sono, sino ai fondamenti, escluse le Chiese. Per sopraintendenti alle dette devastazioni, restano deputati i Signori Pietro Luigi Ferrandi, Pietro Giuseppe della Pietra, Petruccio Monti di Linguizzetta, Anton Giov. Lepidi di Zuani e Giacinto Majorchini di Campoloro, con quel numero di truppe che giudicheranno necessarie. Che a tutto ciò venga dato principio per il giorno dei 24 corrente.

Firmato : ROCCA, *segretario di Stato.*

Paoli a Taddei G. F. a Olmo

Corte, 28 Aprile 1757. — Ho ricevuto la vostra lettera. Che codesto popolo si ravveda, sarebbe tempo. L'uno e l'altro godo che siamo disposti a pacificarlo ; ma la riviera di Fiumalto è troppo inzuppata di sangue umano, ed i pazzi che vi sono devono anche temere più la giustizia divina che l'umana. Qui finora, di quelli che sono chiamati, non sono comparsi che Rusticone, il figlio di Giov. Battista, Giov. Valerio e Gio : Gavino. Sono vostro parente.

Ordine del castigo del Signor Antonio Matra.

Rostino, 3 Maggio 1757. — Per le scandalose procedure, praticate da lei nell'ultime turbolenze pregiudiziali allo Stato, siamo stati obbligati a condannarla nella pena di un termine, a nostro arbitrio, di carcere, nel castello di Corte, o di lire 400 in contanti, da pagarsi alla pubblica camera, fra il termine di giorni dieci, che abbiamo applicati in beneficio pubblico. Si elegga di queste due pene qual più le torna conto, mentre noi, in attendenza di una pronta esecuzione, le preghiamo dal Cielo ogni bene.

Paoli a Casabianca, a Napoli

Rostino, 6 Maggio 1757. — Il padron Giuseppe Nibecco, mentre, col solito carico di reclute per il servizio di S. M. Siciliana, s'incamminava a codesta dominante; spinto dal cattivo tempo in Civitavecchia, vi è stato arrestato ad istanza del console genovese, il quale, per riuscir con successo nel disegno di rovinarlo, rappresentò al governatore di questa città, esser egli un ladro di mare. Così ottenne una partita di soldati, coi quali, mentre andava per sorprenderlo, egli si rifugiò sopra un bastimento di bandiera napoletana; ma dal console di Napoli, gli venne permesso strapparlo ancora da quell'inviolabile asilo, sicchè maltrattato ritrovasi in quelle carceri, e domanda di essere assistito. Io scrivo al Signor Don Ferdinando che v'insegni quali passi potete fare per ajutarlo, ed acciò la di lui causa sia riconosciuta in codesto consolato, perchè i Genovesi faranno ogni studio per tirarlo in lungo, non tanto per rovinarlo, quanto per privarci della di lui opera, fate dei memoriali a suo nome, e non trascurate mezzo alcuno per giovarlo. La Repubblica non ha cosa alcuna di sussistente per provare il suo esposto; indi è facile sortir con onore di quest'impegno.

Il Signor Dosmet, al reggimento del quale andavano le reclute, potrebbe impegnarsi per lui, e, quando egli voglia, sarebbe certa la sua scarcerazione ed indennizzazione dei suoi danni. Non mancate di fargli impegno. Io non voglio avanzare ricorsi formali, finchè non sappia in quale stato si ritrova quest'affare.

Fra Daniele, che costì facilmente si porterà, vi riferirà lo stato delle nostre cose. Scrivetemi spesso, dirigendo le vostre lettere al Signor Rivarola, il quale saprà trovar la strada di farmele pervenire. Vi sia a cuore usare altra volta più cautela nello scrivere in cifra, altrimenti essa non servirà a niente, perchè, da una sola parola che se ne capisca, qualunque cifra viene ad essere sciolta.

I Francesi, che guarniscono questi presidj, dimostrano molta apprensione per la flotta inglese, che si dice sia entrata nel Mediterraneo, e fanno delle fortificazioni. I medesimi popoli però sembrano molto portati all'indifferenza. Io spero, almeno all'autunno, che sarete ritornato in patria. Il vostro fratello sta di buonissima salute, ed io, col solito affetto e stima, mi protesto di V. S.

Giov. Rocca a Casabianca, a Napoli

Rostino, 8 Maggio 1757. — Accuso la vostra dei 20 marzo, statami resa dal Signor Pasqualini, alla quale ho risposto per la feluca. Ma siccome si è sparsa voce, uscita da Bastia, che quella sia stata arrestata in Civitavecchia per imposture dei Genovesi, asserendo che sia assassina dei mari, così suppongo che saranno state intercette le lettere, e perciò ve ne faccio la replica.

Facevo in quella l'esatto dettaglio dei fatti, e del fine di Matra. La Repubblica, che si vede vicina all'ultimo crollo, per isfogo della sete che ha sempre nutrita del nostro sangue, si era avvisata di frastornare la nostra bella unione, per mezzo dei partiti e della divisione fra noi medesimi. Ma l'iniquo disegno, tanto era barbaro, altrettanto riuscì vano. L'infelice Matra, mossosi alla testa dei banditi e facinorosi, fece, nei suoi primi progressi, l'incendio della casa del pievano di Moita, e le rappresaglie del grano, vino e bestiami del Signor Lepidi. Dal pievano, che fu improvvisamente di notte fatto prigioniere e condotto al forte di Aleria, volea lo sborso di 2000 lire. Intese noi queste sortite nelle vicinanze di quel forte con detrimento di quei timidi Serrinchi, ci spedissimo una compagnia di truppa pagata, che gl'impedì di fare altre operazioni; e quando ancor noi, meditando di far una marcia per assalirlo nel forte, scesimo in Matra ed in Moita, il tempo ce ne vietò l'effetto. Appena ritiratici da colà, i Signori Generale e Presidente passarono in Bozio coll'idea d'intimare un congresso, ed io venni in Rostino per passare in Caccia e nel Canale, onde effettuare una marcia segreta e gettarci in Vezzani. La stessa notte che, col Signor Clemente aveamo disposto la mossa, ci giunse lettera del Ciavaldini, che ci assicurava dell'arrivo del Matra in Alesani. Fecimo la notte le spedizioni per tutte le pievi, e la mattina, alla testa della nostra truppa, ci gettassimo in Orezza. Quei della Valle e del Querino aveano tentato di prendere quel convento; ma non gli riuscì, perchè fu anticipatamente occupato dal caporal Lorenzo di Piedicroce, il quale, contuttochè i Vallacci recuperassero Pastoreccia e Piedicroce, e lo minacciassero d'incendio, di devastazione dei beni, e di sacrificare la di lui famiglia, che aveano nelle mani, non volle cedere. Al nostro arrivo colà, si diedero alla fuga i Vallacci e prete Delfino di Monte d'Olmo. Due della Valle, furono presi a discrezione a Piedicroce, ed il giorno seguente, passati per le armi. Il giorno stesso, il Matra, che era in Alesani, visto vano il tentativo per la parte d'Orezza, s'inoltrò improvvisamente in Bozio, per sorprendere il Generale ed il Presidente. Questi si misero in difesa in quel convento.

Intanto la voce corse per tutte le pievi, e giunse in Orezza verso le 5 della notte. Io ed il Signor Casalta, con 150 uomini, partimmo per Bozio, e siccome, attesa la gran copia della neve in Santo Pietro Maggiore, dovemmo prendere la via della Campana e di Vallerustie, così in ora di 3, al nostro arrivo, era terminata allora la scena. Matra vi morì con 5 altri, ed i miseri avanzi dell'empia congiura si diedero alla fuga. I Vallacci allora abbandonarono il proprio paese, e le nostre truppe l'inondarono. Furono incendiate 20 o 25 case, fra quali quella di Matteone, e quelli diedero gli ostaggi. I principali furono imbarcati, e gli altri sono stati perdonati. Tutto è in calma; il forte d'Aleria è distrutto con Casabianda e Guadina, ed i pochi banditi, in numero di 25, sono in Bastia, e vanno giocando alle stoccate colla fame.

Nel tempo in cui si fece il congresso di Orezza, di cui vi mando una copia, si erano posti, in numero di 16 verso Fiumalto, Antonuccio Matra ed Angioluccio in agguato, ed uccisero Orso Vecchio con due altri di Porri, ed uno ne ferirono; poi si ritirarono in S. Pellegrino ed indi in Bastia, dove attualmente sono in aspettativa di Marco Battesti, che hanno spedito a Genova per far le loro doglianze in Senato, chè il Commissario non vuole dargli altra paga che di 7 soldi e 4 danari per uno al giorno.

Le scorse settimane fu ucciso Anton Francesco Casabianca della Venzolasca da Fatto e dal fratello di Giov. Geronimo. I rei, credo che s'imbarcheranno, e le cose resteranno quiete.

Giovedì scorso, quattro banditi di Bozio, uno di Corti e l'altro dell'Isolaccio di Fiumorbo, partirono dalla Padulella per passare in Bozio a rubare i buoi; giunti la notte alla ferriera di Moita, convennero d'assalire i ferrajuoli e svaligiarli; corsero dentro gridando: rendetevi. I Lucchesi, vedendosi a caso disperato, smorzarono fuoco e lumi e poi, con strumenti di ferriera, battevano alla cieca; presero il Fiumorbaccio e, levandogli lo schioppo, lo sbarrarono contro il Cortinese. Il primo lo trattennero e ce ne diedero parte, onde mandassimo a prenderlo, e martedì passò qui per le armi; il secondo fu trovato morto dopo due giorni, un mezzo miglio sotto la ferriera stessa.

Ecco il fine che uno ad uno van facendo questi miserabili. Il Signor Cosimino è alla testa della truppa; la nazione passa coi Francesi in buona armonia, senza punto pregiudicare la comune libertà; solamente, si ha con essi il commercio dei presidj in cui sono, poichè quello di Bastia e delle torri è proibito.

Insinuatevi a procurar qualche mezzo perchè sia posto in libertà il padrone della feluca, Giuseppe di Bonifacio, che è in Civitavecchia. Per far comparir la di lui innocenza basta dire che, l'anno passato, avea l'impresa di provvedere di carne la fortezza di Longone da Sardegna, ed ora, facea il trasporto delle reclute per S. M. Siciliana. Vi stà l'impegno della sua corona e per il decoro, e per interesse, tanto più che si gettò sopra un bastimento napoletano, che avea spiegata la bandiera, allorchè fu preso.

La Repubblica ha trovato quest'invenzione, perchè la pregiudicava la diserzione dei soldati, ed a noi, che non abbiamo alcun agente, che vegli sopra i nostri interessi, ci fan passar lucciole per lanterne.

Non perdete di vista quest'affare, che interessa molto la nazione; poi, oltre il console di Napoli in Civitavecchia, se n'è scritto anche al Marchese Silva in Livorno ed al dolente (1) in Roma.

Paoli e Supremo Consiglio di Stato a Simon Francesco Savelli d'Aregno, Marco Maria Petrucci, e maestro Giovan Francesco Martelli, ambi di Catteri in Balagna.

Rostino, 10 Maggio 1757. — Avendo noi conosciuta la disobbedienza da voi usata, per non esser comparsi nel termine assegnatovi nell'ordine di nostra commissione, emanato dall'illustrissimo Ministro della provincia di Balagna, vi abbiamo pertanto considerati come perturbatori della pubblica unione e tranquillità, e come complici delle ultime turbolenze, dichiarati nemici e ribelli della patria, e, come tali, incorsi nelle pene comminate dalle leggi del Regno, colla comminazione di perpetuo esilio dal Regno, da eseguirsi entro il termine della presente contumacia;

---

(1) Natali.

altrimenti, quello passato, e non eseguito lo sfratto, vi condanniamo, ora per quando, alla pena di morte, in maniera che, pervenendo nelle forze della giustizia, siate passati per le armi, *modo militari*, affincchè violentemente moriate, e che l'anima venga separata dal corpo, e colla penale della devastazione totale de'vostri beni, ed in tutto e per tutto, in conformità delle predette leggi, col solo termine però di giorni 15, rispondere e purgare detta contumacia, e così.

Paoli a Vinciguerra

Corti, 12 Maggio 1757. — Amico. Gli affari di qua, come vedrete dalla lettera comune, sono andati e vanno a meraviglia bene. Fra poco, la truppa sarà in codeste parti, ed allora si darà un rimedio al disordine di cui mi scrivete. Frattanto abbiatevi cura; ma non vi avvilite, chè poco a poco avranno il loro tocco.

Corti, 21 Maggio 1757. — Sulla raccomandazione del Signor Orso Giacomo Fabiani, accordiamo a Domenico Battestini, bombardiere di codesta torre, l'alta paga, lire 5 al mese, in maniera che all'avvenire abbia lire 20 mensuali. Dovranno però far licenziare due soldati di questa guarnigione, e di tutto ciò ne daranno gli ordini opportuni a quel Comandante.

Mémoire présenté à l'Ambassadeur d'Angleterre à Naples, par M. Giov. G. Casabianca.

Napoli, 23 Maggio 1757. — Eccellenza. Se la pietà, che ha tanta parte nel gran cuore del Sovrano sempre Augusto della gran Brettagna, lo movesse a gettare un compassionevole sguardo sopra della Corsa nazione, da tanto tempo oppressa e lacerata dalle più strane e lagrimevoli disavventure, e volesse perciò degnarsi stender la sua benefica mano per sollevarla, farebbe un'opra non meno gloriosa che degna dell'equità di un tanto grande Monarca.

L'aver contribuito non poco la Corona Britannica alla libertà degli Olandesi, ha confermato, nella mente di tutte le altre nazioni, essere questa Real Corona la sola liberatrice degli oppressi, e degli afflitti e tiranneggiati l'unico e sicuro rifugio. Or se una tale speranza o ragione sta altamente fissa nel cuore delle altre nazioni, con quanta maggior fiducia e fondamento non dovrà esser vivamente impressa nel cuore della nazione Corsa, nazione che tanto adora il suo nome, e che ha sperimentato l'esito della sua generosa clemenza e reale munificenza nell'anno 1748, allorchè, con pubblici diplomi della Corte dell'Imperatrice Regina e del Re di Sardegna, a nome delle potenze loro alleate, si degnarono di benignamente accordare ai popoli della Corsica la loro potentissima protezione ed assistenza, in seguito di che S. M. B. si compiacque d'inviare una delle sue piccole squadre, comandata da Mgr. de Thusin per scacciar da quest'isola i Genovesi, e ne seguì la caduta della città della Bastia, capitale dei presidj, che colà ancora gli stessi tengono. Ma non fu compita la grand'opra, per la vicina conclusione del trattato della pace di Aquisgrana, o perchè allora la Divinità non avea ancora, nei suoi decreti, stabilito di restituirci alla nostra antica e primiera libertà.

La Divinità, che è essenzialmente diffusiva in altri del suo bene, ha posto in terra i Sovrani Potentati che, all'immagine di sè stessa, possono coi loro beneficii infiniti contribuire al bene dell'universo, e, come padroni del giusto e dell'onesto, mantenere i diritti dell'umana società, della quale, non può negarsi essere i popoli della Corsica una parte di questo gran corpo. Quella parte distruggendosi, verrebbe a risentirsene ancora tutto il composto.

A qual altro Sovrano, che al Britannico, dovranno, o Dio! far ricorso i popoli della Corsica tanto ingiustamente oppressi? Gli altri, benchè appieno informati della giustizia della nostra causa, per i loro interessati fini non ricusano dar mano alla nostra oppressione, somministrando dei sussidj ai nostri nemici, troppo deboli per sè stessi da poterci opprimere con le loro proprie forze, se non si vagliono di quelle dei loro alleati; avendoci posto nel diritto di resistere alla forza colla forza, una necessaria indispensabile difesa della vita, e dell'onore, e delle sostanze, nelle quali abusando della nostra docilità, siamo stati sinora tiranneggiati con empietà non mai praticata, anzi detestata perfin fra barbari. È così lunga, o Signor Iddio, e dolorosa l'Iliade dei nostri mali, e sono tante e tali le durezze colle quali siamo stati trattati, da non potersi epilogare in un foglio. E siccome sono ormai quasi note al mondo tutto, se ne omette qua la narrazione, perchè apporterebbe orrore a chi tanto nutre nel cuore sentimenti innati di giustizia e di umanità. È superfluo mettere sotto l'alto intendimento di V. E. la situazione dell'Isola e suo distretto, quale in tutte le sue parti è sottoposta al governo dei popoli; nè i Genovesi possono mettervi il piede, servendo a loro di limite e confine le deboli mura di cinque presidj che tengono sul lido del mare, solamente riguardevoli per la bontà dei loro porti, mal provvisti di provvigioni, delle quali si provvedono alla giornata in gran parte da' popoli medesimi, per ricavarne in contraccambio della polvere, piombo e pietre da fucile e sale, dei quali generi scarseggia affatto la nazione. Questi presidj sono pieni di vecchi, donne e fanciulli, tutta gente invalida alla difesa.

I popoli sono padroni, a loro piacere, ad ogni cenno stringere l'assedio dalle parte di terra, e non lasciarvi entrar più comestibili. Toltogli la via di mare, quale non possiamo impedirgli, per esser privi di bastimenti, in pochi giorni converrebbe per forza cadere, facendogli guerra dentro la penuria e la fame.

L'impresa dell'Isola è così facile che quando S. M. B. si disponesse di farla, potrebbe ciò eseguire senza diminuire le sue poderose flotte di mare, destinate forse a maggiori imprese, ed a compire altri oggetti delle sue vaste e magnanime idee, e ciò in molte e facilissime maniere: Potrebbe sua Maestà distaccare dalla flotta destinata nel Mediterraneo 4. 3. o 2 delle sue navi di guerra, con due bombarde o carcasse da bombe, e due mortari, con dei cannoni da scalare in terra, che sarebbero quasi spalleggiati e guardati dalle forze dei popoli, e due sciabecchi o galeotte per impedire i bastimenti sottili. Con quest'apparato io mi lusingo che, attese alcune intendenze che abbiamo nei presidj, le piazze si renderebbero senza aspettare il fuoco.

L'idea della Francia, per quanto si comprende, è di levare gl'Inglesi dal Mediterraneo, per rendersene essa padrona. A tal effetto, ha tentato l'impresa di Porto Mahone ed ha fatto sentire alla Repubblica di Genova, sua confederata, che provveda l'una e l'altra sua riviera ed in specie il golfo della Spezia e presidj di Corsica, somministrandole, a tal effetto, delle somme di sussidj in danaro, con il quale hanno fatto, per quanto viene accertato, la spedizione di tre cavalieri genovesi nella Svizzera per assoldare tre mila uomini, e siccome la Francia è ingelosita che gl'Inglesi non vadano ad impossessarsi della Corsica, si lusingano per questo mezzo di tenerli lontani, ma con ogni facilità si potrebbe deludere un tal disegno, in specie, provvedendo nella forma come sopra.

In caso poi che S. M. B., per fini a noi occulti, non stimasse degnarsi secondare alla scoperta l'impresa. e che non giudicasse impossessarsi al presente dell'Isola, volendo aspettare che sia occupata prima dai Francesi, o altre truppe a soldo della Francia, compiacendosi S. M. di benignamente accordare alla Corsica la sua potente e reale protezione, potrebbe far appoggiare, sotto una delle nostre torri, presidiate da' popoli, o in qualunque altra spiaggia dell'Isola, uno o due dei suoi vascelli che, sotto altra bandiera, gettassero sul lido due mortari da bomba, sei cannoni, con le munizioni corrispondenti, ed altre munizioni da fucile, e qualche quantità di sale, con qualche ingegnere e bombardiere di nazione straniera.

E quando i due suddetti progetti non fossero del suo reale gradimento, potrebbe, per mezzo di V. E., o di qualche altro suo ministro, somministrar secretamente una quantità discreta di danari per noleggiar qualche bastimento, per fare la compra d'alcune pezze d'artiglieria, che con facilità forse si troverebbero, e, quando la compra non si trovasse, almeno si potrebbe far la compra di tanta polvere, e piombo, pietre da fucile e sale, per poter provvedere i popoli e mettergli in istato di stringer i presidj, che il provvedergli per mare sarebbe di non poca spesa alla Francia ed alla Repubblica, e quasi impossibile; e per poter resistere a qualunque attentato che potessero farvi i Francesi, essendo i popoli in istato di tale resistenza, S. M. potrebbe, a suo comodo, staccare una delle sue flotte per levargli la comunicazione di mare; ed il corpo dei Francesi, che in Corsica si ritrovasse, sarebbe un corpo perduto ed una preda di S. M.

Ma siccome la nostra mala sorte non permette di umiliare ai piedi dell'augusto trono di S. M. tali umilissime e rispettosissime suppliche, essendo munito del carattere di plenipotenziario della nazione, come consta dall'autentico atto di plenipotenza, consegnato a S. E. Mylord Bristol a Torino, e dal medesimo inviato alla Corte, mi ardisco, a nome di tutta la nazione, di eleggere V. E. protettore della nostra causa, pregandola del suo potente patrocinio, ed impiegare i suoi più valevoli uffic̜j presso della sua sovrana corte, con fargli passare queste nostre minutissime rimostranze, e procurarci quelli sussidj che saranno giudicati più valevoli ed opportuni, e che la bontà del Re si compiacerà graziosamente accordare alla nazione; quale, in segno di sua venerazione ed ossequio, altro non puole offerire, alla grandezza di un si benefico monarca, che se medesima e tutto ciò che da essa dipende, con quelle condizioni che la sua equità giudicherà convenevoli alla gloria che, da ogni parte, circonda il suo augusto trono, ed alla esigenza del paese, rinnovando l'offerta dei pegni di nostra fedeltà e sicurezza, ed a V. E. una perpetua ed infinita riconoscenza di quei popoli.

Se V. E. così giudicasse, La pregherei di scrivere a milord Bristol a Torino facendogli sapere la mia dimora qui a disposizione di V. E. e di lui, in caso che, dopo la nostra partenza da colà, avesse ricevuto altre risposte o commissioni della Corte riguardanti la Corsica, a rendere informato l'ammiraglio Binghi, o altro capo di squadra che fosse nel Mediterraneo, del negoziato avuto a Torino con il milord Bristol, delle rimontranze fatte a V. E. qua e quanto si sarà degnata avanzarne alla Corte, acciò lui venga informato del tutto, della disposizione dei nostri popoli, e della mia dimora presso di V. E. disposto d'impiegarmi in servizio del Re e della mia patria, compromettendomi del concorso dei popoli, dell'impiego di tutte le sue forze ad ogni minimo cenno, e di tutta l'assistenza, tanto di viveri che di qualunque altra cosa, che sia in podestà dei popoli potergli offerire, e sopra delle navi per far subito intesi i popoli, ed il Signor Generale.

Questi sono i sentimenti che mi prendo l'ardire di mettere sotto l'alto discernimento e savia censura di V. E. e, con il più umile e profondo rispetto, mi do l'onore e la gloria di rassegnarmi per sempre.....

Paoli a suo Padre

Corte, 28 Maggio 1757. — Signor Padre. Da una lettera del Signor Casabianca, scritta in Orbitello al Signor Ginestra, vedo che avete ricevuto il plico di lettere che vi avea spedito per il padron Giuseppe Ribecco; quindi dovete essere pienamente informato dell'infelice successo che ha sortito il gran disegno del Signor Grimaldi. Egli si era lusingato involger questo povero Regno nelle sventure di una guerra civile. L'Altissimo però, che ha sempre protetto la giustizia della nostra causa, l'ha confuso nei suoi pensamenti. I sediziosi sono stati oppressi, e la patria trovasi ora più che mai in istato di agire con vigore in difesa della sua libertà.

I giorni passati, con molti altri Corsi, passò Clemente nella pieve di Castello, per gastigare alcuni sediziosi; gli riuscì aver nelle mani i principali, nel numero dei quali sono: il Luciani ed il Durilio, con un figlio del Pantalacci.

Io devo nell'entrante fare il giro della provincia; temo che lo strapazzo non mi faccia tornar le vertigini, che da qualche tempo mi hanno dato tregua.

L'attentato fatto sopra la persona del canonico Natali, mi lusingo, vi avrà reso più cauto nell'uscir di casa. Genovesi, troppo avidi del nostro sangue, non scrupulizzano nella scelta dei mezzi per versarlo. Patriotti costì non ne mancano. Tenetene sempre appresso di voi.

Oltre le sopradette lettere, credo a quest'ora ne avrete ricevute altre con delle acchiuse, in cui esortava alcuni amici a prender la difesa, in codesto consolato, del povero padron Giuseppe Ribecco, ingiustamente stato arrestato in Civitavecchia, per le imposture dei Genovesi. Egli avea la patente di codesto Re, e fu preso involto nella sua bandiera. Perchè lasciarlo opprimere? Monsignor Dusmet, a cui avea reso servizj, potrebbe molto giovarlo, quando il Signor Ambrosi e Giafferi gliene facessero parola.

Qui si vocifera che verranno altre truppe francesi ad occupar la Bastia e Bonifacio. Ai nostri nazionali è di non poca consolazione veder insensibilmente fuori dell'Isola i suoi antichi tiranni. Spero, in altra occasione, aver notizie interessanti a scrivervi; altro ora non mi resta che assicurarvi che tutti di casa godono perfetta salute. Vi chiedo la vostra benedizione, e, baciandovi le mani, resto vostro affezionatissimo figlio.

Nicodemo Pasqualini a Giacinto Paoli

Corte, 28 Maggio 1757. — Mi persuado che V. S. Illustrissima sia per conoscermi affettuoso alla di lei a me cara persona. Devo dirle in succinto che le cose della nostra patria vanno a maraviglia. Non abbiate verun scrupolo del Signor Pasquale, vostro figlio, chè tutti, parenti ed amici, ma amici patriotti, gli stiamo notte e giorno alle spalle. E dovuto passare jer l'altro di là del fiume, cioè nella pieve di Castello, e nei paesi di Vezzani, Rispogliani, Noceta e Vivario. Le nostre truppe in gran numero, comandate dal Signor Presidente Venturini e suo Signor figlio Clemente, arrivate al ponte di Lerge, comparvero i Signori Carlo Giov. e Durilio per ostaggi. Da colà si passò il ponte pacificamente; ecco che quei di Noceta, prima di entrare nel paese, diedero le botte ai nostri, e vi restò morto uno di Castirla, e, dei nemici, tre di morti, senza i feriti. Allora la truppa passò arditamente, e con gran coraggio, in Noceta, Rispugliani e Vivario, e si è fatto qualche male. Oggimai compariranno tutti quei di Castello all'obbedienza, e state allegro, chè gli affari vanno bene. Il Signor Pasquale sta bene; ed io vi abbraccio; prete Nicolao fa lo stesso. I miei rispetti a Don Ferdinando Leoni, ed all'amico Casabianca, la di cui persona sarebbe oramai necessaria.

Giovanni Rocca a Casabianca a Napoli

Corte, 28 Maggio 1757. — Voglio credere che, nonostante l'arresto della feluca in Cività Vecchia, vi saranno pervenute le mie lettere, dopo le quali ve ne ho anche mandato un'altra per la via di Roma. Gli affari della patria sono in ottima disposizione. La fazione dei sediziosi è totalmente sradicata, anche nei paesi di Vezzani e Vivario, nei quali penetrarono le nostre truppe a discrezione, il giorno del 20 del cadente. Carlo Giov., Durilio ed il figlio di Pantalacci sono nelle mani, e gli altri hanno dato tutti i contrassegni di ravvedimento e di rassegnazione. Ne restarono morti tre di quella parte, vari feriti, e di alcuni non se ne hanno notizie. Dei nostri, ve ne rimase uno di Castirla morto. Aveano fatto dei ripari al ponte di Vivario e di Noceta, e si confidavano più nella fortezza del sito che dell'animo. I Signori Venturini e Clemente passarono il ponte di Lerge col Signor Cosimino (1), che continua alla testa delle truppe pagate, ed io, nel tempo stesso, con altro distaccamento, passai quello di Noceta. In Vivario restarono incendiate otto o dieci case. Oggi sono passati per le armi due uomini qui, uno dei Forci di Moriani, detto Sallorenzo e l'altro di Tox. Qui si vocifera la venuta del principe di Virtemberg, in luogo del marchese de Castries, e che i Francesi occuperanno anche la Bastia per premunirla, onde assicurarla dai timori che hanno di qualche tentativo degl'Inglesi, che si dicono giunti nel Mediterraneo. Se da questa banda le armate nemiche, tentano qualche fatto, noi possiamo sperar qualche vantaggio, giacchè, fra tutte le altre infelicità che prova questa povera nazione, vi si deve aggiungere anche quella dell'impossibilità di sperar vantaggi fuor che dai torbidi.

Luigi Zerbi a Giacinto Paoli

Livorno, 6 giugno 1757. — Nel rispondere che feci al padre Colonna gli diedi un saggio di due sicarj che, fin dal passato decembre, furono da Genova spediti a Roma,

---

(1) Casalta de Casalta.

per assassinare il Signor canonico Natali; ma non potei allora individuarne i nomi, perchè non mi erano ancora stati rivelati, e non ne sapevo le circostanze, che in appresso mi sono state notificate, ed ora, che ne sono informato, devo renderne consapevole Lei ed il Signor Casabianca per loro precauzione. Uno di questi ministri, degno del Doge Grimaldi, e dell'Augusto suo Senato, è Francesco Ambrosini dell'Algajola; l'altro si chiama Romano Palombo, genovese. Si restituirono a Genova, uno ai due, e l'altro ai 4 di maggio; il loro premio è stato di 600 zecchini. Passeggiarono per la città vestiti in gala e riconosciuti da molti. Il Francesco Ambrosini si partì da Genova senza sapersi per qual parte; si crede o per qui, o per Roma, o per Napoli, per eseguire il nuovo fortunato colpo: per Livorno, la mira è sopra di me; per Roma, sopra l'abate Vinciguerra, e per Napoli, sopra il Signor Casabianca; onde io gliene porgo l'avviso, acciocchè egli viva ben oculato e guardingo in codesta città, assai esposta agli assassinamenti.

Il Signor Grimaldi, animato dai consiglieri del fu Matra, e dalla sua sanguinaria natura, ha deliberato di perderci tutti in un colpo. Ma io spero che i suoi voti non saranno più fortunati di quei di Caligola. Siamo di questi crudeli disegni obbligati alla gran mente del politicastro cortigiano di Aleria che, avendo succhiato dal fonte di un prudentissimo letterato Napoletano gli arcani più reconditi della sana politica, se ne è servito per la nostra comune perdizione, facendo scolpirla nei fasti della spartana repubblica. Ben ci stà di trovarci tutti inviluppati, perchè troppo ci siamo fidati. Il grande Iddio, che vede i nostri cuori, giudicherà sopra di noi e ci difenderà per sua misericordia.

Ella ben comprende il suggetto di questa mia lettera; se ne prevalga il Signor Casabianca e qualche altro.

Dalla Corsica non abbiamo novità di rilievo. Vivario e Vezzani si erano ribellati dalla comune ubbidienza; ma sento che abbiano dovuto cedere alla forza, e si sono sottomessi. Il Capocorso è la provincia delle desolazioni, perchè esposta alle rapine de' ladri rifuggiati in Bastia. Nel mese scorso Antonio Matra, in compagnia del Marchese Porci, (1) genero del fu famoso Santucci, con altri 10 usciti da quella mandra di malandrini, si portarono a Morsiglia, ed entrati nella casa del Signor Antonio Antonetti, gli rapirono 2,500 lire, argenti e quanto avea di prezioso, e poi se ne ritornarono trionfanti in Bastia a ricevere dal Doria la corona di alloro. Mi confermo.

Ciavaldini a Giacinto Paoli

Parma, 8 giugno 1757. — Prima di partire da Cotorno, che fu il primo del corrente, (chè colà, al mio solito onore era di guardia ai reali padroni, che, a Dio piacendo, ritorneranno il primo dell'entrante Luglio, e così di mese in mese alternativamente mi fanno questo onore) ricevei la favoritissima sua del 17 del passato. La ringrazio della memoria, come delle notizie favoritemi, tanto di patria, che del figlio, e del mondo. A proposito di patria, è certo che la divina providenza ajuta quel povero paese, abbandonato anche dai veri suoi figli; anzi i medesimi, scordatisi del loro obbligo, non solo non assistono la medesima, ma cercano, per conto loro, far tutto quel male che non farebbero gli stessi Turchi. Il Cielo giusto, come consta per tante prove, ha, per sua bontà, protetto la nostra causa, ed è da lui che sempre dovremo sperar la nostra redenzione comune.

In quanto che la Spagna abbia vietato il commercio di seta e carta da scrivere, è certo, se però non si accomoda alle tante premure che ne fanno. La Repubblica di Genova non vuole andare troppo bene per il loro commercio.

---

(1) **Sans doute Colombani Angeluccio.**

In quanto poi alla demolizione della nuova fortezza in Sanremo, qui pure se n'è parlato, ma di sicuro non saprei dirlo. In quanto alle truppe Francesi di presidio in Corsica, mi persuado che Lei avrà inteso che quelle truppe regie non sono passate in quell'Isola, se non a motivo di difendere quelle piazze dal dubbio che avevano degl'Inglesi, o per essere chiamate dai Corsi, o per vedere, dopo la perdita di Porto Maone, di avere qualche porto nel Mediterraneo. Voglia il cielo che così si mantengano neutrali, mentre al presente non vi è da sperare che siano in nostro ajuto; che gli serva di avviso, chè conviene molto che i patriotti continuino a portarsi bene con quelle regie truppe, mentre la Repubblica, come potete credere, mai cesserà d'implorare dal Re cristianissimo il suo patrocinio.

Qui non abbiamo notizie degne di memoria. Gli affari d'Alemagna, sino al presente, non vanno troppo bene. Il cielo sia quello che benedica le armi di Francia, e di casa d'Austria, poichè, come interessati che siamo per la causa giusta, siamo obbligati implorare dal cielo ogni felicità.

Mi rallegro al sommo della liberazione del canonico Natali miracolosamente seguita, e nonostante che si dica, il cielo è giusto, e come tale lo difenderà in avvenire da ogni disgrazia.

Luigi Zerbi a Giacinto Paoli

Livorno, 13 giugno 1757. — Rispondo alla lettera del Signor Casabianca del 30 del mese passato, dicendogli che, nell'ordinario scorso, ho scritto altra mia per avvertirlo della partenza da Genova del capo dei sicarj, Francesco Ambrosini dell'Algajola, famoso per l'assassinio fatto del nostro canonico Natali in Roma, e perchè egli vivesse oculato, supponendosi che sia rivenuto a Roma, o passato a codesta volta. Non è da porsi in dubbio che, fra i tre sicarj, due non fossero Corsi. Corso era il Matra ed il prete Delfino, due furie infernali, che tanto fecero per incenerir la patria; Corso è il nostro Marino (1), il vescovo di Nonza, un'idea velenosissima; Corso il politicastro di Aleria, (2) autore del sangue sparso del nostro amico di Roma, e della morte violente che sovrasta me e tanti buoni patriotti, come nella mia precedente, ho accennato; Corsi sono certi altri... Come dunque si vuole sicura la nazione dall'assassinamento divisato? Io non so come il Franceschi abbia avuto il coraggio di presentarsi al Signor Colonello; m'inorridisce il sol pensare al carattere di quest'uomo. Io tengo presso di me le copie delle famose lettere, che trascrissi dagli originali rimasti nelle mani del Matra, che presentemente saranno in quelle del Grimaldi in Genova, e nei suoi scrigni, come monumenti preziosi della condotta dei nostri eroi. Non le comunico, nè voglio che siano vedute, ma mio fratello, che si battezza pazzo al par di me forse, al suo arrivo costì, potrà fargliene la lettura, sebbene non vorrà fidarsi di chi non si fidò di lui in casa sua.

Suppongo che ancor loro avranno ricevuto le lettere di Corsica dè 28 maggio, portate dalla feluca venuta da Orbitello, a Noi sono state mandate da Roma. Sapranno la depressione degli ultimi avanzi del partito di Matra, l'arresto e la prigionia di maestro Carlo Giovanni di Vezzani e Durilio di Nazza, due rami del tronco già reciso.

I Francesi fanno nuove fortificazioni alla piazza che occupano, mostrando timore degl'Inglesi, profondamente addormentati; ma questi nuovi ripari saranno una perpetua testimonianza della fedeltà di quei guarda portoni verso la loro nutrice.

Io scrivo all'amico Fiorentino quelle notizie ch'egli ha sempre mostrato di gradire; ma egli non mi ha dato

---

(1) d'Angelis.
(2) Antoine Matra (?)

mai, nè mi dà risposte consolanti. Così vuole la nostra fatalità. Il nostro maggior male è quello di non volerci persuadere di avere da noi stessi forze superiori ai nostri nemici ; ce lo dimostra la sperienza di 29 anni, e non sappiamo vederlo.

Si è saputo da Bastia che il fratello, ed il nepote di mastro Marino, mitrato di Nonza, erano stati presi prigionieri da un distaccamento di Nebbio ; ma non so ancora se siano stati condotti in Corti. Giunse qui la settimana passata il figlio del fu Gafforio, che sta presso dello zio Matra.

Abbiamo qui dei famosi esploratori, e non sono già Genovesi ; sono Corsi, e Balanini, e preti. Ella sa che la nostra nazione non da altri è contaminata che da' Balanini, dei quali dico sempre io, che non ne ho ancora ritrovato, nè spero ritrovarne uno che sia uomo onesto e sincero.

Mio cugino è in campagna, con certi suoi amici, e perciò io rispondo in sua vece ed a suo nome a loro Signori. Riverisco il padre Colonna e quanti Corsi vi sono patrioti. Rinnovo al Signor Colonnello ed al Signor Casabianca gli atti del mio sincero rispetto.

Paoli al Magistrato di Balagna

Rostino, 15 giugno 1757. — Conosciamo espediente provvedere questa torre dell'Isola Rossa d'un soggetto che serva quella guarnigione in qualità di sargente, ed, informati dell'abilità ed attenzione di Giovan Battista Giuntini del Monticello, lo abbiamo aggraziato di detto posto, coll'aumento di lire 20 per sua paga mensuale. Loro Signori perciò si compiaceranno d'ammetterlo, e farlo per tale riconoscere ed obbedire in ciò che riguarda il pubblico servizio.

G. Rocca a Casabianca

Rostino, 16 giugno 1757. — Non so comprendere il motivo per cui siete così pigro, non solo a scrivermi, ma eziandio a rispondere alle mie lettere. Ad altro non saprei attribuirlo che alla grande applicazione allo studio, ed all'essere perduto nelle delizie. Vi compatisco; ma io pure sono degno di compatimento se mi rendo noioso col replicato tedio delle mie lettere sgarbate e scomposte, perchè la passione di mettervi a capo di ciò che qui succede, mi fa sorpassare i limiti anche della convenienza.

I successi di Vivario, di Vezzani non hanno bisogno di conferma, poichè, nella mia penultima, inviatavi per la feluca da Corti, ve ne diedi minuta contezza. Il Carlo Giovanni per altro, a cui si era dato la libertà di seguitare a suo piacere, quando qui vennero da Corti, se ne fuggì da Omessa. Quei paesi del Vecchio hanno dato gli ostaggi. Il figlio del Pantalacci è in Castello di Corti; Durilio è qui prigioniero.

Venerdì, della scorsa settimana, fu sorpreso in Aleria, da un distaccamento della nostra truppa, Francesco Maria Chiarelli, ed è qui giunto e carcerato. Il fratello ed il nipote di Monsignor de Angelis sono in Castello di Corti, per gelosia di Stato. Antonio Matra, Angeluccio, il figlio, e sette altri banditi, sono carcerati in Bastia, per un enorme assassinio commesso in Capocorso, e gli si fa un rigoroso processo, non tanto per l'inclinazione che abbiano i Genovesi di far giustizia, quanto per non discreditarsi sempre più in faccia al mondo non esercitandola. Giov. Vincenzo Mazzola, Angeloviso Pianello e gli altri pochi banditi, domandano pietà per le loro famiglie, ed essi sono disposti ad imbarcarsi. I Signori Francesi continuano nell'indipendenza. Il Signor de Castries ha imbarcato tutta le sua roba, ed a momenti aspetta Monsignor de Vaux, che deve dargli la muta. Vedremo quali saranno gli andamenti di questo nuovo comandante. Del primo, la nazione non ha luogo di lagnarsi.

Qualche spirito sedizioso fa correr voce che il Signor Alerio Matra, arrivato in Livorno, sia intenzionato di venire in Corsica per accingersi all'impresa del defunto suo fratello, con tanta ignominia della di lui casa, e colla perdita di se medesimo. Queste vociferazioni non sono credute dagli uomini di senno, conoscendo l'indole del Signor Alerio, assai più onesto di quello del fratello, ed assai più interessato per la patria.

Si dice sbarcato il Signor Colonna nella scorsa settimana, nelle vicinanze di Ajaccio; ma a quest'ora non se ne hanno le più veridiche informazioni. E certa però la di lui venuta.

Si dice che la casa di Spagna sia altamente sdegnata con la Repubblica Genovese; ma non se ne penetrano i veri motivi, e che quel Monarca possa aver contratto lega coll'Inghilterra e col Re di Sardegna, ma non se ne sa la certezza. Di grazia, non mi lasciate sprovisto delle notizie più interessanti del mondo, e delle vostre, che tanto mi sono care; ed intanto, abbracciandovi coi Signori Pasqualini, Ambrosi, e Dionisi, sono.....

P. S. Il Signor Generale, che non può scrivervi, per le grandi occupazioni, mi ha imposto dirvi che questa mia servirà anche per lui, e vi saluta. Scrivete in Livorno, ed indagate gli andamenti di Al. (1), ed avvisatemene.

Si giudica espediente che il Celere (2) per via della vicina (3) passi a visitare la Signora accorta (4). Dalla prima, potrà sapere le intenzioni del propinquo del Torbido (5). Poi se mai la nota Signora ovesse inclinazione di sposalizio, non dovrebbe più differirlo.

---

(1) Alerio.
(2) Casabianca.
(3) Livorno.
(4) Corsica.
(5) Matra.

Si era meditata la presa della torre di S. Pelegrino con due petordi. La notte scorsa furono attaccati alla porta da Cecco Scata, ed ora in punto viene notizia che, dopo avergli dato fuoco alle spallette, e vedendo il ritardo, si avvicinò per conoscere la causa; nel tempo stesso presero fuoco, e lo gettarono a terra. La guarnigione gridò: siamo arresi, ma i nostri, sbigottiti dalla caduta di Cecco, che per altro non avrà male, non furono pronti ad accorrere, ed intanto quei della guarnigione, vedendosi alle strette, presero vigore, e si posero in difesa. L'abate Momo si trova qui, e vi saluta.

Paoli ed il Consiglio di Stato

Morosaglia, 23 giugno 1757. — In consequenza delle pubbliche determinazioni, ordiniamo e comandiamo e tutti quelli che avessero in affitto beni di spettanza ai Bastiesi ed abitanti nelle città di Bastia, situati nei territorii delle pievi d'Orto, Marana, e Casinca, a dover riconoscere, ed intieramente consegnare, l'importare dei terratici ed affitti ai pubblici raccoltori, che verranno deputati dall'Illustrissimo Signor Giov. Battista Buttafoco del Vescovato, a ta effetto da noi incaricato, e coll'ispezione di dover ricevere dai raccoltori esatto conto di tutto il raccolto, per osservare gli ordini che in appresso si daranno in benefizio del pubblico, e particolarmente si dovranno riscuoter, per pubblico conto, tutti i frutti provenienti dagli affitti di Pietro Casale, Giov. Battista Sansonetti, e Anton Mar. Cardi, come rei e fautori di sedizione contro la patria, sotto pena, a chiunque ricusasse, o contravenisse al presente ordine, di pagare del proprio l'importare della porzione spettante ai sopradetti, oltre del doppio, ed ogn'altra a noi arbitrária, anche corporale, e perciò vogliamo che la presente sia sottoscritta del nostro cancelliere, munita dal pubblico sigillo del Regno.

MASSESI.

Giovanni Rocca, a Casabianca, a Napoli

Corti, 23 giugno 1757. — Nell'altra mia, inviatavi la scorsa settimana, avrete inteso le notizie della patria. Di fresco non ve ne sono che meritino la pena di notarle, fuorchè la comparsa qui dell'Ant. Seb. Chiarelli, e del paroco di lui fratello, usciti da Bastia e gettatisi a discrezione del pubblico. Si dice per sicuro che una feluca, venuta in questi giorni da Genova in Bastia, debba condur colà Matra, Angeluccio e gli altri compagni che erano nelle carceri. La maggior grazia che possano sperare, sarà la galera, e che Angeluccio sicuramente sarà impiccato, a motivo che la moglie del fu Matra ha cercati gli attestati da tutti quelli che si trovarono col primo in Bozio, i quali dicono che il secondo mandò a chiamar due volte rinforzo, e che Angeluccio, che era in Bustanico, non volle andarvi, nè mandar gente. Attribuiscono così la colpa della morte del Matra, e della perdita della vittoria, all'Angeluccio, affinchè non comparisca la perdita tanto vergognosa. Ecco l'ira di Dio dove va a piombare, e la ricompensa che ricevono gli empi felloni.

Se il padron Giuseppe è licenziato da Città Vecchia, come si ha quasi notizia certa, e che giunga costì, dite al Signor Simeone (1) che non abbia difficoltà di provvederlo di danaro, tale essendo l'intenzione del figlio, che mi da l'imposizione di farne premura, per non risicarsi esso a scrivere su questa materia.

Ier sera è qui giunto un tenente d'Alesani del regimento Real Corso, e dice che sono venuti gli altri uffiziali della nazione col semestre, fra quali Pasqualini, Carbuccia, Marengo, il piccolo, Orticoni, ecc.

---

(1) **Giacinto Paoli.**

Paoli a Poletti, Panzani, Buttafoco e Costantini

Rostino, 7 luglio 1757. — Ier sera ritornai da Nebbio, dove era passato per soccorrere quella provincia, che prontamente si era buttata addosso alla truppa genovese, inoltratasi in Canari alla devastazione dei beni del Signor Alesandrini. Ma questa, alla notizia avuta che il campo volante era in mossa, si diede senza aspettarlo alla fuga. Se avessi riconosciuto il bisogno, non avrei tralasciato di prevenire le S. V.

Sopra quanto ne segnano Loro Signorie, non posso dargli altra risposta, per ritrovarmi molto occupato. Mi riservo però dare tutto il sesto all'affare che in esso mi segnano, nello stabilito abboccamento in Caccia, mentre però renderanno intesi ad intervenirvi tutti codesti Signori Presidenti, ed io starò attendendo il loro avviso per colà portarmi.

L'affare del Signor Felici di Muro, procurino trattarlo colla maggior dolcezza possibile fra di loro fratelli. In caso poi che non gli potesse riuscire, si potrà differire il trattarne al mio ritorno.

Rivarola a Casabianca a Napoli

Livorno, 11 luglio 1757. — Restituito dalla campagna in città, non voglio tralasciare di rispondere da me alla vostra del 31 aprile, che è l'ultima che ho ricevuto di vostra, ed a cui feci rispondere da mio cugino. Vi scrivo in plurale, volendo comprendere il nostro dilettissimo Signor Colonnello, cui darei volontieri un abbraccio.

Antonio Matra forse a quest'ora non è più in istato di ricuperare il suo onore, che credo per sempre infamato colle nuove azioni commesse in questi pochi mesi. Egli, come saprete, era in carcere in Bastia, coi suoi scelerati complici. Scrivono da Bastia, in data del 6, queste stesse parole : « Si da per fermo che questa sera s'imbarcheranno per Genova prigionieri, il Signor Antonio Matra e suoi aderenti ». Ma dal padrone sentiamo che egli non vi andrà, perchè gli si era in prigione riaperta la ferita, per cui forse a quest'ora è rifinito, e se non è morto, spero che, per lo più mettendosi in obblivione dai Genovesi coloro che mandano a Genova, ancora egli goderà questa bella sorte.

Suo cugino qui, che sentirà naturalmente con dispiacere la di lui morte, so che con gran piacere lo sentirebbe tradotto a Genova, ove sarebbe sicuro di non far male nè a se, nè alla patria. Mio cognato ha sentimenti veramente buoni. Tale l'ho sempre conosciuto, e per tale, l'ho sempre lodato. Ma mi dispiace ora molto che egli sia venuto a Livorno, ove scala tutta la feccia del partito atterrato ; e potete credere se tutti questi parlano univoce contro i buoni patriotti.

Gutta cavat lapidem, non bis, sed sapè cadendo.

Se sapeste che pena mi è di vedere spesso di questa canaglia ricorrere a lui, esagerar contro i buoni, ed accrescere le persecuzioni giustamente mosse contro di loro, per far credere, non un zelo di patria, ma una sete di vendetta. Tutto non succede secondo le regole in Corsica. Egli si vanta, è vero, che non odia alcuno, e che Dio mandi a lui il male che desidera agli altri. Ma perciò non vorrei neppure vedere in casa sua cert'uni che spesso vi si vedono, e bramo che presto arrivi mia sorella per far bandir la porta a molti, poichè con essa posso più liberamente parlare che con lui. Non leggete ad altri questa mia confidenza, che è per voi soli, quale neppure scrivo in Corsica, perchè non voglio rischiar la mia lettera, che capitando in Sodoma avesse ad essere seme di zizanie ecc.

Paoli a Casabianca in Casinca

Oletta, 22 luglio 1757. — Amico. Non so perchè credete che quest'anno non siavi danaro, quando vi sono entrate più che negli altri anni. Non sentite questa voce, che è dei vogliosi di aprire il commercio coi Bastiesi.

Villesi offrono assai più di quel che voi consigliate. A ricever da loro non stancate così presto, perchè, da un certo discorso, mi accorgo che vi hanno parlato. Quello che a voi parlò di 140 lire di tassa, ad un altro aggiunse mille lire di condanna.

Paoli al Magistrato di Balagna

Rostino, 3 agosto 1757. — Dalla lettera scritta al Signor Graziani, attuale presidente in codesto tribunale, abbiamo inteso le intenzioni dei popoli della provincia, riguardo alla libertà che desiderano del commercio per l'esito delle loro biade. Il divieto non era stato fatto se non perchè la nazione è stata molto scarsa di raccolte. In quest'annata, dovrebbe senza dubbio provar la fame, se si permettesse l'estrazione dei viveri. Quando poi loro conoscano necessario ed indispensabile un tale permesso, chiamino i capi principali ed anziani dei rispettivi paesi e, fattogli conoscere il pregiudizio dei popoli coll'estrazione delle biade, se non ne restano capacitati, e che insistano nella richiesta, ne concedano il permesso; ma restando persuasi in contrario dell'utile che il comune ricaverebbe dalla continuazione del divieto, facciano precorrere i nuovi ordini.

Il nuovo comandante francese non ci ha fatto alcuna rappresentanza sopra quanto si lagnano. Non possiamo persuaderci che egli intenda di servirsi dei nostri paesi per l'infermeria sapendo che noi dobbiamo negarglielo per più motivi, e particolarmente per non introdurvi del male, da cui siamo esenti, dovendoci servire d'esempio l'influenza del mal epidemico che si sparse in Calvi l'anno passato, e perchè noi, senza un congresso, non possiamo permettere, nelle nostre terre, l'introduzione alle truppe Francesi; e quantunque abbiamo motivi di confidar molto nella protezione del Re cristianissimo, per la giustizia della nostra causa, tuttavia non abbiamo finora avuto la sorte d'essere positivamente assicurati dai di lui uffiziali, delle buone intenzioni di quel monarca a nostro vantaggio; facciano perciò inteso il Signor Orticoni che desista da tali tentativi, ed avvertano tutti i principali dei rispettivi paesi, a non permetterne assolutamente l'effetto. Se giudicano spediente di far presidiare la torre dell'Isola Rossa dalla truppa pagata, lo possono fare per interina proviggione, senza che risulti in defraudar gli stabilimenti di Caccia. Per l'aggiusto della truppa, si faccia l'esigenza della nuova tassa. Aspettiamo, dai soggetti che hanno terminato costì il governo, il detaglio degl'introiti e spese pubbliche per dargliene l'esatta contezza.

Invigilino a trappolar qualcheduno di quelli che seminano la notte notizie che interessano il pubblico.

G. ROCCA, *Segretario di Stato.*

Paoli al Magistrato di Balagna

Rostino, 5 agosto 1757. — Il Signor Galgani, tenente al reggimento Real Corso in Francia, si porta costì con qualche reclute per quindi passare al reggimento. Egli si tratterrà in provincia per qualche tempo; li preghiamo quindi ad avergli ogni distinzione, chè la merita, e se gli riuscisse rinvenire qualche uomo che volesse andare a servire nel reggimento, glielo accordino, chè noi gliene concediamo ogni facoltà.

Segnato ROCCA, *Segretario di Stato.*

Apoteosi del Signor Giov. Giacomo Grimaldi, Doge della Repubblica di Genova, seguito in Rogliano in Corsica il 6 e 7 Agosto 1757.

La Corsica, sempre feconda di avvenimenti degni dell'attenzione del pubblico, ce ne somministra uno assai osservabile, che merita di essere registrato nei sacri fasti del cristianesimo, ed è il seguente. Il Signor Giov. Giacomo Grimaldi, attuale Doge della Repubblica di Genova, mandò in Capocorso, a Giuseppe Maria Pietrasanta, che ha titolo di luogotenente in quella provincia, per la sua infelice situazione sottratta al governo di Corsi indipendenti e sottoposta ai Genovesi, il suo ritratto dipinto in tela colla maggior finezza dell'arte. Il Pietrasanta, volendo canonizzare l'immagine del suo Eroe, intimò con editto a tutti i podestà e Padri del comune di dieci comunità, che sono sotto la sua giurisdizione, di portarsi con dieci uomini di ciascun paese per i 7 agosto, giorno di Domenica, a Rogliano, luogo di sua residenza. I buoni Capicorsini si ritrovarono pronti al giorno prefisso. Il Pietrasanta, dopo aver loro fatto una eloquente e focosa, ma breve orazione, loro comandò di andare alla marina, tre miglia distante dal paese, per ivi ricevere il quadro del Signor Grimaldi. Vi andarono tutti in corpo, ed ivi, pieni di rispetto e santo orrore, ed elevato il quadro sopra stanghe, ed in quella guisa che gl'Israelita portavano l'arca dell'antico testamento, se lo presero quattro uomini dei principali sopra le spalle, mentre altri lo coprivano con baldacchino, per difenderlo dai cocenti raggi dal sole. Nel partire dal lido del mare, cominciò lo sparo dei cannoni della torre e dei fucili a far eco giulivo a quei popoli che, fra le acclamazioni, portavano il sacro pegno della loro felicità. In tal foggia e con maestosa pompa, fu portato il maestoso quadro nella chiesa parrocchiale di S. Agnello di Rogliano, ed ivi collocato sotto un trono preparato a *cornu evangelii* dell'altare maggiore, che era fornito di numerose candele, espressamente comprate per questa funzione. Intanto dal pio e zelante parroco vi si espose il S. Sacramento; vi si diede la benedizione e vi si cantò solennemente, a due cori, il *Te Deum*. Finita la mezza dedicazione del ritratto nella chiesa parrocchiale, fu preso un'altra volta sopra gli omeri dei costituiti leviti e sotto il baldacchino, e colle stesse cerimonie, fu portato fuori della chiesa processionalmente, ed essendo in qualche distanza, fu incontrato da tutti i religiosissimi frati del convento di Rogliano, che vennero a riceverlo divotamente nel camino; e trasportatolo nella loro chiesa, fu parimente in essa collocato sotto il trono preparato a *cornu Evangelii* dell'altare maggiore. Ivi fecero la stessa funzione che alla parrocchia; vi si espose il Santissimo; vi si diede la benedizione e vi si cantò il *Te Deum* in musica dai frati. Ma vi si aggiunse di più che dal Pietrasanta fu ordinato a tutti gli assistenti di andare a due a due a fare prima una genuflessione al Sacramento, e poi un profondo inchino al ritratto del Grimaldi. Terminata l'adorazione di tutti i convocati, fu il compiutamente consacrato ritratto ripreso colla più intima venerazione e collocato nella torre di Rogliano, colla stessa venerazione che si usò nel riporre l'arca dell'antica alleanza nel santo monte di Sion. Il Pietrasanta comandò poi ai podestà e padri del comune delle dieci comunità di sborsare tutte le spese occorse per la pittura del quadro, cera e polvere consumata nella gran festa, e di pagare ancora la taglia annuale. Questo fatto è tanto certo, quanto è vero quello che dalla sacra storia si raccontò della dedicazione della famosa statua di Nabucodonosor in Babilonia. I dieci paesi concorsi alla dedicazione del ritratto del Signor Grimaldi sono: Rogliano, Tomino, Meria, Cagnano, Luri, Barettali, Pino, Morsiglia, Centuri ed Ersa. Quei poveri popoli si ritrovano al presente lacerati da rimorsi acuti di coscienza, perchè si accorgono di essere ridotti all'orrendo peccato d'idolatria.

Paoli ed il Consiglio di Stato

Rostino, 13 agosto 1757. — Diletti nostri Podestà e PP. del comune di Giovellina. È ormai tempo che il pubblico venga soddisfatto delle 1090 lire che devono codeste comunità, e che non sono comprese nelle controversie. Quindi sarà vostra cura fare avvertito il comune, quanto in particolare tutti quelli che devono contribuire per detta somma, ingiungendogli a dover prontamente soddisfare il loro debito, per non obbligarci a prendere quelle determinazioni che mal volentieri vorressimo praticare con codesti popoli. Aspettiamo con prontezza l'adempimento, e preghiamogli dal cielo ogni bene.

Paoli a Graziani

Rostino, 15 agosto 1757. — Il Signor capitano Orticoni, venuto poco fa da Francia, uomo di buon cuore, e non a capo delle massime del nostro governo, ha forse preso per una cosa indifferente lo essersi portato con il Commissario francese all'osservazione di alcune case in Montemaggiore, in vista di farle servire per ospedale dei convalescenti delle truppe del Re Cristianissimo, che si ritrovano in Calvi. Questo riguardo può forse renderlo scusabile della soverchia confidenza presasi. Ciò nonostante sarà bene avvertirlo per un altra volta, facendogli sentire che, senza prima farne parte al Magistrato, si astenga dal fare violazione alcuna nel sistema della provincia.

Noi non comprendiamo come i Signori Francesi, volendo dar mutazione d'aria ai loro convalescenti, non abbiano pensato a servirsi del convento dei Cappuccini di Calvi, e molto meno possiamo capire come a questa risoluzione si siano indotti al fine dell'estate. La venerazione che dobbiamo avere per le armi di S. M. Cristianissima non deve esser differente dalla gratitudine che la nostra nazione ha sempre professato per i tanti benefici ricevuti dall'augustissima sua casa. Ella però non troverà male se noi mostriamo alquanta gelosia sopra la condotta dei suoi ufficiali, i quali, in altra occasione, contro la giustizia delle sue intenzioni, consegnarono ai nostri nemici quelle piazze che avevamo confidate alla loro onestà, a condizione che ci fossero rese quando fosse accaduto il loro ritiro dall'Isola. Il Re il più potente della terra, e nello stesso tempo il più giusto degli uomini, non porterà certamente le sue mire all'oppressione dei nostri popoli, i quali hanno tutto il fondamento di vedere, sotto la di lui protezione, confermata la loro libertà, e saprà comprendere che la nostra sollecitudine soltanto deriva dall'apprensione in cui siamo, che i suoi Ministri, conosciuta la nostra impotenza di far passi al suo sublime trono, e lo stato delle nostre cose, non diano a lor talento tal giro che gli piaccia ai giustissimi suoi ordini.

Con queste espressioni si potrà far sentire con chi ne avrà discorso, che l'aver fatto occupare il convento d'Alziprato non deve riguardarsi come un atto lesivo della buona armonia che passa fra noi e le truppe di S. M. Cristianissima; e se vi è qualche cosa che ad essa dispiaccia, devono attribuirlo piuttosto alla poca avvertenza del Signor Capitano Orticoni il quale, con un procedere così poco misurato, ha giustamente allarmato codesto Magistrato, e noi ancora. Lui vedrà qui lo avvertimento dell'irregolarità di questa condotta, e gli faranno capire che l'accordare ai Francesi l'alloggiamento in Montemaggiore, non è cosa di così lieve momento che possa stabilirsi senza un congresso dei capi principali della nazione.

Paoli al Magistrato di Balagna

S. Pellegrino, 24 agosto 1757. — Sentiamo dalla loro lettera quanto viene richiesto dall'uffiziale francese, a nome del comandante in capite della truppa di S. M. Cristianissima in Corsica, e se altro non contiene, se non che il suo Re tratterà come nemici i nostri popoli, quando essi mai prendessero il partito degl'Inglesi, cari Signori, sopra di ciò non hanno che rispondergli in voce, che, a tenore di quello che fu stabilito nel congresso di Pietralba, i popoli di Corsica ed il loro governo, solamente intenti a difendersi dalle ostilità che la Repubblica di Genova tutto giorno gli cagiona, per privargli di quella libertà che si hanno acquistata con tanti anni di guerra, sono ben lungi di dichiararsi in alcuna maniera nemici della Francia, ed attirarsi lo sdegno d'un monarca da cui sperano veder protetta la giustizia della loro causa.

Terminato l'assedio di S. Fiorenzo, s'intimerà una consulta generale sopra questi affari, i quali sono di una massima importanza, e si tirerà fuori un manifesto per far noto al mondo le disposizioni della nostra nazione, in vista di non irritare alcuna delle potenze europee, ma renderle propizie ed interessate tutte a nostro favore, quando accaderà che, nel congresso di pace, si abbia a trattare ancora di noi.

Questo linguaggio tenendo sempre, loro Signori non potranno mai cadere in alcun inciampo. Se poi si dicesse volerci obbligare a dichiararci contro gl'Inglesi, brevemente rispondano, non aver noi alcun soggetto, nè motivo per dichiararci ad essi nemici, e molto meno essere in stato di poter resistere alle loro incursioni, nella debolezza di forze in cui siamo.

Se mai qualche particolare della provincia si facesse ardito tenere altri discorsi dissimiglianti a questi, sarà loro cura procedere contro di esso, secondo le leggi stabilite nell'assemblea dei patriotti, e ce ne rendano intesi, chè procederemo in conformità dei bisogni.

Paoli a Casabianca

Olmeta, li 7 settembre 1757. — Amico. Vedete di che cosa sono avvertito; prevenite che il secreto non si propaghi, e voi non mostrate ad anima vivente l'acchiusa. Io sacrifico, o almeno rischio sacrificare, per vostro riguardo, gli amici ed il vantaggio anche della patria. Voi non vi lasciate vincere dal sangue; siate secreto, finchè facciamo il fatto nostro, e poi ci disfaremo plausibilmente di questa razza d'uomini. Se non fossi persuaso conseguir l'equivalente dalla vostra abilità e zelo, avrei mandato a prenderlo per non esporlo mai più a parlare. Ma agli estremi vengo mal volentieri, molto più dovendo dispiacere agli amici. Capocorso ha fatto il suo Magistrato ed agisce.

Paoli a Vinciguerra a Loreto

S. Antonio 7 settembre 1757. — E necessario che dimani a sera vi portiate qui col Signor Gianbastiano, per affari importantissimi della nazione. Non mancate in occasione del maggior rimarco ed aspettandovi immancabilmente sono.

Paoli ed il Consiglio di Stato, ai Podesta della pieve di Marana

S. Antonio, 13 settembre 1757. — Diletti nostri podestà della pieve di Marana.

A vista del presente, esigerete da ogni rispettivo paese la solita tassa di soldi 20 a fuoco, e quella fra il termine di giorni 8 abbiate transmessa nelle nostre mani, sotto pena di spedir la truppa a spese de' disobbedienti. Nello stesso tempo ci presenterete la nota nominativa di tutti quelli che pagano e che non pagano detta tassa, ed esigerete anche la tassa non esatta dell'anno scorso, e non potendo alcuni contribuire detta tassa in danaro, gli si permetta di poter contribuire in un bacino di grano a fuoco per tassa. La presente farete girare per ogni rispettivo paese di codesta pieve, e l'ultimo di questo debba trasmetterla a noi colle relazioni ed aver le ricevute, sottopena di lire 50, o ogni altra arbitraria.

Segnato Giuseppe Maria Massesi.

Anton Battista Raffaelli a Paoli

Vescovato, 14 settembre 1757. — Eccellenza. Sono a pregarla acquietare la polizza di 200 lire di mia mano che le verrà presentata dalla Signora Marianna Campi, o da chi per essa, per la condanna fatta al Signor Ottobrino Campi, figlio della suddetta Signora, che ritrovasi attualmente ammalato in Castello. Mi scrivo.

Rocca, Segretario di Stato, a Poletti e Panzani, in Balagna

S. Antonio, 17 settembre 1757. — Abbiamo apprese le intenzioni che ha meditate il Signor c. de Vaux di formare uno squadrone di cavalleria. Non è credibile che il prefato Signor Comandante francese abbia in idea di arrolarvi dei Corsi, poichè farebbe un gran torto alla nostra nazione per più motivi, e verrebbe la patria ad esser priva di gente atta alla guerra sempre accesa co' nostri nemici, eppoi farebbe troppo poco concetto de' Corsi se li credesse di sì poco spirito da non meritare uffizj ed impieghi d'onore, e che non fossero capaci a sostener con decoro simili commissioni. Le stesse massime credete pure che nutrivano quei del di là da' monti.

Se il commercio non incomoda la provincia, e che assolutamente lo desideri codesto comune, potete fare intesi codesti popoli affine che profittino del patto che si è compromesso d'aprire il comandante dell'Algajola. Il signor Conte di Montmorin è un signore garbato ed onesto, incapace a rischiarsi negli affari del Regno, e perciò non merita la ricusa di ciò che ha richiesto. Anzi mandateci il signor Don Giulio, e fategli delle buone parti a nome del governo....

Operate con rigore, a tenor delle leggi, contro coloro che frastornano la pubblica quiete e tengono discorsi perniciosi allo stato; chiamateli, arrestateli, formategli il processo esatto, anzi ragguagliatevi dello stato delle cose, chè vi daremo altre nuove istruzioni. Se si opera senza riguardi contro i primi che delinquano, si chiude la strada a tutti i sussurroni e maligni, e non vi è più campo a macchinare contro il governo.

Paoli à M. de Casabianca, chez lui

Rostino, 23 settembre 1757. — Bene actum in Ficaja. — Colla prima occasione portatevi qua con la vostra pratica criminale, chè v'è qualche scoglio; eppoi la camera ha bisogno della vostra assistenza. E la vostra salute ha bisogno esser coglionata da me per rimettersi nel piede di non farvi perdere il concetto di Bardasso, Fichetto, Merla, Macendola. Così v'attendo dimani, senza fallo. Ero e sono vostro amico.

Paoli a Casabianca, alla Casabianca

Rostino, 27 settembre 1757. — Amico, Vi rimando la sporta con un altra acciò le rimandiate piene, e non vi perdete il tempo nelle occupazioni.... Che veniti qui presta la Merla, il dicchiesso e il bardossa. Li cordoni gli darete alle zitelle dopo che gli avrete dato la sistaccia. Venite presto; devesi pratiche cose fare.

Paoli al Magistrato di Balagna

Orezza, 27 settembre 1757. — Si è presa la determinazione di passare nel di là da monti li 7 o 8 dell'entrante.
Sono stati avvertiti alcuni soggetti della provincia a prepararsi. Si penserà dove debba fissarsi il Supremo Consiglio nell'assenza del signor Generale. Ne saranno avvertiti.

Paoli a Casabianca

Rostino, 3 ottobre 1757. — Vi spedisco Casanova con un distaccamento di truppa, perchè passiate in Nocario a formare il processo per il ratto della femina, in conformità dell'istruzione. Procurate con maniera attrappare il reo o rei, se potete, e, nel mentre che procedete costì, vi sia a cuore se vi riuscisse far la caccia al marito della donna uccisa di Stazzona. Non vi scoprirete però, se non siete sicuro di averlo nelle mani. Operate, sì nell'una che nell'altra causa, colla solita vostra prudenza, e tenetemi ragguagliato spesso, mentre con amore sono.
È necessario che presto siate qua. Venerdì, sotto un carico di legna, si è trovata morta Teresa, moglie di Tomè

di Sueria. Dio non voglia che sia necessario perciò questo distaccamento di tutti voi. Ritornate presto.

Pàoli al Magistrato di Balagna

Corti, 5 ottobre 1757. — Noi passeremo in questi due giorni nel di là da' monti, per mettere in corrente il governo di quella provincia. Qui resterà il Consiglio di Stato per amministrare la giustizia. I popoli a questo dovranno addrizzar tutte le notizie che andranno succedendo, il quale, per mezzo dei corrieri che qui avrà, ci renderà del tutto informato colla maggiore sollecitudine. Si contengano perciò coll'ordine solito nella esecuzione degli affari e massime in quelli della più grande importanza allo stato, poichè la nostra assenza non apporterà veruna delazione.

Paoli al Magistrato di Balagna

Rostino, 31 ottobre 1757. — I raccoltori del decimato di S. Andrea ci rappresentano aver molto vino che, per non essere esposto al risico che si guasti, sarà bene farlo accattare ai fucilieri della torre dell'Isola Rossa e al Magistrato, sopra le loro paghe, al prezzo corrente.

Paoli al Magistrato di Balagna

Orezza, 8 novembre 1757. — Sentiamo dalla loro lettera quanto hanno operato per i pretesi rei del disordine accaduto nel furto della polvere e pallini dell'uffiziale francese; sopra di che dobbiamo dire che, siccome un tale affare si decanta in diverse maniere, è nostro dovere che se ne prendano le più esatte informazioni, formandone un esatto processo, acciò in questa maniera possa delucidarsi il delitto o l'innocenza degl'incolpati costituiti, i quali dovranno tuttavia trattenersi fino alla totale chiarezza. Il simile dovrassi osservare coll'impostore che, riconosciutosi dalle informazioni tale, non dovrà restar esente da un rigoroso castigo, in soddisfazione del decoro della nazione.

G. M. MASSESI.

Paoli a Casabianca

Orezza, 16 novembre 1757. — Amico. Procurate, ora che si scioglie la compagnia, che tutti partano contenti. Il vostro pensiero sopra l'elezione del Capo nel Signor N. non mi dispiace, e credo che ora l'elezione di esso e di altri debba farsi per lusingar l'ambizione della gioventù. Spero che avranno piacere a stabilire il tempo per servire un'altra volta, e nel frattempo farsi ognuno l'uniforme.

Vengo al coltello per regalare, che sarà di vostro piacere grande; manico e lama, è la terza parte di un palazzo. Ma vinta la materia è dal lavoro. Sono.

Paoli al Magistrato di Balagna

Orezza, 19 novembre 1757. — Sopra l'affare di Lumio non lascino di far eseguire, con tutta la puntualità, gli ordini che ne hanno emanato, acciò non suscitino maggiori inconvenienti. È su di ciò necessario tutta la dovuta attenzione. A tale effetto spediamo l'annessa. Faranno pervenire in proprie mani, per mezzo di un fuciliere, l'acchiusa lettera al Reverendo don Fabiani, a cui abbiamo motivo di parlare per affare di non poca importanza allo stato.

Segnato MASSESI.

Paoli a Casabianca

Orezza, 20 novembre 1757. — Amico. L'affare non è forse anche palese; ma se ne parla in supposizione, e ciò niente a noi preme; di tutto si parla; il pubblico arriva a tutto, ma non può fissarsi nei suoi giudizj. Le cose di fatto non sono come i teoremi di ragione, il fatto solamente le caccia dal possibile in cui sono con infinite altre sopra delle quali non puossi per tal riguardo stabilir niente. Non vi fate prendere nelle interrogazioni suggestive, ed avvertite, se non parto ancora, che la voce svanirà.

Venite, e venite subito, chè ho qualche cosa a comunicarvi sopra i trattati, sopra di cui si può fabbricare. Parleremo di altro ancora, particolarmeute di cose attenenti al vostro impiego. Il coltello lo rimetto al latore, ma non lo mando. Venite a prenderlo da voi. Sono

Paoli al Magistrato di Balagna

Orezza, 26 novembre 1757. — Il prete Fabiani, stato qui chiamato, ci ha scritto che non si trova in stato d'eseguire gli ordini, atteso la di lui indisposizione di salute. Vedano sopra di ciò renderci informati. Si è parimente chiamato il prete Valenzio e, al di lui arrivo qui, se gli darà la correzione che merita. Abbiamo piacere che gl'imputati di Palasca risultino innocenti di ciò che gli aveano imposto acciò che sempre più sia riconosciuta l'onestà dei nostri nazionali. Hanno fatto bene di arrestare il padre dello stupratore ed a costringerlo alla contribuzione degli alimenti del parto ed alla dotazione della stuprata, qualora non si accinga fare ritornare il figlio, chè la sposi.

Segnato Rocca, *Segretario di Stato.*

Rocca, Segretario di Stato, al Magistrato di Balagna

Corti, 7 dicembre 1757. — L'affare del paese di Lumio, per le insinuazioni del supposto pievano, andrebbe male, se loro Signori non vi stanno oculati. Provvedano sopra di ciò vigorosamente in ogni benchè piccolo movimento, per non dar ansa a maggiori inconvenienti. Ragguagliateci di tutto ciò che andrà succedendo. Delle ciarle che ci ragguagliate nella lettera del 3 corrente, ridetevene, chè sono tutte invenzioni dei maligni.

Massesi, G. C. al Magistrato di Balagna.

Corti, 7 dicembre 1757. — Nell'atto che il nostro Signor Generale stava di partenza per il di là da' Monti, effettuato jeri verso le ore 18, ricevè la lettera delle S. V. Illustrissime; a noi lasciò l'incarrico di rispondergli, come facciamo. La causa della donna stuprata non deve lasciarsi passare sotto silenzio nuda; è necessario, per evitare simili casi, che producono degli inconvenienti e disordini, provvedere con tutto rigore. Quindi le S. V. Illustrissime non avranno veruna difficoltà di precettare il padre dello stupratore a comparire, e comparso arrestarlo con ingiungergli che, sino a tanto che il figlio non sposi la femina, esso continuerà arrestato, e frattanto fargli somministrare quel che ha bisogno la femina.

Il Signor Giuliani, nel suo parere, non ha ben pensato. In Corsica, questi casi suscitano delle inimicizie, onde, per prevenirle, ci vuole il rigore... Al ritorno del Signor Generale, riceveranno migliori determinazioni. Non manchino le S. V. Illustrissime d'incomodarsi a darci spesso notizie dello stato della provincia, acciò possiamo, inseguito del nostro debito, renderne continuamente informato il Signor Generale. Preghiamo altresì loro Signorie di far fare dei tridui per le parrocchie di codesta provincia, acciò il Signore Iddio si compiaccia assistere e secondare le intenzioni del Signor Generale nel di lui buon fine d'aumentare l'unione e la tranquillità della patria.

Paoli a Vinciguerra e Cotoni

Peri, 14 dicembre 1757. — Incarichiamo gl'illustrissimi Signori Paolo Luigi Vinciguerra e Giov. Carlo Cotoni, consiglieri della compagnia volontaria, acciò prendano informazioni degli omicidj seguiti nel paese di Peri nel decorso dell'anno corrente, dal podestà ed anziani di detto luogo, e di ogni altro inconveniente che vi possa essere successo, dandogli a tale effetto la necessaria facoltà, non solo di punirli, a tenore delle leggi del Regno, e *more militari*, ma eziandio dare gli ordini opportuni per prevenire ulteriori disordini e stabilire la quiete nel paese, nella miglior maniera, e così....

Massesi G. C. al Magistrato di Balagna

Corti, 25 dicembre 1757. — Apprendiamo che la rigidezza del tempo non abbia permesso alle S. V. di darci qualche notizia di codesta provincia, e nel tempo stesso di ricevere da voi le notizie del nostro Signor Generale, di cui siamo sicuri che Elle ne desiderano con somma premura. Onde non manchiamo noi di dirle essere stata indicibile la compiacenza di quei popoli del di là da' monti all'arrivo colà del medesimo, e le ottime disposizioni ivi prese per la tranquillità ed unione, sicchè dobbiamo sperare ogni più felice successo, non che il ritorno fra breve tra noi del prefato

Signor Generale. Alcuni di quelle parti, che han preteso slontanarsi dal comune sentimento, hanno incontrato gli atti d'un severo castigo, che ha portato esempio in quelle parti. Di tanto veniamo noi avvertiti e, per consolazioni delle S. S. V. V. Illustrissime, tutto ci diamo il vantaggio significargli.

Magistrato di Balagna per l'anno 1758

Agosto, settembre ed ottobre : GRAZIANI.
Novembre e dicembre : POLETTI.

Rocca, Segretario di Stato, al Magistrato di Balagna

Oletta, 2 gennaro 1758. — Il congresso di Vivario, in cui devono intervenire i capi del di là da' Monti, è stato intimato per li 15 e 16 del corrente. Qui acchiuse mandiamo le lettere per i deputati di codesta provincia, a fine che prontamente gli vengano rimesse.

Paoli al Magistrato di Balagna

Rostino, 6 gennaro 1758. — Al nostro ritorno, abbiamo ricevuto la loro lettera del 3 corrente, nella quale ne segnano il buon stato della provincia. Quei popoli del di là da' Monti, gli abbiamo lasciati ben rassegnati a continuare in quella unione, nella quale gli hanno stabiliti l'erezione de' due magistrati, e la disposizione di formarne altro, per maggior comodo di quei popoli. In tale situazione speriamo si manterranno con la più perfetta tranquillità.

MASSESI.

Paoli a Vinciguerra e Buttafoco

Rostino, 11 gennaro 1758. — Sarà indispensabile che, all'avuta della presente, vi portiate qui, acciò si possano prendere le necessarie disposizioni sopra le finanze, per non tenere inutilmente stipendiata la truppa. A tale riguardo, si trattiene qui il Signor Casabianca. La lettera acchiusa è per il Signor Savelli, acciò gli dia la gente che richiedono per il loro accompagnamento.

Attendovi subito senza fallo. Sono.

P. S. Avvertitene ancora mio compare, e conducetelo.

Risposta di Buttafoco a Vinciguerra

Io ho letto la lettera. Un'indisposizione, che tengo in testa, cagionatami dal freddo di Vizzavona, non mi permette portarmi nel luogo cennato. Potete sentirvi col Signor Tito, ed andarci unitamente, mentre uno dei motivi della chiama, secondo quello che mi dice nella sua lettera il Signor Casabianca, sarà quello di aprire il commercio; dopo il detto si parlerà dei viveri.

Sono ecc.

Paoli al Magistrato di Balagna ed a Poletti

Rostino, 13 gennaro 1758. — Qua acchiusa riceveranno una lettera per il Signor Giov. Domenico Fabiani, a cui la faranno presentare per un fuciliere, ritenendone la relazione, che ci trasmetteranno in caso di sua disubbidienza.

Giudicaremmo a proposito la convocazione di tutti i Presidenti della provincia acciò, unitamente a loro Signori, potessero consultare i mezzi più convenevoli per punire quei perturbatori, che non cessano di continuare le loro secrete combriccole, delle quali, quando saranno informati, precettino a nome di tutta l'assemblea, ed indi prendano la determinazione di fare una marcia, per punire i rei e disubbidienti, e specialmente coloro che fossero intaccati del delitto di Stato, contro dei quali, in caso di reità, è necessaria una risoluzione che possa servire d'esempio. In questa Consulta, speriamo che sarà per succedervi quel necessario provvedimento alla buona unione della provincia, alla di cui conservazione sempre di più in più v'incarichiamo.

Paoli a Casabianca

Rostino, 16 gennaro 1758. — Amico. Sarà bene che, con gli altri capi, montiate qua; risolveremo allora le cose meglio, e prenderemo le misure più adatte ai nostri bisogni. Compareremo i pareri, e tutto andrà meglio. Provvedetevi come potete del cavallo. Vi attendo senza altro, e sono.

Paoli a Casabianca ed a Buttafoco

Rostino, 20 gennaro 1758. — Amici, non vedo ritornare il fuciliere, nè vedo comparire loro Signorie; resto perciò perplesso, senza poter prendere risoluzione alcuna. E necessario che ci uniscamo qua, e, da qua, far la spedizione della truppa e preparar le instruzioni per il giro delle pievi, e metterci subito, nello stesso tempo, in marcia. Si può avere qualche altro oggetto in vista, non meno importante; onde, vedete di non mancare, mentre, con la stessissima premura, vi attendo e sono.

Paoli a Casabianca, in Casinca

Rostino, 25 gennaro 1758. — Amico. Vi acchiudo una lettera che, in questo momento, mi da il capitan prete. Le due zedde non hanno fatto tanto male alle nostre mire quanto la vostra dimora costì, ha contribuito e contribuisce a frastornare un lodevole ed utile disegno.

Fate l'amore e divertitevi tanto più di me, quanto che credete che io solo debba sacrificare le mie passioni. La proposizione però è paradosso. Vi prego far avere alla Signora Casella l'acchiusa per essa. Sono.

P. S. Monsieur Marengo, superbo cacciatore dell'Erimanto, parte questi due giorni per l'Isola dei rei, ove respirerà le maligne insinuazioni contro i vostri parenti. Venite subito, se bramate licenziarvi; egli vi riverisce, vi saluta e vi abbraccia.

Paoli a Buttafoco e Casabianca

Rostino, 25 gennaro 1758. — Giacchè tanto vi divertite, divertitevi, che ne sento piacere. Monsieur Marengo gli dirà la bella vita che'io faccio qua. Dei vostri piaceri di carnavale, lasciatene qualche residuo in quaresima, acciò ne possa gustare ancora io un suppolo. Portate i miei rispetti a tutte codeste Signore, e credetemi, al solito, vostro amico.

Paoli agli Intendenti delle finanze

Rostino, 29 gennaro 1758. — In caso che debbasi affittare il procojo di Pascira, viene il Signor Paolo Saliceti.

Il Signor Paolo Santo Gavini di Giocatojo (che te ne pare ?) vorrebbe la preferenza, col solito provento, essendomi noto il di lui zelo, per la patria. Sono.

Paoli a Casabianca

Rostino, 1º febbraro 1758. — La domenica di Quaresima devo trovarmi in Verde, essendo, per quel giorno, alla Pietra destinato il congresso dei Fiumorbacci. Così vedete che a Quaresima solamente potrò godere delle delizie di codesto paese. La Signora Casalta avea trovato nella lettera quel che bramava.

Il campo volante, l'ho levato per dare un poco di comodo a codesta pieve di provvedersi per il carnavale. Se veniste anche voi! Monsieur Marengo ebbe un *tête à tête* in chiesa con Agnese. Le mie comari sono pregate, nel loro divertimento, di ricordarsi di un loro servo che brama che presto finisca il carnavale; perchè non gli ha permesso in questo ossequiarle. Si riserba però farlo in quaresima.

Paoli ed il Consiglio di Stato al Magistrato di Balagna

Campoloro, 15 febbraro 1758. — Non abbiamo fin'ora date le istruzioni per il cambiamento dei soggetti di codesto governo, acciò che loro avessero il tempo di esaminare i processi e cause criminale di codesta provincia; ora che, per tal causa, non vi è luogo d'addurre scusa, e che supponiamo terminata e posta ogni cosa nel dovuto sistema, abbiamo scritto al Signor Sim. Giov. Giudicelli, che succeda nel posto di Presidente, a cui saranno fatte le debite consegne di ciò che appartiene a codesto Magistrato. Sarà loro incombenza di ragguagliarci in appresso della loro condotta.

ROCCA.

Paoli a Vinciguerra

Penta, 11 marzo 1758. — Informatevi se le famiglie dei banditi della Venzolasca stiano senza sospetto nelle loro case, e datemene pronto e vero avviso, per mia regola. Dimani mattina sarò alla Venzolasca.

Giov. Bastiano Buttafoco a Casabianca

Corte, 3 aprile 1758. — Tiburzio e Petriconi sono nel caso di domandare il permesso al Signor Generale e Consiglio, se gli convenga abbracciare o non la compagnia di cavalleria di nuova leva, che è a formarsi di nostri nazionali. Vi sarà forse mezzo di ottener anche per me e per voi un impiego, come già sapete, ed è sperabile che il governo lo permetta. Avvisate cosa risolvete, mentre vi spedisco il presente latore, ad oggetto che risolviate quanto vi dico, mentre Monsieur Ristori è venuto ieri da Calvi, ed oggi deve partir per colà; alla volta è necessario che voi venghiate qui per risolvere il tutto; attendo le vostre risoluzioni, chè tale appunto è l'intenzione del Signor Generale. Sono.

Lettera di Madama Felice Pieri a G. Q. Casabianca a Casabianca

Napoli, 11 aprile 1758. — Monsieur. Non può figurarsi il piacere che ho avuto nel ricevere la sua gentilissima lettera e, per mezzo di quella, comprendere il gran merito del nostro Generale e la subordinazione dei suoi nazionali. Certissimo è che, della mente di Don Pasquale, se ne doveva aspettar ogni felice successo nelle sue imprese. Lei mi accerta, nella sua compitissima, che nè il carattere, nè la composizione era mia. Io non risposi di proprio pugno, perchè mi ritrovava incomodata e, per non mancare d'attenzione, pregai il Conte Rovaschieri che facesse le mie veci, chè forse non avendo lei niuna risposta da me, avrei corso il rischio di non vedere più sue lettere.

Quando lei vede il mio Telemaco, gli dica di mia parte che Mentore non si aspettava sì grandi imprese da lui, e che l'arte di governare lo rende superiore al suo maestro. Porti al medesimo i miei dovuti ossequii, e gli dica che non lo cambi il regno, giacchè lui ben sa che una delle maggiori virtù che fa risplendere un uomo, si è quella di ricordarsi, in un gran cangiamento di fortuna, di quelli amici che ci siamo procurati nei tempi meno felici. — Mi conservi Ella la sua amicizia, come io l'assicuro della mia; mi comandi e, portandogli i saluti del conte Rovaschieri, e di tutti di mia casa, mi soscrivo qual sono.

Devotissima serva.

Cette dame avait des bontés pour Paoli à Naples, et l'instruisait, étant jeune, dans l'art de gouverner.

Paoli ed il consiglio di Stato al Magistrato di Balagna

Convento di Marcasso, 19 aprile 1758. — Istruzione da osservarsi dal Magistrato di Balagna.

1. Non dovranno i soggetti, che qui in appresso sono segnati in ordine, cambiarsi di turno, ma ognuno servire nella maniera che è stato eletto, e nel turno che gli sarà toccato in sorte, potendo, in caso di contravvenzione, dubitarsi dell'invalidità del tribunale, e sottoposti i soggetti alle pene più rigorose.

2. Per evitare in appresso tutti i disordini, e per esimere i soggetti, che assistono a detto Magistrato da qualunque taccia, non dovranno in appresso far verun pagamento, per conto del pubblico, se non prima transmessi a noi i mandati e lo stato delle spese, acciò possiamo dare gli ordini opportuni, coi mandati da noi sottoscritti, al pubblico cassiere, a cui sarà incombenza farne lo sborso, e diversamente non dovrà eseguire, a tenore degli ordini già avanzatigli.

3. Conoscendo non necessario il numero dei fucilieri, fin qui destinati alla guarnigione della torre dell'Isola Rossa, e piuttosto di grave svantaggio al pubblico, abbiamo perciò fissato detta guarnigione ad un sergente e due fucilieri, da rilevarsi ogni 15 giorni, ed i restanti passeranno ad unirsi alla guardia del Magistrato, compreso il bombardiere, non necessario, per ora, in detta torre, il quale potrà servire in qualità di caporale di detta guardia. Che in avvenire il Magistrato debba tenere un libro, in cui abbia a farvi registrare tutte le lettere pubbliche del tribunale, comprese quelle di risposta, oltre il fogliazzo per infilarvi tutte le cose più marcabili, acciocchè i soggetti, che subentreranno, possano restar di tutto informati ed ultimare ciò che non hanno potuto i soggetti antecessori.

4. Che, ciaschedun mese, sia tenuto il Magistrato transmettere lo stato specificato delle spese fatte nel decorso del mese, compreso l'importare delle paghe dei fucilieri della guardia della guarnigione della torre.

5. Saranno da noi deputati, per ogni pieve, dei commissarj per eseguire gli ordini del Consiglio, in affari di Stato, quali saranno dipendenti agli ordini delle marcie e ad altre esecuzioni del Magistrato della provincia ; si daranno sopra di questi ulteriori ed espedienti proviggioni.

ELEZIONE DEI SOGGETTI

1. Turno. L'Illustrissimo Signor Giuseppe Fábiani ed Orsatelli.
2. Graziani e Quercioli.
3. Lanzalavi e Savelli
4. Renucci e Passani.
5. Poletti e Petrucci.
6. Quilici e Romani.
7. Giudicelli e Fabiani.
8. Arrighi e Giuliani.
9. Anfriani e Mariani.
10. Negretti e Giacomini.

Per auditore, il Dottor LANZALAVI.

Riservandosi per ultimo di prendere le più espedienti misure per l'elezione dei soggetti che dovranno sindicare, come sindicatori, le operazioni del Magistrato, o colla deputazione dei soggetti della stessa provincia, o pure altri soggetti da eleggersi fuori di provincia.

Sarà altresì cura dei Signori Presidenti eleggere ogni mese un soggetto della provincia che debba intervenire ed assistere al Supremo Consiglio di Stato, per essere a portata di avere le più esatte informazioni degli affari della provincia il Supremo governo.

MASSESI.

Massesi al Magistrato di Balagna

Belgodere, 20 aprile 1758. — Avranno loro Signorie la premura di prevenire, con ordine positivo, il vicario foraneo della pieve di Aregno, a non pretendere di pubblicare verun editto, per il concorso della pieve, quando che non sia intimato per Campoloro, non essendo dovere che l'esame si faccia in Bastia, dove è impedito ai migliori soggetti della nazione il libero accesso, onde ne potrebbe succedere delle pessime conseguenze. Gli stia a cuore questo affare di somma premura.

Paoli a Casabianca

Rostino, 25 aprile 1758. — Voi l'indovinaste. In questo punto ricevo l'acchiusa del Colonnello. Quest'uomo lo vogliono rovinare, ed io non vedo come salvarlo, senza pregiudicare il governo e la costanza dei decreti. Paolo Geronimo è qui e, anche esso, esclama per i disertori. Voleva spartire i cannoni ; non l'ha trovati ; vedete cosa ne sicura il mio amico, ove parla da gesuita alla commissione, il quale e persona cauta.

Vi acchiudo due pezze di versi. Leggeteli al Signor Don Cosimo, che li desidera. Si scrive a Casalta per la riscussione delle tasse della pieve.

La flotta del Mediterraneo deve ingelosire oltremodo anche i Francesi, per le provvisioni che conduce a bordo, Riceverete risposta dal presidente a cui scrivo : ci abboccheremo, non essendovi niente di nuovo. Rimandate le acchiuse.

Paoli a Vinciguerra

Rostino, 29 aprile 1758. — Sento lo stato delle cose della Casabianca ; *nec laudo, nec vitupero.* Non sono troppo pratico di simili contratti. Vi acchiudo la lettera per il Signor Tito ; servirà per un'altra occasione, giacchè le feluche sono, credo, partite. Guardatevi dallo scorbuto a cui siete soggetto ; tiratevi sangue alla lingua ; mangiate crescione e mastigate puntette tenere di tanghi, che sono restringenti. In Balagna, molti della truppa hanno preso questo male. Quelli che hanno rubato frate Angelo, saranno stati ladri dei nostri paesi, fintisi pomontinchi. Se si potessero acchiappare, sarebbe un bello esempio. Ma *hoc opus, hic labor est*. Procurate da costì rintracciarne qualche distintivo. Si potrà, spero, aver qualche notizia dei ladri di strada. A quanto soggiunge frate Angelo, abitano Pomontinchi l'alta Caccia. Arrivata la truppa, si vedrà. Sono.

Paoli a Vinciguerra

Rostino, 29 aprile 1758. — Sento che sia la pace alla Venzolasca, e che le parti siano diposte a fare istanza favorevole per i banditi, prima della quale vorrei esser da voi prevenuto di tutto. Fra tre giorni facilmente partirò da qui. Se ve lo permettesse l'implacabile Signora Serena, potreste lasciarvi vedere

Sono il vostro amico.

Cosimo Poli-Marchetti

S. Antonio, 29 aprile 1758. — In questi giorni è stato data la giustizia sopra i beni del reo di Castel d'Acqua, con tutto il rigore che meritava la gravità del suo delitto. La sola casa del medesimo non è stata soggetta al devasto, per essere proindivisa con altro compartecipe, a cui, dal fisco, è stata venduta per il valore di 60 lire. Dei pochi mobili e comestibili, che alla famiglia non riuscì occultare, ne è risultato 88 lire, non comprese due strapunte, riservate per uso dei soldati di questa guardia. L'accennata partita, unita al processo della Crocicchia, e ad altri piccoli proventi della cancelleria, formano la somma di 160 lire circa, comprese però 30 lire che il compratore della casa deve al pubblico erario, nel termine di 15 giorni, la qual partita, nel presente turno, non puo venire esatta, e perchè, in qualità di Presidente, mi corre obbligo particolare di dargli di tutto ragione, così ora, con la relazione presente, la rendo pienamente informata di quanto sia pervenuto in mie mani, acciocchè possa servirgli di regola, e poi segnarmi qual onorario voglia prefiggere a questo cancelliere, riservandomi a dargli un conto più distinto, anche di quello che debba in questi giorni rientrare, allorchè saremo da qui congediati. Il sargente e questi soldati mi fanno premura delle loro paghe, ed a questa fine, gli acchiudo il ruolo da esso fatto; perciò ne attendo il riscontro dall'E. V.

Astolfi, Paolo Luigi, a Paoli

Campo, 2 maggio 1758. — L'altra notte le galere arrivarono alla vicinanza delle Prunete e, per quanto appare, ci sembra che fossero a bella posta per tentare la sorpresa della torre; ma, riconosciuta la buona guardia che vi era dei nostri, non solo in torre, ma alla marina, la mattina non si sono più vedute. I Signori Buttafoco e Casabianca, jeri alla mattina, sono qui arrivati. Mi portai da loro, e si parlò sopra il decimato d'Aleria. Avendo io inteso che aveano fatto contratto, in voce, con un certo di Ampriani, raccomandato dal Signor Ciavaldini; fattogli vedere le lettere di S. Eminenza su questo affare, mi risposero che non era la mia offerta proporzionata a tal decimato. E vero che, se in quella spiaggia pagassero sull'antico piede, meriterebbe molto più, e per questo non posso azzardarmi a più di 600 lire, e questo lo fo per non mancar di parola ai raccoltori, che erano destinati, stante l'avviso della di lei lettera dei 17 marzo ultimamente scorso, nella quale m'incaricava concedere a Matteo di Cambia ed a Matteolo la Fracissira e Buchione. Perciò ho subito stabilito altri raccoltori, ed uno di questi è già in Aleria per cercare il magazzino. Se poi il decimato rendesse di più, io l'assicuro che non ci voglio guadagnare; mi basterà, per quest'anno, di poter mantenere la mia parola. In avvenire poi mi basterà la protezione di S. E. della quale faccio più stima che d'ogni forte guadagno, e gli altri il resto.

Paoli a Casabianca

Rostino, 4 maggio 1758. — Il Signor Giov. Battista al Silvareccio, ad insinuazione del Podestà del luogo, e del nipote del parroco, ha ricevuto un insulto, come vedrete dalla di lui relazione, che acchiudo al Magistrato. Io non so se il Signor Cosimino (1) ne avrà passato avviso ancora egli, come sarebbe stato dovere. Questo fatto merita tutto il risentimento, molto più che si possono castigare i rei e (illisible) la comunità. Le riviere di Fiumalto vogliono esser castigate con rigore, e chiuder l'orecchio alle protezioni, trattandosi di esse. Il figlio di Durilio ha ammazzato un cugino carnale di Giovanni, il quale trovasi carcerato in Castello, insieme con Seracchiolo (2) per la morte del padre. Statemi allegro; sanate presto. Sono.

Paoli à Casabianca, chez lui

Rostino, 4 maggio 1758. — La pieve di Verde non è ancora affittata; bramerei che, per pari, fosse prescelto Carlo Matteo del Giglio, che me l'ha dimandata da tanto tempo; egli sarà puntuale, siccome è patriotto. Sono.

Paoli al Magistrato di Balagna

Rostino, 5 maggio 1758. — La brama, che chiaramente si riconosce nel Vescovo d'Angelis, di suscitar continui disor-

---

(1) Casalta de Casalta.
(2) De Luco de Nazza.

dini nella provincia, punto non ci fa dubitare che L. S. Illustrissime non abbiano preso i più giusti risentimenti con l'uomo che si è avanzato intimar l'ordine in Lumio, da che, vedendo questo delitto impunito, non mancherebbero di servirsi delle occasioni per eseguire i pravi progetti dei nostri nemici. Noi siamo nello stato di ordinare e permettere al popolo di Lumio di uccidere impunemente chiunque si avanzasse di far simili intimazioni, mentre questi mandatari potrebbero rifuggiarsi nei presidj e liberarsi così dal castigo. Ci rendano pertanto le SS. VV. Illustrissime informati di questo fatto, acciò possiamo prendere ogni misura più espediente.

Massesi G. C.

Paoli al Magistrato di Balagna

Rostino, 6 maggio 1758. — La loro unione al governo, per qualche tempo, renderà vieppiù seriosi gli affari di cotesta provincia, e la giustizia andrà bilanciata colla maggior ponderazione, senza che vi sia luogo a doglianze, e gli spiriti torbidi, ed inclinati alla sedizione ed al disordine, avranno chiusa la bocca alle sparse dicerìe, che si erano avanzate, anche in queste parti. Niuno per altro avea avuto la temerità di presentarle al governo, perchè sapevano che si sarebbe procurato di penetrarne gli autori, che poi non sarebbero restati esenti dal meritato castigo.

Io non ho mai dato luogo a simili vociferazioni, non potendomi persuadere, senza fare un grandissimo torto a loro Signori, che i capi di una provincia, che ha servito di norma a tutte le altre del Regno, negli stabilimenti del governo, e nell'esatta osservanza delle leggi, fossero potuti cadere in risoluzioni così stravaganti e così perniciose alla felicità dei popoli, ed al vantaggio della comune patria Mi è nota la loro probità, per non farne sinistri concetti ed a loro non deve essere occulto con quanta stima io incontri volontieri il genio delle L. S. Illustrissime.

Paoli a Casabianca

Rostino, 9 maggio 1758. — Dovendo passare io in questa settimana in Corti, e non essendo il cavallo del Signor Alessandrini ancora in istato di servirmi, argomento se potrei avere il mio. Mi lusingo che ne troverai qualcheduno migliore. Ma frattanto io ho premura di partire in questi due giorni. Se hai cavalcatura, vieni dimani; se non, avvisa stasera, che la manderò dimani mattina. Sono.

P. S. La giumenta d'Alessandrini non vi è, ed io non sono atto a cavalcare il suo cavallo.

Paoli a Casabianca

Corte, 18 maggio 1758. — Noi quest'oggi terminiano qui i nostri affari, e dimani saremo di ritorno costì. Perciò è necessario che vi tratteniate ad aspettarci. Sono.

P. S. Dite ancora alla Signora Zitta che resti.

Paoli ed il Consiglio di Stato

Rostino, 18 maggio 1758. — In virtù degli stabilimenti fatti dalla nazione, in varie consulte, e particolarmente in quella che fu tenuta in Orezza, nell'anno prossimo scorso, concernenti alle confische ed altre rendite, applicate alla pubblica camera, ed alla deputazione di due dei migliori soggetti per farne l'esigenza; avuto riguardo al merito, probità e zelo sempre dimostrato in vantaggio della comune patria, dall'illustrissimo Signor Giovan Quilico Casabianca e Giov. Battista Buttafoco, gli abbiamo eletti ed eleggiamo Intendenti Generali delle finanze del Regno, colle facoltà opportune e necessarie di potere, uniti e separati, affittare e riscuotere tutti i beni in esatto contenuti nella istruzione che gli si transmette, concedendogli a tale effetto la scorta di 10 soldati della nostra truppa, e vogliamo che a tutti gli ordini, che da essi saranno emanati su tal pratica, sia data la pronta obbedienza ed esecuzione, incaricando tutti gli ufficiali della nazione a dargli il braccio e forza dei fucilieri, che richiederanno per astringere i debitori del pubblico all'intiero pagamento di quanto appariranno scoperti, senza che alcun loro ricorso o richiamo dia ritardo all'esecuzione, sotto le pene contenute nelle nostre leggi contro quelli che non eseguiranno gli ordini pubblici, ed acciocchè..... sarà la presente sottoscritta dal nostro secretario di Stato e munita col pubblico sigillo del Regno.

Rocca, *Segretario di Stato.*

Astima, Giuseppe Maria, agli intendenti delle Finanze

Cervione, 21 maggio 1758. — Mi giunge la loro pregiatissima, nella quale vedo quanto Elle si compiacciono cennarmi. Senza indugio rispondo. Mio figlio non si può accingere al giro delle pubbliche finanze, a causa della quartana, che lo ha molto indebolito; mi spiace però che egli non abbia questa bella sorte di essergli di scorta. Nell'emolumento poi di sole lire 20 al mese assegnategli, poco vi saria da profittare. Se il mio altro figlio fosse in salute, per intraprendere un sì lungo giro, gli bisognerebbe provedersi d'una cavalcatura, per la cui vettura quasi non basterebbero le suddette lire 20. Sono.

Paoli a Casabianca

Rostino, 21 maggio 1758. — Alla fine del mese si prenderà il fuciliere che segnate. Per Giov. Benedetto non posso darvi risposta precisa. L'uomo che cadde ammalato è stato cambiato con un altro. Fra Angelo dei Serviti, il mese passato, fu da alcuni Pomontinchi svaligiato in spiaggia. Si potrebbe chiamare costì a S. Antonio, per venire in cognizione, se quello ultimamente preso vi fosse. Non differite niente del vostro impegno, e vi saluto.

Clemente de Paoli agli Intendenti delle finanze

Morosaglia, 22 maggio 1758. — Nell'occasione che passate in Campoloro, vi raccomando il Signor Don Bastiano, che vorrebbe aver qualche decimato altro sopra dei priori, come da lui sentirete. Sono coll'abbracciarvi.

Paoli al Magistrato di Balagna, ed a Poletti.

Morosaglia, 22 Maggio 1758. — Stamane parto per Corti. Forse la terza festa sarò in mossa per codesta provincia. Non posso altro luogo segnarvi. Se non potete venire, scrivete. Sono vostro affezionatissimo ecc.

Rocca al Magistrato di Balagna

Oletta, 23 Maggio 1758. — ..... Non sappiamo con qual fondamento voi abbiate preteso di avere la facoltà di riconoscere e provvedere alle cose da noi già risolute, delle quali non compete ai tribunali subordinati che di farle eseguire. Tuttavia, per levarvi gli scrupoli della nullità che supponete nel decreto, oltre le mature considerazioni di tutti noi, ne abbiamo anche richiesto il parere al nostro consultore, da cui ci è stata rimessa l'acchiusa relazione. Il vostro tribunale dunque deve concedere senza ritardo l'esecuzione al decreto, e non denegare, nè ritardare gli atti di giustizia, per non dar ansa a qualche disordine nella provincia, di cui sareste in tal caso imputati voi, e ne sareste responsabili al comune. Non ci date luogo ad altre repliche in questo affare.

Abbiamo sicura notizia che il Dottor Pietri, fratello del Chiarelli d'Orezza, con impegno del Doge Grimaldi, in ricompensa dei servizj prestati alla Repubblica in pregiudizio della comune patria, ha ottenuto la conferta della pieve di Aregno, di cui si è tenuto il congresso in Bastia, in disprezzo delle nostre leggi; egli si vanta di pigliarne il possesso, anche con assistenza dei particolari. Vedete perciò d'invigilare acciocchè questo non succeda, incaricando con una circolare tutti i capitani d'armi dei rispettivi popoli di detta pieve ad impedire assolutamente qualunque atto possessorio a favore dello stesso, altrimenti saranno risponsevoli al pubblico di tutto ciò che possa succedere in contrario alle presenti nostre determinazioni.

ROCCA, *Segretario di Stato*.

Rocca a Casabianca

Rostino, 25 Maggio 1758. — Io feci parte al Signor Generale di quanto mi suggeriste a S. Antonio per l'affitto della pieve di Caccia.

Egli mi disse che non vi aveva impegno particolare, e che, trovando il pubblico il suo vantaggio, era dovere profittarne.

Il conte Domenico Bonavista, se avesse l'affitto, pagherà il primo Agosto tutto l'importare, e bisognando anticiperà qualche cosa. Ecco tre vantaggi da non rinunciarci. Vedete perciò di vederlo ed aggradirlo di quanto richiede, avvisando i presenti affittuari che il pubblico ha accettato il partito più vantaggioso. Questa è la maniera di aumentar l'erario, a tenore di quanto mi rispose il Generale, quando gliene feci parola; del che suppongo che avrà parlato anche con voi.

Mi sono impegnato che il conte Domenico ne sortirà l'intento; onde ve lo raccomando.

Fate comunicare la presente al Signor Zitta, ed abbracciandovi amendue di vero cuore, mi glorio di protestarmi ecc.

Paoli ed il Consiglio di Stato, agli Intendenti delle finanze

Rostino, 26 Maggio 1758. — Se avete chiamato il notaro Antonio Francesco Pietri per vostro cancelliere, vedete che la di lui scrittura sia regolata; perchè non conviene che il libro maestro delle finanze sia scritto malamente. Se non fosse anche stabilito, vi si manderebbe Natali, il di cui carattere è più esatto. Se resta approvato il primo, abbiate l'avvertenza che ha in mano del pubblico lire 25, ed uno zecchino veneziano.

Rocca, *Segretario di Stato.*

Paoli agli Agenti delle finanze

Rostino, 27 maggio 1758. — Nei scritti trovo l'acchiusa memoria di prete Francesco. Fatene quell'uso che credete più necessario ed opportuno, particolarmente per Aleria.

Paoli ed il Consiglio di Stato, agli Intendenti delle finanze

Rostino, 29 maggio 1758. — Abbiamo assoluto il Signor curato dell'Oreto in seguito della vostra relazione. Ma si è chiamato il di lui procuratore, contro del quale si procederà, non potendosi scusare coll'ignoranza.

ROCCA.

Paoli a Casabianca

Rostino, 30 maggio 1758. — Amico. Fatelo uscire di Corsica. Vi acchiudo la lettera per latore. Si scrisse in Balagna, ma il concorso si fa sabbato. Operate e prendete. Sono.

Paoli al Magistrato di Balagna

Rostino, 30 maggio 1758.- Sentesi che, con pubblico scandalo, vanno per codesta provincia pubblicamente facendo l'ingagiatori per Francia; che seducono, con grave rammarico dei genitori e parenti, e che adescano la gioventù incauta con finte promessse di avanzamento. Vedano di dare pronto riparo a tale inconveniente, e non permettere che i nostri nazionali portino altre divise per i nostri paesi che quelle della patria. Sono eccettuati però i soli uffiziali corsi che attualmente fossero al servizio di Francia, purchè si astengano d'ingagiare giovani senza il consentimento della casa.

Giovanni Rocca a Casabianca

Rostino, 4 Giugno 1758. — Noi siamo di partenza or ora per Caccia, dove si farà un congresso per i Balanini per trattar del collegio, e fra breve credo c'incontreremo. Il Signor Generale mi ha commesso dirvi, in risposta della richiesta del cavallo, che il sardo è peggiore assai di quello del Signor Alessandrini, e nè l'uno, nè l'altro non è cavalcabile da lui; poi, intorno alle solite burle di cui lo imputate, vi parlerete a bocca.

Il sigillo del pubblico, dice che non conviene per la vostra commissione; dice che vi ha suggerito come deve essere fatto. Il Signor Lovico Pietri mi ha detto scrivervi che resta a suo conto il decimato di Caccia, anche per il prezzo accresciuto delle lire 100, e se occorrono le sicurtà, avvisate chè le darà idonee.

Mio cognato Paolino si lamenta che gli abbiate scritto una lettera a dover consegnare le chiavi del procojo al Signor Paolo Santo Gavini, senza motivo di verun demerito. Egli intende di essere inteso prima, e che non vi è luogo a torglierglielo giustamente, tuttavolta che non apparisca impuntuale. Mi pare anche a me che, se si fosse posto all'incanto, e ne fosse stato offerto di più, vi sarebbe l'apertura; ma così è troppo scoperta. Prezzo per prezzo si devono preferire quelli che lo hanno; poi se si vuol prestare arbitrio, si mettano in galga. Perchè non procedevate con lui come col Signor Lovico e compagni? Vedete che questo affare potrebbe andare a male, massime adesso che vi ha terre rotte, molino accomodato, e mille altre spese. E vero però che il Signor Gavini ha detto che non vuol entrare avanti per dispetto, e che avea inteso che Paolino volea licenziarlo. Egli non ha termine appunto il commendamento, nè per uno, nè per dieci anni, e perciò non vi è luogo a dire che sia finito il suo tempo. Rimediate a quest'imbroglio, e scrivetene al Signor Gavini che non dia luogo a tale impegno. Poi, quando si mettono in gallica a notizia di tutti, chi più offrirà sarà preferito. Sono.

Rocca a Casabianca ed altri impiegati di finanze

Rostino, 4 Giugno 1758. — Abbiamo ricevuto la vostra lettera dei 2 del corrente. L'affare del Michel' Angelo d'Alesani non può digerirsi così presto, avendo noi forti motivi che vi comunicheremo in migliore occasione. Si castigheranno i due soldati che ci avete spediti, e quanto prima vi si manderà la loro muta. Le galere sono già passate a Genova.

Paoli ed il Consiglio di Stato, agli agenti delle finanze

Caccia, 7 giugno 1758. — Facciamo risposta alla loro lettera del 5 del corrente mese. La Signora Grazia Maria di Chiatra, per quest'anno dei raccolti de' terreni da essa mampresi sopra l'asse ereditario confiscato dei Pietri di Pianello, o dovrà prendere quanto importerebbero gli alimenti dovutigli, o quella parte che, avuto riguardo a tutta l'asse ereditaria delle sedici mila lire, le toccherebbe per le 3,000 da essa mamprese, e ciò a riguardo esser di già maturo il frutto, e per impedire la vessazione della elevazione di Cannella che l'affittuazione della camera pretende fare alla di lei mampresa, al quale affittuario dovrà certamente abbonarsi quella parte che essa prenderà dei raccolti. Presa però informazione esatta, e dal rapporto dell'affittuario, e da essa sopradetta Signora, potrebbero venire in questa determinazione per non esser sorpresi dall'astuzia o dell'uno o dell'altra.

Il decreto per la Signora Nunzia, figlia del fu Signor Vincenzo Casta, è già emanato, e sarebbe scandaloso il rivocarlo senza ragione. Questa Signora dà sicurtà di far in avvenire continua la sua abitazione al Borgo; non se le può dunque, sotto niun pretesto, impedire la proprietà delle sue entrate. La proposizione che fanno i di lei parenti risente troppa animosità, la quale non vien ricoperta dal palliativo scaltro che fanno alla camera, che non deve ritrar mai profitto di sorta alcuna, se non per le strade più esatte di giustizia. L'anno trascorso, che questa Signora dimorava in Bastia col marito, e che per consequenza era la di lei dote confiscata, la camera non ne profittò cosa alcuna, e se ne appropriarono i frutti i parenti, e permisero, contro il divieto, che se ne prevalesse il Sansonetti. Ecco egualmente sospetto il loro zelo ed animosità. Se questa Signora poi ha qualche ombra di demerito per il consorte, merita ancora dell'attenzione per il padre; ed i parenti non dovrebbero accendersi più d'odio contro di quello che intenerirsi all'affettuosa memoria di questo. Volesse il cielo che con quest'artificio si risolvesse ad abitare fra noi. Se vedrassi che questa Signora si prevalga con frode del decreto, allora si potrà circonscrivere, ma fin'ora non devesi confondere il riguardo di giustizia che a lei si deve colla indignazione che si ha meritata la casa del consorte.

Faranno assai bene a spedire un'ordine assai forte in Fiumorbo contro di quelli che vanno distogliendo la contribuzione delle decime alla camera per darne il profitto al Vescovo minacciandogli che, quando si passerà in quelle parti nel venturo mese, saranno rigorosamente castigati.

Noi domenica saremo in Corte, per eleggere in un congresso i nuovi turni del Magistrato. Quanto più possono affrettino d'essere in Vallerustie, per dar riparo alle decime di quella pieve che si sperdono da tanto tempo. Colà arrivati, passando gli atti dovuti col S. Presidente, potranno concertare i modi più opportuni e conducenti essendovi ancora in quella pieve tre tasse inesatte.

Il parroco dell'Oreto certamente non era colpevole, avendo ragionevolmente creduto che il procuratore facesse le istanze necessarie al governo, e sopra di questo ridondando la colpa. Al nostro ritorno in S. Antonio per farvi l'altro congresso delle elezioni, che sarà certo li 23 o 24 del corrente mese, si penserà a dargli il meritato castigo, o di arresto, o di condamna, quando loro Signori avanti non fossero arrivati a fargliela pagare.

Per il sigillo, bisognerà che si mandi a fare in terra

ferma, non meno per codesto tribunale che per tutti gli altri magistrati del regno. In Corsica non sanno farne di sorta alcuna; quello che a noi fecero ne è un'evidente prova. Le scritture e gli ordini che tireranno fuori sarà sempre meglio che li sottoscrivano da loro medesimi; saranno più rispettati e meno esposti al sospetto. In quanto al Simon Pietro di Moita, egli è stato rimesso nella grazia del pubblico, e nella proprietà dei suoi beni stabili. Non stiano a mandar qui capre, ma ne facciano quell'uso che stimano più profittevole alla camera. Dal Cielo augurandogli ogni bene, siamo...

Paoli al Magistrato di Balagna

Rostino, 17 Giugno 1758. — Ci viene rappresentato che alcuni soggetti di codesta provincia desiderano d'impiegarsi in bene della comune patria coprendo il posto del comandante della truppa, in cui ha fin qui esercitato il Signor Bartoli. Noi conosciamo non meno giuste che commendabili tali richieste, e perciò scriviamo al Signor Bartoli che, al fine del corrente mese, dia la consegna delle truppe al Signor Giov. Quilici di Speloncato, che ha avuto la nomina per il prossimo turno. Voi farete intendere ai concorrenti che si presentino costì a fare le loro istanze, ed indi ce ne manderete la nota, affine che possa farsi la nomina di chi dovrà mensilmente succedere.

Rocca, segretario di Stato, al Magistrato di Balagna

Rostino, 18 Giugno 1758. — ..... Fate premura, come glie se ne scrive anche da qui, al comandante dell'Isola Rossa, che stia con estrema vigilanza, affinchè improvvisamente non sia fatto qualche tentativo dai nostri nemici, come ci vien presupposto.

Paoli ed il Consiglio di Stato a Casabianca

Rostino, 25 giugno 1758. — Abbiamo inteso quanto ci significate nella vostra lettera di jeri, in risposta alla quale vi diciamo, che non si permetta ad alcuna persona dei presidj l'esigenza dei frutti dei suoi beni, se prima non viene con la famiglia a far permanenza nei paesi, date le idonee sicurtà di continuarvi il domicilio, ed ottenuto privatamente da noi il decreto di permissione.

ROCCA, *Segretario di Stato.*

Paoli ed il Consiglio di Stato, agli Intendenti delle finanze.

Rostino, 29 giugno 1758. — Il Signor Giorgio d'Angeli di Bastia, ci ha fatto pervenire le sue istanze per aver la libertà di poter raccogliere i suoi terratici. A questo, come console del Re di Francia, e perchè anche, secondo le informazioni che abbiamo, non ha operato cosa pregiudizievole alla patria, gli si può concedere la permissione di ricuperare il suo. Della stessa grazia potrebbe godere il di lui vice console, Filippo Antoni. Siccome ci viene fatta istanza da' consoli di altri sovrani, gli si potrebbe similmente accordare la medesima grazia, quando però consti che alcuno di questi non abbia secretamente agito contro le intenzioni del nostro governo, in pregiudizio della nostra libertà; in tal caso, non essendone meritevoli, devono essere esclusi.

L'impiego, che le Loro Signorie esercitano, richiede tutta l'attenzione e vigilanza acciocchè vengano eseguiti gli ordini del governo, onde ci permettano che noi gliene facciamo la presente premura, ad effetto che non venga trascurata cosa anche minima, che possa pregiudicare il diritto e l'autorità del loro ufficio.

Non possiamo accordargli alcun fuciliere, perchè quel numero che abbiamo è molto necessario per molte spedizioni che abbiamo a fare. Il Chiarelli ha preso nonostante il possesso della pieve di Aregno. Dobbiamo venire alle più necessarie risoluzioni, se conosciamo necessario l'accrescimento d'altra truppa per la spedizione dalle parti di Biguglia e Furiani, e se non sono sufficienti i 10 soldati che hanno, potrebbero arrolarne 12 a 15 di più, per quel tempo che richiederà il bisogno.

Paoli a Casabianca e Buttafoco

29 giugno 1758. — I Signori Francesi ci hanno rappresentato che il loro console non deve esser compreso nel numero degli altri cittadini, non avendo mai preso partito scoperto, nè per Corsi, nè per Genovesi. La dimanda è giusta, ma milita ancora per gli altri consoli che hanno servato la stessa condotta. In fatti, il Filippo Antoni, il Rosaguti, il Patroni, ed il cognato di Stefanini, anch'esso console di Spagna, meritano questo riguardo, e ne riceverete ordine. Operate con vigore, chè la cosa prende buon piede, e deve partorirne buoni effetti; e poi incostanza e rilasciatezza, non se ne mostri. I frati hanno alzato la visiera; il primo Padre di questa custodia, che è il lettor Giulio, convoca per i dieci i guardiani in Alesani. Si è spedita la circolare ed assistito da Caccia è Leonardo; lo stesso faranno i Riformati ancora.

Chiarelli ha preso il possesso di giorno pacificamente, forse assistito pubblicamente da Fabiani. Stante questa particolarità, stanotte si è spedita truppa alla casa ad arrestar la famiglia ed i fratelli, e si farà strepito forte contro questi bricconi, non convenendo dissimulare una cosa tanto scandalosa. Agite per codesto vostro impiego. Se non era questa notizia di Chiarelli, stamane partivo per Nebbio ad un vigoroso sindicato, e poi fra cinque giorni sarei stato costì. Non ne dite niente. Sono.

Paoli agli Intendenti delle finanze

Rostino, 30 giugno 1758. — I soldati della guardia del Magistrato, che si trovarono alla fuga dei prigionieri, non devono più restarvi. Quello di Porri deve avere qualche riguardo; lo mando da voi, e specialmente il sergente. Se avete luogo di collocarlo, potendolo aggraziatelo di nascosto di lire cinque di più al mese. Non è che il sergente. Sono.

Paoli ed il Consiglio di Stato, agli Intendenti delle finanze

30 giugno 1758. — Spediamo da Lor Signorìe il Signor Lorenzo Sardo con un distaccamento di truppa, della quale potranno servirsi per le occorrenze che hanno, dandogli però persone pratiche al ritorno di questi, che potrà essere verso giovedì. Si compiaceranno mandarci sette o otto cento lire, che glie se ne transmetterà la ricevuta, o pure spedirle con altra più prossima e sicura occasione. Non manchino spedir giovedì per qui il distaccamento suddetto. Sono.

MASSESI, *gran Cancelliere*.

Paoli ed il Consiglio di Stato, agli Intendenti delle finanze

Rostino, 1º luglio 1758. — Dobbiamo dirvi che i Bastiesi, che vogliano raccogliere i frutti dei loro beni, devono venirsene con tutte le loro famiglie ai paesi, e dare idonea sicurtà che possiedano e non siano dei capi della nazione, i quali, sotto pena di 100 scudi d'oro per uno, ed ogni altra arbitraria, oltre del pagamento del doppio di quanto avranno esatto i loro principali, il tutto da applicarsi alla pubblica camera, si obblighino che quelli faranno continuo domicilio nei paesi e non si accosteranno ai presidii senza licenza in iscritto del supremo governo. Assicurate in questa maniera le cose, ed eseguita la venuta ai paesi delle rispettive famiglie, niuna persona esclusa di quelle, si presenteranno da noi per ottenere il decreto di permissione.

Rocca a Casabianca

Rostino, 1º luglio 1758. — Amatissimo Signor cugino. Mi viene suggerito che costì ve la trionfate a furia di visite di Signore, per sicurezza delle quali si spediscono distaccamenti di soldati a riceverle, nelle vicinanze della città, ed accompagnarle. Dei vostri passatempi, me ne consolo e ne tripudio; ma mi spiace altresì che la truppa sia fatigata inutilmente. Vedete che queste visite non vi portino pregiudizio, e che lo starvi intorno tante ninfe, non sia come quei formiconi che stanno attorno al sorbo per rodergli la scorza. Consigliatevi con voi medesimo e credetemi al solito.

Voltate. Mando a Paoli il rilascio dei marinari chè, per avergli esso presi, gli si doveva questo riguardo.

PASQUALE DE PAOLI.

Paoli ed il Consiglio di Stato, agli Intendenti delle finanze

Rostino, 2 luglio 1758. — È venuto da noi il Signor Bastiano Ceccaldi, e ci ha presentato l'annessa supplica che, con nostro decreto, rimandiamo a Lor Signorie, affinchè ci provvedano in conformità di quanto gli abbiamo prescritto nella nostra lettera in data di ieri ; e siccome ci ha altresì rappresentato che nel maritarsi la Signora Devota, altra sua figlia, egli si trattenne il frutto degli affitti del presente anno, così, se il Signor Ceccaldi lo afferma a Loro Signori, non avranno veruna difficoltà di compiacerlo di essere il padrone.

Fra le più essenziali condizioni che devono esigere dalla sicurtà che danno i Bastiesi di restar fuori della città colle loro famiglie, dovranno ricordarsi che espressamente si obblighino di non mandare in Bastia alcuna sorte di commestibili, senza nostra licenza in iscritto, sotto pena di essere le sicurtà incorse nella pena alla quale si saranno obbligate.

MASSESI, *gran Cancelliere.*

Rocca a Casabianca

Murato, 6 luglio 1758. — Avete saputo trovar tanti ripieghi coll'ajuto del Signor Giov. Sebastiano, che ne è il maestro, che avete colorita la vostra piccola mancanza, e vi siete reso degno di giustificazione. Mio cognato, per passare alle cose serie, ha scritto jeri al Signor Ambrosi, dopo avergli io rinnovate le premure che se gli fecero da amendue in Rostino, e lo ha incaricato di dire a me a chi deve scrivere, per andare ad occupare il procoio nella ventura settimana ; ond'io gli scrivo che ne avvisi voi e, per mancanza d'occasione, incarico Casaltuccio a passar per colà. Così potreste avvisare il Signor Paolo Santo Gavini ; per la ferriera, qualora non siagli vietato di battere finito il suo tempo e che il carbone è restato consunto, credo che vi sarà tempo a farne l'incanto a quando ci vedremo ; in caso diverso vi avviserò.

Paoli ed il Consiglio di Stato, agli Intendenti delle finanze

Murato, 6 luglio 1758. — Cerchino d'informarsi per qual causa possa esser chiamato in Livorno il Signor Petroni, console Imperiale. I popoli principiano a lagnarsi del troppo grande trasporto di grano in Bastia. Ne prendano un'esatta informazione, come del prezzo che vale presentemente, acciò di pigliare i più necessarj espedienti.

MASSESI, *gran Cancelliere.*

Paoli ed il Consiglio di Stato, agli Intendenti delle finanze

Murato, 9 luglio 1758. — Intendenti delle finanze. Dall'acchiusa lettera, vedrete le procedure del Morelli, e vi regolerete secondo la solita prudenza riguardo a ciò che devesi eseguire contro di esso, ma con tutta la sollecitudine affinchè il pubblico non resti defraudato, e quegli non se ne rida. Non fate pubblicità della lettera che vi mandiamo. Consegnate ai renditori della presente, che saranno uomini fidati, quel denaro che potete avere in vostre mani, trovandocene qui sprovvisti, o piuttosto mandate con essi uno dei vostri soldati a cui consegneremo le ricevute.

ROCCA, *Segretario di Stato.*

Paoli ed il Consiglio di Stato, agli Intendenti delle finanze

Murato, 10 luglio 1758. — Dei beni, la porzione spettante ai due fratelli rei Morelli fu distrutta, ed il restante si lasciò per la porzione degli altri due fratelli. Solamente vi può essere l'entrata della cappella della quale se ne può trattenere il conto a parte per poi meglio risultarne l'esito, dacchè pretendesi non possa entrare nella Corsica. Così Loro Signorie potranno tenere nota distinta e porre in sicuro gl'introiti.

MASSESI, *gran cancelliere.*

Paoli a Casabianca

Murato, 11 luglio 1758. — Da alcune vostre lettere, scorgo le vostre smanie amorose. Consolatevi con mio compare chè anzi esso delira e, per ricevere qualche sollievo, si porta costì per ventiquattro ore. Datevi pace, amico; le femmine son belle e buone. Le cose quà spero andranno bene; al ritorno del nostro Cicisbeo, sarà bene venga uno di voi due quà; si darebbe sesto alle finanze di questa provincia, e di altre cose si parlerebbe, nè la dimora sarebbe di più di due giorni. State aria con codesti cittadini, i quali con modo singolare vanno riconoscendo tutti i nostri tribunali; con le loro femmine, regolatevi col vostro temperamento. Sono.

Paoli ed il Consiglio di Stato, agli Intendenti delle finanze

Murato, 11 luglio 1758. — Dicano al Vicario di S. Francesco e l'avertano di non dare esecuzione alcuna alle circolari, ed altri ordini del provinciale, altrimenti incorrerebbe nelle pene più rigorose, se prima non sono riconosciuti da noi, per vedere se siano perniciosi allo stato e contrarj alle leggi. Siamo desiderosi di sapere in che stato siano le cose della raccolta in codesta parte.

ROCCA, *Segretario di Stato.*

Autre circulaire du 25 juillet, datée de Rostino. Le 27 juillet, Paoli était à Rostino.

Paoli ed il Consiglio di Stato, agli Intendenti delle finanze

Rostino, 24 luglio 1758. — Intendenti delle finanze. L'acchiuso memoriale ci è stato presentato dal Signor Lucciana, constando che questo sia dei paesi e non Bastiese. Se gli possono usare tutti i passibili riguardi, senza però pregiudicare alle leggi. Siamo assicurati che quei cittadini, che hanno dato la sicurtà di non mandar biada in Bastia, vi hanno condotto e grano e lino. Qualora giungono a noi tali notizie, non è impossibile che ancor voi le possiate sapere; pigliatene perciò la conoscenza, e si facciano sul principio rispettare i decreti, se si brama in appresso l'intiera osservanza.

ROCCA, *Segretario di Stato.*

Paoli a Casabianca a Vescovato

Rostino, 27 luglio 1758. — Amico, non ho tempo di rispondere alle coglionerie, perchè sono applicato a cose serie che meritano tutta l'attenzione. Vedete di star vigilanti ai moti che si facciono da codeste parti. Assistete i padri definitori riformati che sono scesi costì, ed animateli a fare il loro congresso quanto prima. Non conviene che il Signor Filippi (1) comparisca in faccia del pubblico

---

(1) Il avait épousé Anna Catherina, Veuve Matra et mère d'Antonuccio.

amministratore dei beni dell'Antonuccio, chè sarebbe troppo scandaloso. Sollecitate le vostre cose, e procurate d'avere in canto qualche riguardevole somma per la pubblica camera. Sono.

Paoli ed il Consiglio di Stato

Rostino, 28 luglio 1758. — Intendenti delle finanze. Sappiamo che il paese del Pruno, ed altri paesi d'Ampugnani, non hanno pagato la tassa. Loro Signorie badino se ciò sia vero, ed in tal caso non la lascino di mira.

MASSESI, *gran cancelliere*.

Paoli ed il Consiglio di Stato, agli Intendenti delle finanze

Rostino, 28 luglio 1758. — Vedete di sollecitare la raccolta dei pubblici proventi, ed indi l'esazione della tasse, perchè siamo assicurati che i Genovesi vogliono tentare i mezzi per frastornarvene l'esito. Meditano mille disegni, alcuno dei quali speriamo che non gli riuscirà. Spiate costì se vi riesce di capire qualche cosa, e fatecene intesi.

ROCCA.

Autre circulaire de Rostino, le 3 août.
..... d'Oletta, le 22.

Paoli, al Magistrato di Balagna

Rostino, 28 luglio 1758. — Abbiamo inteso quanto avete stabilito nell'unione del 26 del corrente. In risposta dobbiamo significarvi che dal consiglio è stata approvata l'elezione del Signor Poletti per consigliere di Stato per il primo turno.

Paoli a Casabianca a Vescovato

Rostino, 29 luglio 1758. — Il torbido che pensano mettere i Genovesi mi viene suggerito dalle acchiuse, che a voi confido, col patto che a terza siano qua, perchè devo far la risposta, e sono in aspettativa di migliori schiarimenti per nostra regola. Sopra i Francesi, si parla anche in Calvi che partano. Staremo a vedere. La truppa dei volontari s'unirà domenica, giorno dei 6, in Corti, per da colà far quel cammino che si stimerà più a proposito dalle notizie. Il pretesto è per Fiumorbo. Voi continuate nel vostro impiego. Il decreto del Signor Lucciana era condizionato e non essendo vero l'esposto, era altro. Nè quelli del Vescovo, nè delle tasse sono pagati i danari al fisco. L'affitto della ferriera di Murato è finito. I due fratelli lo dissero a Cecco Scata, il quale la prenderebbe. Se spedite l'altra, primo sarà Pione. Mandate il cavallo colla truppa; servirà per quelli che non potranno sempre andare a piedi, ed anche per me, chè il mio è mucato. Animate i frati.

Paoli a Casabianca a Vescovato

Rostino, 31 luglio 1758. — Amico. Io, che sono facile più di voi a credere le dicerìe che si spargono, non ne faccio verun conto. Può darsi che venga il Grimaldi, ma finora non vi vedo fondate apparenze. Che vuol fare senza soldati? Per la solita ridicola comparsa? Voglia Iddio ch'egli faccia gli ultimi suoi tentativi. Le galere forse saranno arrivate in Bastia; ma se faceva conto venire il campione, questo sarebbe stato il tempo a proposito.

Non fu che un mero abbaglio quello di non avervi detto di confidar le lettere al Signor Titto. Chi menerò degli amici della maggior confidenza nel mio passaggio nel di là dei Monti....? Ho parlato ancor io qui con Conte Momo, per l'affare di cui parla la lettera del fratello, onde potete dargli una forte speranza. Per la ferriera si aggiusterà Cecco, che presentemente non si trova qui. Il cavallo mi abbisogna, poi vedrò di procurarvene qualcheduno. Bainzo vi darà relazione come siano andati a male due cavalli sardi ch'erano dei più buoni. Animate i frati a proseguire con buon animo le loro cose. Datemi ragguaglio cosa sia successo dell'amico di Capocorso. Sollecitate le vostre faccende, e credetemi.

Paoli agli Intendenti delle finanze

Rostino, 1° agosto 1758. — Oltre la partita del danaro segnatevi che mandiate, vedete di mandarmi qualche cosa di vantaggio, poichè bisognerà nel viaggio che sarà.... Non vi è altro di nuovo. Se avete notizie, datemene. Sono.

Al basso della lettera.

1758 a tre Agosto, nel Vescovato di Casinca, io sottoscritto, confesso aver ricevuto ora presente, dagli illustrissimi Signori Titto Buttafoco e Giov. Quilico Casabianca, la somma di lire mille e tre cento trenta cinque, dico 1335, per doverle consegnare all'Eccellentissimo Signor Generale Pasquale de Paoli, Generale del regno di Corsica.

Lorenzo Alessandri.

Paoli a Casabianca a Vescovato

Rostino, 3 agosto 1758. — Se gli affari costì non sono in stato più che pregiudizievole al bene pubblico, io vorrei che dimani vi portiate qui, per concertar gli andamenti di questo viaggio che intraprenderò posdomani. Se poi non fosse possibile, senza grave interesse del comune, di venire, mandatemi Casalta, Pinello, con tre o quattro altri dei più capaci, ed in loro luogo, ne piazzerete altrettanti a vostro piacere. Ma il meglio sarà che veniate domani qui. La marcia ha un altra idea, cioè per Capocorso.

G. Rocca a Casabianca, dove sarà

Rostino, 3 agosto 1758. — L'affare del Silvestro Serpentini mi si dice in pessimo stato, forse ad insinuazione del Signor Ciavaldini, per le idee, come sapete, e perchè non vi ha buscato cosa alcuna.

Esaminatelo bene e rendetegli giustizia, ve ne prego. Se quello non mostra ricevuta autentica d'aver pagato le lire 800 in Bastia, le passi; se non, perchè obbligarlo, due volte? Se nulla si è cercato dei beni dei Bastiesi gli anni passati, perchè fargli pagar l'affitto della ferriera d'Alesani? Io non capisco questo mistero. Può darsi che fosse giusto, ed allora non vi ho alcun scrupolo. Perchè avergli data la permissione di far battere quella di Chiatra dopo San Pietro, e poi chiamarlo a pagar per quel tempo? Riflettete a tutte queste ragioni, ed indi fate quel che credete convenevole. Vi scrivo colla solita confidenza, ed abbracciandovi sono.

Paoli agli Intendenti delle finanze

Rostino, 4 agosto 1758. — In risposta alle due lettere che ci avete mandate, una in data di jeri e l'altra d'oggi, vi diciamo che abbiamo ricevuto del caporale Lorenzo 1335 lire, 2 s. che ci avete mandato a conto del pubblico, di cui vi bonificheremo il conto in altra occasione, ed intanto la presente vi servirà di ricevuta. Si rilasci il grano dei

Signor Carlo Marengo, non già quello del dottor Perfetti. Procedete come stimate giusto nell'affare del Serpentini. Il pubblico non ha mai beneficato delle spese fatte alla ferriera di Alesani; intanto faccia il deposito delle lire 800, poi si esaminerà l'affare. Pigliate le necessarie informazioni per quelli che hanno trasportato in Bastia grano e lino; non sarà difficile saperne il netto. Fra gli altri, sappiamo che la moglie di Zerbi e di Cardi ne hanno fatto passare. Si è detto che il Morelli, contro la sicurtà data, essersene ritornato in Bastia. Si proceda alla forma della promessa, Prendete inspezione del cambio del grano fra la Signora Nunzia, ed il Mariotti; ma non ammettete così facilmente le rappresentanze.

Non abbiamo veduto alcuno per le bestie che sono venute da Aleria. Fate voi quel che stimate più profittevole al pubblico. Date tutta l'assistenza ai PP. diffinitori ed animategli; ancor noi gli abbiamo scritto oggi.

Vi si rimandano le suppliche coi decreti, affinchè vi regoliate secondo la solita pratica.

Disponete delle 30 lire in favore della chiesa di S. Sebastiano. Regolatevi alla meglio per l'affitto di S. Pancrazio. Sarebbe bene che il Padre Dionisio ritornasse; cercate tutte le strade; mandategli Casalta e Taglierino alla volta di Corti domenica, ma dirigeteli al Signor Clemente, che sarà qui. Nella lettera gli direte che se ne prevalga nella spedizione del Signor Valentini. Abbiamo notizia sicura in questo momento che il Padre Raffaello vuole sortire di Bastia; fatene intesi i Padri diffinitori e che proseguiscano le loro cose con aria, poichè potranno servirsi dei guardiani che probabilmente usciranno con esso, poichè per lui si daranno gli ordini opportuni.

ROCCA, Segretario di Stato.

Frattanto potete dare al Signor Giafferri, 6 stare di grano; poi si vedrà.

Paoli a Casabianca

Rostino, 4 agosto 1758. — Voi sapete se in questa occasione posso rimandarvi il cavallo. Mio fratello sarà forse a trovarvi in breve. Non mancano cavalli ad uomini come voi, ed in mancanza, servitevi d'una giumenta.

Petriconi fu jeri qui, ed è già stato invitato, e viene. Profitteremo delle notizie del vostro bigliettino. È bello l'altro del *tibi soli*, scritto dal vostro cancelliere. Ho piacere che gli affari di codesto paese siano in calma; ma dubito di qualche vicina tempesta. Se quell'amico viene, mandatemi subito la relazione.

Paoli al Magistrato di Balagna

Corti, 6 agosto 1758. — Il sergente Giuntini, dalla giustificazione presentataci, apparisce innocente del disordine successo all'Isola Rossa, del quale solamente vedesi colpevole il Capiassi e l'Antonello, ambi di Sta Reparata, al castigo dei quali penseremo al ritorno della presente marcia. Se ne ritorna perciò al suo posto colla solita autorità ed incombenza.

Rocca al Magistrato di Balagna

Corte, 6 agosto 1758. — A vista della presente, intimerete la marcia a tutti gli armati della provincia a star preparati per proseguirla in ogni occorrenza, sotto le pene prefisse dalle nostre leggi contro i disubbidienti. Noi passiamo nel Capocorso, ove abbiamo motivi d'interrompere i disegni che vanno meditando i comuni nemici, con profitto della patria. Voi state con attenzione d'accorrere colle truppe ove vi segneremo colle ulteriori nostre lettere. Intanto pregate tutti i molto riverendissimi parrochi e superiori di ogni parrocchia e monastero a fare un triduo, affine che le nostre cose abbiano un prospero successo a pro della patria.

De Paoli Giacinto a Casabianca

Napoli, 8 agosto 1758. — Amico carissimo. Ho ricevuto la vostra lettera e l'ho transmessa a Roma, per dare le notizie della patria a quelli amici. La vostra relazione è stata alquanto difettosa, perchè non ha compiutamente descritto il passaggio nel di là da' Monti, ed il ricevimento che al Generale hanno fatto i popoli, e quel che si è ivi ordinato. Solamente Nicodemo Pasqualini mi ha fatto del passaggio una descrizione veramente principesca. Pasquale non cessa di schiamazzare per questa, dirò così, maledetta opera, (1) come ultimamente ancora me ne scrive capitano Ambrosi (2) da Gaeta. Pare che ella sia la serva di Cesare : *noli me tangere* ; ò veramente ch'ella sia stata scritta da una penna angelica. Se Pasquale la stimava tale e tanto rispettabile, non dovea scrivere che si facesse passare sotto gli occhi di un valentuomo per la correzione. Si diede al Signor Ferdinando il quale, dopo averla letta, dice che la materia era buonissima, ma che gli mancava la forma di uno stile più ornato. Ma egli la sbaglia, perchè lo stile è bellissimo, ad esclusione di alcune poche parole che per altro non rilevano ; ma consigliò lo stesso Leoni, non potendo egli applicarsi, a farla passare sotto gli occhi

---

(1) *La Giustificazione.* — La première édition porte la date de 1758 ; mais a-t-elle été imprimée à Corte ou en Italie ?

(2) Giuseppe Maria de Castineta.

del padre Mariani, come già fece il Signor Zerbi, e quegli lodò grandemente l'opera, e solo vi aggiunse alcune cosuccie, che non pregiudicano alla sostanza della scrittura, benchè a me non piacessero, non parendomi necessarie. Io, se avevo i miei occhi e la mente di prima, vi avrei mutilate alcune cose, cioè tolti alcuni errori e falsità di fatto in queste ultime guerre che possono, in qualche parte, far perdere il credito all'opera. Ora comunque sia, la stampa è troppo avanzata e non vi si può più rimediare, e bisognerà quietarsi, altrimenti io ed il Signor Zerbi ne faremo la spesa, e faremo conto d'avercela giocata a carte, e prometto che terminata che sarà in (manque un mot) o se ne farà un sacrifizio alle fiamme, o si spenderanno i libri stampati per la terra ferma, ed in Corsica non se ne manderà nessuno.

Il Signor Zerbi ha risposto a Pasquale un poco risentito; ma, dopo aver letta la lettera alla mia presenza, se n'è pentito e volea stracciarla; ma io gli dissi che la mandasse, come ne ho scritto a Pasquale, al quale direte, che non cerchi di puntigliare colla risposta, e che si ricordi di quelle maledette lettere che scrisse a Franceschi. Contuttociò i Zerbi hanno tollerato, e sono tuttavia buoni patriotti.

Ritorno a dire l'opera, quando uscirà alla luce, non dispiacerà, benchè ella sia assai mordace e possano i principi considerarla come il libello famoso, ma i Genovesi per altro lo meritano.

Vi raccomando Padre Agostino, e fate sì che, per i disertori, resti contento prima lui, e dopo il suo fratello. Si potrebbe impiegare ad esclusione di quel Paolo di Olmo, Bastiese, che non può esser così fedele, e può giocarvi come questi di Napoli, e tanto vi basti. Perdonate lo sfogo che ho fatto, chè io poi lo lascio e lo correggo con andarmene domani agli esercizi spirituali del Padre Franzini.

Monsignor Natali ha scritto a queste Signorie. Ginestra ha ricevuto la lettera di Pasquale con somma soddisfazione, ma ha tante occupazioni che di presente non ha potuto rispondere, e prega che se ne faccia parte costì per scusa, ma suppongo che poi risponderà.

Direte al Signor Giovanni che la presente lettera servirà anche per lui, perchè io non ho potuto replicarne tante.

Vivete col timor di Dio e fate che le vostre cose compariscano e giuste e oneste. Riveritemi vostro Signor fratello, tutti gli altri capi ed amici, e frati e preti. Vi ringrazio, e poi vi ringrazio dell'industria che avete usato di cogliere Giov. Gilio, con farlo contentare delle sole 200 lire, benchè poche; ma io ne depongo ogni scrupolo sulla vostra parola. Vi abbraccio e sono e sarò sempre vostro amico.

Paoli a Mari

Cappuccini di Luri, 11 agosto 1758. — Le galere hanno sbarcato un corpo di 300 uomini a Rogliano, e poi da Canari l'altra sera le abbiamo vedute passare alla volta di Calvi. Dopo la rotta del primo distaccamento, di cui vi parlai nella lettera di jeri, e come sentirete da quella dei capi dell'avanguardia, e dopo la fuga del corpo intiero dalle vicinanze di Morsiglia, si è ritirato il nemico in Rogliano ed ha fortificato il convento, la torre e la casa Negroni. Stamane il nervo della nostra gente, che si trova in Morsiglia, passerà in Rogliano, ed io, col corpo che qui si ritrova di volontari ed altri, starò in attenzione e facilmente mi avvicinerò a quella parte. Qui non v'è bisogno mandarvi altra gente di quella chè è stata ordinata, essendovene a sufficienza, perchè la moltitudine ci farebbe scarseggiar i viveri. È necessario bensì un corpo rispettabile in Biguglia e Furiani ed anche avanzarvi in Lota, Cardo e Ville per stare in osservazione dei movimenti del nemico, per attirarlo e per impedir la missione d'altre truppe, e far qualche diversione in questa provincia. Dimani spero darvi migliori notizie. Le truppe che hanno portato le galere di Genova sono, dicono, in numero di dieci compagnie. Molti vogliono che queste non fossero per muta delle prime, bensì per presidiare S. Fiorenzo e Calvi, ed in fatti, alcuni leviti, che sono passati per questa porta usciti da Bastia, erano carichi di pagliacci e coperte. Vi saluto e sono.

Paoli a suo fratello Clemente

Casa Negroni in Rogliano, 12 agosto 1758. — Fratello carissimo. Se il tempo avesse permesso che i nostri avessero proseguito il loro viaggio, la Repubblica sarebbe stata fuori di questa provincia con 300 soldati di meno; non aveano anche provviste, nè in torre, nè in convento; e la valorosa azione dei nostri in S. Nicolao di Luri gli avea assolutamente avviliti. Ora il Convento e la Torre sono ossi troppo duri; ciò nonostante, voi non pensate a questa parte, chè non ho timore alcuno. Dio volesse che ci attaccassero Villesi e Lotinchi; un cento sono al Macinaggio, e da costì, senza rischiar niente gli daste un cavallo. Farete bene ed approposito bruciando le case di tutti quelli che non comparissero. Ma temo che non abbiate genti buone. Queste sono incoraggite a fare al fuoco non tollerabili disordini.
Scrivete che i prigionieri siano ben custoditi. Valentini è ammalato in Morsiglia, ma sta meglio, e domani sarà qua anch'esso. Forse stanotte, se attaccassero i nostri il convento, si prenderebbe; almeno poco si rischierebbe. Due volte ebbero le nostre partite sorpresi i nemici, i quali, in numero di 150, furono inseguiti. È morto Bainzo con sette fucilieri. Questi paesi sarebbero buoni. Se avessero veduto quello che risicò S. Fiorenzo, avrebbero tenuta altra condotta. Ogni pieve fa mancanza; padron Giuseppe perchè non torna? Comunicate queste notizie ai capi, ed operate con regola in faccia ai Francesi. Sono.

Paoli ai Capi

Rogliano, 13 agosto 1758. — Illustrissimi Signori. Abbiamo ricevuta la loro lettera in data di jeri, e pensiamo la loro avanzamento in codesti paesi suburbani. Crediamo abbino questi prestato l'ubbidienza nell'esser comparsi i di loro podestà e PP. del comune.

Per qui non devono prendere alcun pensiero, e solamente cercare di obbligar questi popoli alla contribuzione delle tasse restate, potendogli far pagare uno zecchino a fuoco. Oltre di sapere quelli che hanno preso le armi, e che si sono portati qui in Rogliano colla truppa genovese, sappiamo esservene alcuni contro dei quali potranno procedere all'incendio e devastazione dei beni. Noi abbiamo ordinato la contribuzione, a questi sei paesi della Signoria, di quattro lire a fuoco, e due a mezzo fuoco, quale esatta, ci porteremo in Luri, chiamando colà una consulta di questi principali. Il motivo di far pagare sole lire 4 si è per aver riconosciuto in questi popoli la loro buona inclinazione, e per avere prestato la sussistenza alla nostra truppa; al contrario di questi suburbani che, oltre la disubbidienza usata quando furono ingiunti a pagare, parte di loro prese le armi contro la nazione, che è quanto possiamo saperne; e attendendo i loro riscontri, sono.

Paoli ai Capi

Rogliano, 15 agosto 1758. — Ieri sera si cercò di riconoscere con qualche mezzo lo stato e fortezza di questo convento, quale, benchè sentisse in vicinanza la numerosa gente, non fece alcun movimento. Questa sera tenteremo qualche altro mezzo, se potrà riuscirci. Frattanto loro

Signorie cerchino di far contribuire da codesti paesi la tassa, procedendo al gastigo di quelli che si ritrovavano colla truppa genovese, essendo noi informati che molti ve ne sono qui ed al Macinaggio. Ci dispiace aver inteso che seguano delle piccole scaramucce con i posti avanzati di Bastia. Non bisogna accostumar quei cittadini a prender la difesa dei nostri nemici. In caso che qui nulla ci riesca, fra quattro o cinque giorni avremo terminato gli affari e saremo in stato di ritornarcene. Sono.

Paoli ai Capi Corsi

S. Nicolao di Luri, 17 agosto 1758. — Non abbiate alcun timore che da questa parte possa succedere cosa che vi frastorni, perchè siamo in numero rispettabile, ed il nemico non si trova in stato di far tentativi. Oggi sono venuti gli Andreani di questi paesi convicini colle contribuzioni, e stasera spero che si darà sesto agli affari di questa parte. Non è nemmen necessario che costì si facciano eseguire le marcie che sono state intimate. Basta che restiate in Furiani e Biguglia qualche giorno, e non altro. Vi darò ragguaglio degli ulteriori movimenti e risoluzioni che si prenderanno, ed intanto col solito amore.

Rocca al Magistrato di Balagna

Canari, 18 agosto 1758. — ..... Gli affari di questa provincia hanno avuto il loro sesto. I' popoli hanno prestato l'intiera ubbidienza agli ordini che se gli sono ingiunti. Si è determinato di lasciar qui un luogotenente della nazione con un buon nerbo di truppe per esercitar la giustizia, e per interrompere ogni tentativo che potesse far la Repubblica di mantenervi almeno un' apparente giurisdizione.

Siamo ammirati che in cotesto convento, contro i divieti, siasi letta la tavola, e che il guardiano abbia accettato la carica e ne amministri il ministero. A vista di questa, sarete contenti farlo arrestare ed indi, scortato di due fucilieri, mandarlo nel Castello di Corti, senza ritardo o dilazione, poichè, quantunque di genio, merita castigo; anzi in tale occasione questa prerogativa gli accresce delitto. Sentiremo con piacere le ulteriori notizie della provincia.

Giuseppe M. Massesi agli intendenti delle finanze

Oletta, 26 agosto 1758. — Dacchè la squadra dei fucilieri che seco aveano ha fatto fuggire il prigioniero, e contro la quale si procederà a suo tempo, gli spedisco altra squadra di dieci fucilieri con un caporale, acciò possano prevalersene nei loro affari e proseguire il loro uffizio.

Si spediscono a codesto Magistrato due lettere, una per esso, l'altra per spedirla dal medesimo a quello di Corti; contiene il divieto per i popoli di portar nei presidj sorte alcuna di biade, per aver noi già spedite le guardie nella strada verso Bastia.

Anna Caterina Filippi a Casabianca, intendente delle finanze

Venzolasca, 28 agosto 1758. — Ho ricevuto la lettera alla mia responsiva, e gli rendo infinite grazie delle attenzioni prestate per i miei affari.

Ho ricevuto lettere di Giov. Angelo (illisible) fattore assistente nel procojo d'Aleria che mi avvisa esser uopo di far compra di un animale d'aratro per detto procojo, per poi poterne col tempo riccacciare qualche buona raccolta mediante la prossima sementa che deve farsi. Sa Ella benissimo non esser io comoda per far la compra di detto animale. Ho considerato non esservi altra via che vendere un pezzo di luogo del valore di lire cento venti circa, il qual luogo è di mio figlio e del Signor Alerio e di tutta la casa. Detto luogo si troverebbe a vendere; resta solo che non vogliono comprarlo per timore, se non si ha permesso dal Signor Generale, o pure da voi Signori delle finanze, e con espressa licenza in scritto. Credo che il Signor Buttafoco gliene avrà avanzata notizia, chè di ciò gliene ho fatto istanza. Per detto luogo mi darebbe l'animale il Signor Giovan Paolo Matra. Spedisco dunque l'uomo apposta, perchè tal affare è per me di molta premura. Sono affidata alle sue solite grazie, e con tutta la stima sono.

Paoli a Casabianca

Oletta, 29 agosto 1758. — Il nostro magistrato di S. Antonio, dopo essere stato avvertito dell'irregolarità commessa nello scrivervi quella lettera in forma d'ordine, in vece di ammendarsi, fa altrimente col Consiglio e meco. Io non so comprendere donde derivi tanta stupidità: il cancelliere particolarmente non può allegar ignoranza in sua difesa, avendo esso servito sotto il Signor Marchetti e Grimaldi, nel qual tempo tutte le cose andavano a dovere; le lettere erano scritte e concepite con la decenza che compete ai Magistrati. Molto meno è scusabile il presidente che, essendo stato molte volte al consiglio, ha veduto come scrivono i Magistrati provinciali. Ma queste sono cose che possono dirsi minuzie riguardo all'altra che ora vado a segnarvi, acciocchè procuriate, se vi riuscirà, istruirlo per l'avvenire.

Gian Francesco di Rutali, reo di delitto pubblico e grave,

per aver, nella casa stessa del Magistrato facendo violenza alle sue guardie, levato dalle carceri un prigioniere, non fu fatto impiccare perchè comparve innanti questo magistrato con la condizione: *franca la vita* ed esenzione di andare in Corti; fu mandato a S. Antonio coll'ordine di tenerlo ristretto nelle carceri. Ora in vece di tenerlo ristretto, come meritava un delitto così forte, gli hanno sempre dato la libertà, ed essendovi un povero giovine di Barbaggio, per leggiero delitto prigioniero, se volle ottenere qualche ora di libertà, bisognò che per esso intercedesse il predetto Giov. Francesco, facendo risposta che non sarebbe fuggito; il quale essendo jeri l'altro fuggito, il Magistrato incatenò subito il Gian Francesco. Vedete, amico, la bella maniera. I rei di lesa maestà nelle nostre carceri sono da tanto che possono intercedere e far risposta per i prigionieri di prevenzione, come era quello di Barbaggio.

Sentitene un'altra: per il disordine successo in Lama, formò D. Pietro un processo così mal concepito che non potendovi sopra far sentenza, fu avvertito di rinnovarlo. Prima che io partissi per Corti, dissi a Don Pietro che tenessero cauto Giacomo di Lama, e chiamassero anche Pietro Maria di lega avversa nello stesso paese. Mandarono a questo il primo ordine, al quale quello presentatosi in Corti, fu posto in Castello. Forse non fu, per la spesa della spedizione, avvertito di questa comparsa il Magistrato, il quale avendo ritrovato l'ordine, e non vedendolo comparire alla seconda chiama, in vece di replicare per la terza volta l'ordine, vi spediscono con 30 fucilieri un capo che proceda alla distruzione, ad uno che non ubbidisce agli ordini, sebbene le nostre leggi prescrivono altre pene specificatamente. Sentite il ripiego che prendono ora; dicono quello era reo di *frazione di pace*. Perchè dunque non chiamarlo all'inchiesta? Ma per procedere capitalmente contro Pietro Maria, ci volea pure l'approvazione del Generale e del supremo Consiglio. Vedete quali irregolarità massime e grosse; e quel che è peggio, il capo spedito, sebbene avvertito che il Pietro Maria era in Castello, procede ciò nonostante alla devastazione della casa, poi ritorna e non l'arrestano nemmeno. Ora il Pietro Maria domanda esser rintegrato del suo danno, ed ha ragione. Vi mando la stessa lettera del Magistrato, acciò mostrandola a Don Pietro, possiate farlo avvertito come deve regolarsi in avvenire notandogli i sbagli commessi.

Veniamo alle cose a voi appartenenti, amico. In Niolo potete, come bramate, portar 15 soldati; dovendo però agire, servitevi principalmente de' capi delle pievi; a voi non mancano sopra ciò ripieghi. Camminate all'esazione della tasse per le tre pievi, e presto il danaro in mano.

Si è spedito Paolo Geronimo per munizioni, e per liberar padron Giuseppe. In Bastia temono di pagar il delitto di aver preso le armi contro il nostro campo, ed il timore li tiene solleciti Alcuni avvisi portano che loro pensano far un irruzione sopra Furiani e Biguglia, dove per altro vi stà la nostra truppa. Colonna comincia a trovare difficoltà. Il Tribunale stesso di Celavo mi parve fare poco. Io gli ho risposto che usi prudenza. E arrivato il Conte Ferd. Maria Ornano, e credo seco lui il Signor Matteo Buttafoco. Questo procura frastornarlo ancora. Questa parte è veramente Africana. Con mio fratello parlerete degli altri affari. Non posso più scrivere.

Paoli a Casabianca

Oletta, 1° settembre 1758. — Ho ricevuto la vostra lettera riguardo alla condotta del Magistrato, il quale apparisce anche più colpevole dalla relazione che ha fatto delle istruzioni ricevute dal Signor Salvatore Casabianca. Se si abbandonano un momento, la coglioneria è pronta. Questa bisogna farglela pagare per prevenire le altre. Savelli non mancò quando indusse Pietro Maria a darsi in mano alla giustizia ed in potere del consiglio, perchè a S. Antonio, dove i suoi nemici erano consiglieri e consultori a latere, affatto non volea presentarsi. Questi sono gli uomini che si vogliono agli impieghi con impegno. Cert'uni non si mantengano al maneggio delle cose. Lasciateli nel piccolo, se li bramate sempre onesti. Signor Zitta, sollecitate vostro nipote a venir da me; ho premura di parlargli. Statevene allegro e credetemi.

Paoli a Mari e Taddei in Tavagna

Oletta, 1° settembre 1758. — Il padre Luigi, sebbene giustificato finora con degli attestati dei frati di Casinca, stamane tutto il capitolo della provincia, ed il nuovo diffinitorio eletto, ed il padre Moro hanno parlato per lui, cosicchè egli può restare finchè io sto in questa provincia a presentarsi; ma avvertitelo a non prender posto da diffinitore, ed acciò renda l'ubbidienza dovuta al nuovo padre diffinitore che è in questo posto; che è quanto posso dirgli in risposta alla vostra dei 30 dello scaduto mese, col segnarmi col più sincero affetto.

Massesi Gran Cancelliere, agli Intendenti delle finanze.

Oletta, 1° settembre 1758. — ..... porre in galga i beni spettanti ad Antonio Matra per deliberarne a maggior vantaggio del pubblico.

Il congresso è stato fissato per il giorno 14 del corrente, in Santo Pietro. Loro Signori vi devono intervenire.

Paoli a Vinciguerra

Oletta, 4 settembre 1758. — Con tutta la cautela e segretezza vedete di mandarmi il Sischese di cui pensavamo valerci in Capocorso. Se egli provasse ripugnanza a presentarsi da noi, fategli vedere questa lettera, che intendo gli serva di salvocondotto. I miei ossequj alla Signora Serena, mia distintissima padrona. Col solito cordiale affetto, mi protesto.

Paoli agli Intendenti delle finanze

Oletta, 11 settembre 1758. — Faccio risposta alla loro lettera dei 10 del corrente. Alla consulta ci potrebbero essere, se lasciassero al fine di essa il passo nelle Costiere; cammin facendo non sarà difficile dar sesto alle pievi di Giovellina, Canale e Talcini. In S^{to} Pietro basterebbe ci fossero venerdì; ma non ci trovino pretesti; necessaria è la loro presenza; poi giudichino quello che gli sembra più a proposito. Tanto mi preme significargli, e con pienezza di affetto mi confermo.

Massesi al Magistrato di Balagna

S^{to} Pietro, 16 settembre 1758. — In seguito di quanto è stato stabilito in questo generale congresso ed incaricato agli Illustrissimi Signori Intendenti delle pubbliche finanze d'invigilare, e con tutta esattezza esigere i proventi ed altro appartenente al pubblico, in conformità dello stabilimento, sarà speciale cura delle S. V. Illustrissime di prestar a codesti Signori Illustrissimi Intendenti per la provincia tutta la necessaria assistenza, dando gli ordini opportuni ai capitani d'armi d'ubbidire e prestare la forza dei fucilieri a' detti Signori Intendenti ogni qual volta la richiederanno, per eseguire la loro commissione e costringere qualunque renitente, comminando quelle pene più rigorose contro coloro che mancassero d'ubbidienza.

Paoli ed il Consiglio di Stato, agli Intendenti delle finanze

S^{to} Pietro, 16 settembre 1758. — Le presenti circostanze, in cui si trovano gli affari della comune patria, richiedono una sollecita prontezza nell'esazione dei pubblici introiti, e particolarmente sopra i beni delle confische che per anco non sono state esatte, particolarmente nelle provincie, affinchè nel decorso del presente mese possa farsi l'ammasso almeno di 10,000 lire, onde provvedere ai bisogni dello Stato. Vedete perciò di unirvi e pensare ai mezzi più propri, ecc.

ROCCA.

Paoli agli Intendenti delle finanze

Oletta, 17 settembre 1758. — Vi è necessità di truppa in Furiani, perchè i capitani chiamati si scusano che non possono venire presentemente. Vedete perciò servirvi d'altro soggetto per sergente, e dite a Cippatello che vada subito in Costiera e trovi una quindecina almeno di buoni soldati, ed in questi due giorni si porti qui. Se costì non ha mandato il Signor Nicodemo a prendere la polvere e piombo che vi è, vedete d'inviarlo subito con una bestia de' frati per gente sicura a Furiani, colla nota della quantità. Sono con tutto l'affetto.

Paoli agli Intendenti delle finanze

Oletta, 19 settembre 1758. — Le tasse non posso dirvi quanto ne abbiano pagate le pievi, perchè i commissari non pagavano che a pezzi ed a bocconi, particolarmente le Costiere e Canavaggia, che non hanno mai pagato che una piccola partita di cui hanno la polizza ; Lama ed Urtaca, credo mai. Ma di queste partite inesatte non verrete mai a capo per il cancelliere che avete, il quale non sarà troppo bene metterlo ai maneggi. Talcini deve due tasse ; Vallerustie almeno 4, e Giovellina, 4. In Venaco è stata sempre mal composta, nè dovete fidarvi a chi vi darà la prima relazione. Casinca, Marana ed Orto, credo devano due tasse ; Casinca le deve certamente. In Ampugnani, ah! che intrecci, per trovarne il netto fra tanti raccoltori ! Paolo mentre ne deve una partita, il Signor Domenico Vico deve lire 28, per tasse della comunità di Caccia ; non pagandole lui, è obbligato il paese. Signori, ne' paesi devono prendere e pubbliche e secrete informazioni, per il vantaggio della camera. In Casacconi, quanti imbrogli ! Quanti in Rogna ! Costieri tengono ancora molti benefici, e devono e per tasse, e per questi. Pietralba deve, perchè tiene un benefizio, e non ha pagato mai nè puntuale, nè per intiero. Prendete il Ceppatello soltanto fino al mese, chè non merita più di V. D. Vi sono gli altri sergenti fatti a fornire di polvere. Si penserà per i preti. Sono con sincera stima.

Paoli ed il Supremo Consiglio di Stato, ai Signori Podestà e PP. del comune di Canari

Oletta, 25 settembre 1758. — Essendo prossime le vendemie delle vigne, sarà vostra cura d'invigilare all'esazione del vino che spetta al pubblico, tanto del feudo, quanto delle confische, il quale sarà da voi ripartitamente fatto imbottare a persone ben viste, per cui sarete voi responsabili, mandando a noi l'esatta nota dell'importare di detto vino, subito che ne sarà fatta la raccolta, sotto pena di pagare il doppio di vostro proprio, in caso che venisse in qualche parte defraudato. Intimerete altresì agli uomini di codesta comunità che non permettano ai mulinari di macinare biade di S. Fiorenzini, sotto pena di scudi cento d'oro in comunità, ed incendio de' mulini e case dei mulinari, compresa ogni altra a noi arbitraria; e così intimato che sarà il presente, affissino copia; lo rimanderete a noi colla relazione di aver eseguito.

ROCCA, *Segretario di Stato*.

Paoli ed il Consiglio di Stato, agli Intendenti delle finanze

Oletta, 28 settembre 1758. — Abbiamo ricevuta la loro lettera colle distinte relazioni che ci danno, alla quale possiamo dirgli in risposta che, riguardo alla pena divisata darsi per la mancanza della moglie del Cicchino, potrebbe ristringersi in soli cento scudi per questa volta, la quale può servire d'esempio anche agli altri.

La Signora Sansonetti ci dice in una sua lettera che non è sua colpa se è passato grano di suo in Bastia, ma che piuttosto sia derivato dalla sicurtà, o siano i nostri. Prendetene le veridiche informazioni, ed in tal caso potrebbero procedere contro di questo col fargli depositare una quarantena di stare di grano.

Circa i frutti di spettanza al Signor Astima, col riguardo che segnano, si potrà considerare in appresso; frattanto deve stare alla stessa sorte degli altri. Gli transmettiamo la supplica del Signor pievano Galeazzini, col decreto sotto di essa fattovi.

Non si può soldare il conto dei soldati della sua truppa per essere il capitano partito anch'egli questa mattina per fare a schioppettate con Bastiesi. In avvenire potrete questi pagare da loro medesimi con ruolo a parte. Approviamo con piacere le altre deliberazioni da loro Signorìe prese a vantaggio del pubblico.

MASSESI, *Gran Cancelliere*.

Paoli a Casabianca

Oletta, 7 ottobre 1758. — Faccio subito risposta di jeri. Il zelo del pievano Astolfi d'intercedere per mezzo di supplica la sospensione del devasto delle sostanze di Bastiesi, è ammirabile. Essi ogni giorno si fanno più insolenti. Jeri vennero fino sotto le case di Furiani ad insultare i nostri. Stamane fecero lo stesso; alla qual notizia, io stesso salii sopra questa serra, per osservare la situazione delle cose. I nostri sapendo che ero alla vista, e vedendoci da Furiani, li attaccarono veramente con impeto, e li rispinsero da tutto Agliani; di poi nel ritirarsi essi ritornarono ai loro posti in basso alle vigne. Hanno però perduti alcuni soldati senz'altro, oltre tre jeri ed oggi cinque o sei disertori.

Bigugliesi oggi sono stati al fuoco ed hanno agito bene; temo dunque che Bastiesi si risparmino la correzione. Sarà sempre un'impaccio la replicazione dei conti anche col magistrato, molto più che bisognerebbe evitargli quanto essi nella loro casa.

La scrittura della Porta, ossia di Ezavo, ve la rimando; è più inonesta dell'inteso, guardia, a colui che l'ha presentata, se fosse venuto quà, come fautore e galantuomo; a quel Bastiese, non gli si risparmiava la carcere. Quelli che parlano per il commercio di Bastia sono di quella razza a cui dalla città e Soprani sono stato spedite lettere la settimana passata, per mezzo di due marinari vestiti da frati riformati. Così, lasciate loro in parte adempire quanto hanno inutilmente promesso. Se vi potesse riuscire aver qualcheduna di quelle lettere, voi fareste una cosa bella; non vi sarà difficile, tra le multitudine, trovar qualcheduno che le abbia avute.

Mi scordavo di dirvi che prete Bozio oggi, ed il parroco e vice parroco di Furiani hanno fatto cose maravigliose e strane, in compagnia di prete Salvatore e prete Pippo. Il Signor Giovanni e Nicodemo, che erano alla testa, rinfrancarono un poco l'onore dei volontari. La mufra, fate che l'abbia mio fratello per spedirla, chè potrebbe giovare a tutti.

Per cancelliere al Magistrato, io non so quale soggetto possono mettervi, fuorchè Mambrino e Paolo Antonio, i quali hanno più pratica e capacità. Sono con parziale affetto.

Paoli ed il Consiglio di Stato, agli Intendenti delle finanze

Oletta, 8 ottobre 1758. — Se non hanno altra occasione più propizia per spedirci qualche somma di denaro, la potranno spedire al Signor Clemente de Paoli, il quale coll'occasione più sicura ce la farà pervenire, molto più che vi è pronto uno del carriaggio che qui ritorna fra breve. Con parziale stima, auguriamo ogni bene alle Signorie illustrissime vostre.

GIUSEPPE MASSESI, *Gran Cancelliere*.

Paoli a Casabianca

Oletta, 10 ottobre 1758. — Gente per andar di paese in paese, non vi sarà difficile trovarne. Mandate dunque quelli fucilieri più abili che avete nella vostra squadra in Furiani, molto più che voi ne eravate poco contento, come di Casalta, Sacina ed altri buoni per altro al fuoco. In Bastia vi è la confusione e la fame comincia a scontar il diletto di aver prese le armi contro. Oltre il Magistrato di Bisagna, si dice che sabbato morì ancora il caporale Chimiel e restò ferito Felice di Lento, i tre più buoni ufficiali del nemico. Procurate che vengano squadriglie e si frastorni la vendemia di Suerta, e non vi mettete anche voi nel numero dei protettori di Bastiesi. Sono.

P. S. Modesto avrà giustizia, ha battuti i maestri d'Ampugnani nell'andar in Furiani per lasciar il paese chè vi sono chiamati. Galeazzini torni ora in Tavagna. Voglio troppo bene a Zitto e gli devo troppo, altrimenti avrei preso un espediente per annodargli la lingua ; ma temo che stracchi me ; la di lui perfidia scoprirà nemici che lo richiamano al governo, ed aspetta torbidi per valersi dell'occasione. E Tito non lo conosco !

Paoli a Casabianca

Oletta, 11 ottobre 1758. — Spediamo a bella posta il caporal Santone per ricevere una partita di danaro, sul timore che non gli siano anchè pervenute altre due antecedenti nostre lettere concernenti lo stesso affare. Quando dunque non abbiano tutta la spedizione della somma, la potranno consegnare nella quantità che giudicheranno al suddetto Santone, segnandoci la precisa somma per poterne fare la ricevuta.

Consegnati al latore 810 lire 2 s.

Paoli ed il Consiglio di Stato, agli Intendenti delle finanze

Oletta, 13 ottobre 1758. — Sentiamo che vengono molestati gli eredi del fu Giovanni di Sta Lucia di Moriani per il pagamento de' legni. Questi ne producono i pagamenti, e noi non sappiamo se quell'ordine sia stato dato dal Consiglio, o pure dall'Illustrissimo Magistrato d'Aleria, al quale parimente ne scriviamo. Sia però comunque si voglia, è un interesse questo che non merita nè pure la pena di trattarne. Vedano come sia l'affare, e diano gli ordini più opportuni per lasciar libera l'esazione agli eredi, quando così giudichino atto di giustizia, e non di detrimento al pubblico ed a' particolari che vi avessero interessi, ecc.

MASSESI, *Gran Cancelliere.*

Rocca ai Magistrati di Balagna

Oletta, 20 octobre 1758. — Dall'acchiusa lettera, vedrete quanto abbiamo determinato intorno alla richiesta fatta dal Signor Conte de Vaux, di bramare il soggiorno in Alziprato fino a che si ristabilisca in salute. Noi abbiamo dato al Signor Bartoli l'istruzione ed incombenza di colà rendersi con un distaccamento di 15 soldati per servirgli di guardia. Lo abbiamo incaricato di prendere 5 di quelli che servono a cotesto Magistrato per francar la spesa. Questa guardia è necessario che colà faccia permanenza finchè piacerà al Signor de Vaux di restarvi; non solamente per mostrargli l'attenzione che vuole usarsegli per parte della nazione, ma per impedire ancora qualche attentato che se gli volesse fare per parte dei Genovesi, per aver luogo d'incolparne i nostri nazionali, e per farci perdere la confidenza dei Signori Francesi; sicchè, quantunque egli la ricusasse, bisogna fargli intendere che ciò conviene al di lui decoro ed a quello della nostra patria. Scrivete al Signor Salvini che vada a complimentarlo a nome del pubblico, per non incontrare qualche picchiglia nella restituzione delle visite con soggetti del governo. Giudichiamo necessario ancora il soggiorno di cotesto Magistrato in Lumio.

Massesi ai Magistrati di Balagna

Nebbio, 20 ottobre 1758. — Giacchè il Signor Conte de Vaux, comandante in capo le truppe di S. M. cristianissima in Calvi ed altri presidi da loro occupati, si è fatto capire che bramerebbe, per ristabilirsi in salute, andar per qualche tempo alla mutazione d'aria nel convento d'Alziprato, noi non troviamo male di condiscendere a questo di lui desiderio; anzi, siccome per le costituzioni delle nostre leggi, non possiamo permettergli che nel predetto convento egli porti accompagnamento di truppa francese, per la di lui sicurezza però e decoro, e per far conoscere ancora la nostra attenzione ai generali del Re cristianissimo, abbiamo deliberato che il Signor Bartoli, colla scorta di 15 fucilieri, debba essere impiegato al servizio della di lui guardia, ed a tal effetto gli abbiamo comunicato le nostre istruzioni.

Arrivato il Signor Conte de Vaux nel convento d'Alziprato, spediranno a complimentarlo il Signor Don Gregorio Salvini, e porteranno la loro residenza nel paese di Lumio, che è quanto in questa parte abbiamo che prescrivere alle S. V. Illustrissime.

Paoli a Casabianca

(Cette lettre doit être d'octobre 1758.) — Le acchiudo il ricevo delle lire 800, ricevute per mano di Santone. Quel che si avea da riscuotere in questa provincia era in poca quantità riguardo alle spese. Quelli di Balagna hanno avvisato che si mandino a prendere, come si è fatto, e si attendono 1000 lire.

Il rumore che fanno certuni per il commercio, è un pretesto col quale coprono qualche altro loro dispiacere. Per ogni pieve vi sono geniali Bastiesi. In Tavagna però parlano con più libertà. È un pezzo che si abusano della condiscendenza della patria. È falso che quei di Campoloro abbiano, al ritorno della Padulella, rubati i quattrini alle genti che vi portavano le castagne; anzi, quel Magistrato si lagna della violenza che alcuni del Poggio di Tavagna, *armata manu*, hanno fatto alle sue guardie per andare alla Padulella. Quest'anno, Signori, la penuria è estrema e, se le castagne escono dai paesi, la fame vi sarà inevitabile, ed il venderle verdi, a 4 soldi il bacino, è lo stesso che gettarle, venendo a corrispondere meno di 12 soldi bianche. Potranno impedire che le ferriere non battano Genovesi, ma la città arriverà primo alla sua distruzione e rovina totale che noi all'insoffribile penuria del ferro, alla quale mancanza abbiamo molte strade per provvedere.

Questa settimana Furiani sarà ben serrato e ridotto in istato tale da potersi dire essere esso la briglia della città, ed in breve penso ridurlo ad un ragguardevole presidio. Date la consolazione ai Vittoli, assicurandogli che Bastiesi sono in confusione, e che più lo saranno fra poco.

Ho comprato i pagliacci e gli altri fornimenti per i letti della guarnigione di Furiani. Abbiamo alzato lo scudo, e ad umiliarla e sottometterla bisogna travagliare, e distruggere la città; essa è stata ed è l'antemurale dei nostri nemici. Per effettuar questo progetto necessario alla nostra libertà, bisogna sentir con indifferenza le voci del popolaccio, il quale, per non esser capace da sè medesimo, ci ha prescelti alla sua direzione.

Pietra Santa si crede confirmato al governo. Il Signor De Vaux, ignorando forse che Alziprato è cattiv'aria, ha domandate tre stanze in quel convento, per passarvi la sua convalescenza; però gli è stato accordato che non potendogli noi permettere, senza il consentimento dei popoli, che vi conduca la sua guardia francese, in attestato della nostra attenzione, e per il decoro e sicurezza della sua persona, si contenti di servirsi per guardia d'un tenente e 15 uomini dei nostri. Il tenente Bartoli è uomo fedele ed oculato. Può darsi che, rinfrescato il tempo, da queste disposizioni muti sentimento. Sopra ciò meglio parleremo a bocca.

Colonna andò in Bastelica e non vollero riconoscerlo. Santo Folacci si oppose in strada, e gli fece voltar cammino. Paolo Bastia scrive che il denaro è finito; è necessario tener presto il congresso in Vivario. L'abate dell'Olmeto assicura che il genovesismo prende piede. Vi mando gli avvisi d'Avignone su gli affari pubblici. Riceverete la lettera d'uffizio. Con particolare affetto sono.

Paoli ed il Consiglio di Stato, agli Intendenti delle finanze

Oletta, 22 ottobre 1758. — Sopra quanto ci segnano nella loro lettera del 13 corrente, noi non possiamo dirgli altro in risposta, che il Signor pievano Caffajoli non deve essere molestato nel possesso dei castagni; che egli, in virtù di mandato, ne fece manpresa per danni sofferti, e che fece legittimamente constare. Onde sopra di questo affare, non vi è più luogo a trattare.

Riguardo alla Signora del Cecchino Morati, siccome questo tribunale non ha giudicato sopra di essa, così non deve ingerirsi nel far eseguire, spettando alle loro Signorie di obbligarla ad eseguire i suoi ordini, e se per tale effetto gli abbisognasse della forza, non hanno che a mandarci il sergente e qualche soldato con il loro ordine, chè noi gli daremo quella forza di fucilieri che richiederanno; ed in simili casi provvedano in tutto ciò che appartiene al loro incarico, poichè il tribunale, o non è informato delle cose, o avendo altri affari di premura, non può pensare a questi che dipendono dalla loro autorità.

Gli si acchiudono altre lettere del Signor Poletti. L'investitura dei beni del fu bandito Michele alla di lui pupilla non deve essere quanto prescenda l'affitto a favor del pubblico del corrente anno, perchè, essendo questo già fissato, deve lasciarsi terminare questo tempo, chè abbia luogo la seconda. Il prete Salvatore non è più qui.

Segnato MASSESI.

Paoli agli Intendenti delle finanze

Oletta, 22 ottobre 1758. — Faccio risposta a due vostre lettere, l'una e l'altre date dal Pruno dei 13. Il pievano Astolfi mi ha gonfiato tanto, che ho paura di non crepare a suo danno, ad ogni minima occasione che me ne dia. Vi rimetto l'infame scrittura di Cardi. Scrivete continuamente in Roma, animando quella canaglia a ripatriare. La scrittura di vostro fratello, uscita da Calenzana, fa progressi in Balagna, e si parla pubblicamente in Roma dell'autore. Dite che resti pacificamente in Roma. I frati riformati sono partiti; gli osservanti si uniranno in Alesani. Bisogna animargli e fargli agir davvero; finora che in Furiani ci è stato il puzzo della polvere, niuno si è lasciato vedere di quelli che avevate stimolato. I banditi partiranno in breve. Digià le copie dei stabilimenti del congresso sono a buon porto, ed in questa congiuntura si mandano per la giurisdizione d'Aleria. Furiani va a divenire un presidio considerabile, ove soli 50 uomini di guarnigione rendono inutili tutti i tentativi da quella parte del nemico, e devono i cittadini esser più umiliati.

Sappiate apportar buone ragioni al popolaccio sul motivo che Bastia è il solo riparo alla nostra libertà. Galeazzini susurra in Tavagna, e poi dicono che la patria non è grata. Se non fosse stato protetto dal merito del Signor Titto, egli prima d'ora ci avea fatta far la spesa delle 30 lire. (1) Per amor di Dio, insinuategli che se ne esca dai paesi, perchè appesta ed arde l'aria donde passa. Riveritemi il Signor Titto, e ditegli che a momenti attendo Marengo il grande e Matteo, e se vengono, per andarsene non ci pensino più. Al bene ed al male ci possiamo esser tutti. Sono.

Paoli agli Intendenti delle finanze

Corti, 28 ottobre 1758. — Giacchè la guardia del Magistrato di codesta giurisdizione è tutta disertata, forse in accompagnamento dei prigionieri fuggiti, sarà bene che loro Signorie la provvedano con i fucilieri del loro distaccamento fino a che prendiamo altri espedienti, molto più che passando la residenza in Casinca, sono loro Signorie nello stato di più facilmente provvederla. Si penserà in appresso a ciò che sarà più opportuno. Con parziale stima siamo.

---

(1) 30 lires, la prime de la pendaison.

Generale e Consiglio di Stato, ai Magistrati di Balagna

Oletta, 2 novembre 1758. — Il congresso di Vivario, in cui devono intervenire i capi del di là da' Monti, è stato intimato per li 15 e 16 del corrente. Qui acchiuse mandiamo le lettere per i deputati di codesta provincia, affinchè prontamente gli vengano ricapitate.

Paoli ed il Consiglio di Stato, a Anfriani

Oletta, 2 novembre 1758. — Illustrissimo Signore. Per i 15 e 16 del corrente si è intimato un congresso in Vivario, dove interveniranno i capi del di là da'Monti. Voi che foste eletto nella dieta di Santo Pietro, per uno dei soggetti che la devono comporre, siete avvisato a ritrovarvi in Corti la sera dei 13 colla scorta di tre fucilieri dei vostri più confidati, colle provviggioni per tre giorni.

Sicuri della vostra attenzione e zelo in tutto ciò che riguarda il pubblico vantagio della comune patria, dal Cielo vi auguriamo ogni vero bene.

ROCCA, *Segretario di Stato.*

Paoli ed il Consiglio di Stato, a Vinciguerra

Oletta, 2 novembre 1758. — Illustrissimo Comandante delle compagnie volontarie. Il vantaggio della comune patria richiede che lei unisca i soggetti della compagnia costì in Casinca, per il giorno degli otto del corrente, avvisandogli ad avere ognuno un fuciliere confidato per suo accompagnamento; dove arrivati ce ne darà parte, affinchè se gli mandino quelle istruzioni che giudicheranno necessarie da eseguirsi. Tanto ci promettiamo dal di lei zelo.

Paoli ed il Consiglio di Stato, agli Intendenti delle finanze

Oletta, 3 novembre 1758. — Facciamo risposta alle loro lettere del primo corrente, e gli diciamo che, riguardo al passar poi per Rostino, non possiamo precisarne la determinazione, perchè da qui, attese le gravi contingenze di queste parti, non ne possiamo partire se non negli ultimi giorni prefissi per il congresso, e dovremo prender la strada più breve, non di Rostino; perciò ascenderemo per la pieve di Vallerustie, perchè, oltre lo esservi quei commissarii, tutti bene intenzionati all'obbedienza degli ordini pubblici, vi sono ancora altri particolari che contano per riparare qualunque inconvenienza. Se loro Signorie avessero altra difficoltà, vi è il Signor Don Taddeo della Rocca, quale potrebbere aver seco nel passarvi, chè, come uomo che porta la maggior parte di quella pieve, non avrebbero loro Signori di che temere. Di grazia però, non diano motivo ai popoli di penetrare in loro veruna debolezza, perchè sarebbe un perdere di salto l'aura del governo. Arrivati noi a Corti, ed essendo loro Signorie in Vallerustie, gli potremo mandare in tutte le occorrenze un rinforzo di truppa.

Si è spedito a loro il caporal Santone per ricevere una somma di danaro che gli chiedevamo; ma dubitiamo che, non sapendo egli dove loro Signorie si ritrovino, sia lungo il suo ritorno. Si è mandato a fra Michele il salvocondotto per quei di Linguizzetta, acciò possano ritornare in patria, e presentarsi da noi; così si potrebbe risolvere nell'affare della miniera. Sopra l'affitto dello stagno di Diana, possiamo dirgli che giova più al pubblico aver la consolazione di prendere o far uccidere cinque o sei dei marinari bastiesi, che avere sole lire cento di affitto, perchè così verrebbero a pagare gli affitti dell'anno passato, che dovrebbero pagare i Signori Martinetti e Galeazzini, che se ne fecero risponsabili; per questa debole somma non se ne tratti affatto. L'anno passato ne offrivano 700 lire per la porzione del vescovo.

MASSESI, Gran Cancelliere.

Paoli a Vinciguerra

Oletta, 10 *novembre* 1758. — Nel tirar fuori le circolar ai Commissari, a vostro nome vi porrete il titolo di direttore delle marcie dei volontari per la giurisdizione. Di poi proseguirete, in virtù dell'autorità concessavi nel congresso di Sto Pietro, ed in coerenza della lettera pubblica in cui siete notificato passare in Vivario per gli affari de di là da' Monti, ed avvertito di usare la vigilanza per accorrere al bisogno che si presentasse in soccorso della piazza di Furiani; riguarderete quest'ordine secondo che giudicherete a proposito. Usate tutta l'attenzione, perchè facilmente i Genovesi tenteranno qualche sforzo. Regolate le vostre ordinanze per ricevere continuamente le notizie e mandar gli ordini. I volontari, essendo tutti a cavallo, potrebbero restar uniti, e girar continuamente con osservazione di non avere incontro dallo stagno; in somma fate che continuamente siano in mossa, e nello stato di esser pronti ad accorrere al bisogno. Avvertite gli altri volontari, acciò sia tutta unita la compagnia. Sentitevi col Signor Pasqualini, che resta in Furiani. L'amico, se viene, tenetelo presso di voi fino al mio ritorno. Fate le osservazioni che giudicherete necessarie in tutto ciò che riguarda tanto il pubblico che gli affari degli introiti di codeste parti, e credetemi.

Paoli a Casabianda

Oletta, 10 novembre 1758. — Dimani mattina partirò da qui, e spero essere alla sera in Caccia. Voi, sbrigati gli affari in Vallerustie, potreste ritornare in Corti, per incontrarci e dare qualche poco di danaro per tutte le occorrenze, essendone affatto sprovisto. Le 1000 lire che avete inviate si sono mandate in Furiani. Procurate dunque ritrovarvi in Corti, chè meglio ci parleremo.

P. S. In Corti si accomoderà il vostro picchetto. Portando da qui il sergente Cippatello, è necessario che vi siate, perchè di Terra di comune non vi arriva alcun soggetto, atteso che il Signor Mari è indisposto e gli altr[i] sono occupati. Per la formalità, è necessario farne vedere uno per provincia, quando non potete esservi tutti due.

Paolo Luigi Vinciguerra, direttore delle marcie de'volontari per la giurisdizione di Bastia

13 *novembre* 1758. — In virtù dell'autorità conferita nel congresso di Sto Pietro ed in Calenzana, della lettera pubblica in cui siamo notificati passare in Vivario dal Signor generale de Paoli per gli affari del di là da' Monti, ed essendo avvertito di usare vigilanza per accorrere, quando il bisogno domanderà, in soccorso della piazza di Furiani; quindi è che in vista della presente, ordiniamo a tutti i Commissari delle rispettive pievi di detta nostra giurisdizione di stare pronti e sopra le armi ed, al segno di fuoco che venisse fatto nella sommità dei paesi del Borgo di Marana e Penta di Casinca, accorrere pronta-

mente nei paesi di Biguglia e Furiani, sotto pena, ai trangressori e mancanti in occasione di tanta premura e di vantaggio pubblico, di lire 10 per ogni mancante, oltre le altre pene da prefiggersi dal Supremo Governo contro coloro che usassero codardia e resistenza nei sopradetti casi; ed acciocchè non se ne possa allegare ignoranza, vogliamo che la presente sia letta e pubblicata per ogni rispettivo paese di dette pievi della sopradetta giurisdizione, incaricando i capitani d'armi e podestà di ogni paese a farne la pubblicazione in forma, sotto la detta pena, e così... Data nella marcia in cui siamo ai paesi di Borgo e Biguglia, li....

Massesi ai Magistrati di Balagna

Oletta, 20 novembre 1758. — Un disertore, per nome Battasa, di nazione Tedesco, che abita nel convento di Tuani, ha temerariamente maltrattato il Padre Bonaventura di Lumio, in maniera che è stato non poco confuso del cattivo trattamento. Egli non ha avanzato a loro Signori le sue doglianze, nè tampoco volea presentarle a noi. Sapputo per altro mezzo l'affare, lo abbiamo obbligato a riferirci il successo che, per essere non poco scandaloso, merita tutto il risentimento, sì per la qualità del soggetto, come anche per essere questi reo di altri attentati all'amor della patria. Sarà pertanto atto di giustizia che L. S. lo facciano arrestare per insolente, e farlo dai fucilieri condurre nella piazza del convento di Marcasso ed ivi dargli, a corpo a terra, quel numero che stimeranno di bastonate, acciò risenta la pena che si è meritata, e poi dargli lo sfratto dalla provincia, comminandogli la pena conveniente in caso di sua disobbedienza.

Paoli a Vinciguerra

Corti, 23 novembre 1758. — La causa dell'Oreto e Vescovato è stata differita. In questo frattempo Il trattato di un aggiusto amichevole sarebbe il più opportuno. Forse dovrò passare fino a Vico, per rimettere il buon ordine, che Colonna avea tentato sbandire da quelle parti. Avrà perciò la sofferenza di continuare le sue vigilanze ed osservazioni per sostenere il posto di Furiani, e starà sull'avvertenza, di non far penetrare avanti i suoi movimenti, e prevenire i Signori volontari di non avvicinarsi troppo allo stagno, o per la caccia, o per altri affari, poichè zimbelli ne avranno all'intorno per fargli cadere nelle reti. Gli ordini che dà per le marcie dei volontari come direttore, gli faccia eseguire irremissibilmente, poichè ogni nuovo impiego, per mettersi in riputazione, ha bisogno di molta esattezza e di rigore e, quando esercitarlo gli bisognasse, qualche ramo di truppa pagata la può domandare in Furiani. Con parziale affettuosa stima sono.

Paoli ed il Consiglio di Stato agli intendenti delle finanze

Corti, 24 novembre 1758. — Due donne, renditrici della presente, sono creditrici di Filippo Antonio delle Pente di codesta pieve, per essere stato da noi condannato in certe somme che precisamente non possiamo sapere, perchè gli atti sono in Rostino assieme con l'esecuzione che si concesse, e Vitanio, fratello del suddetto, promise che avrebbe soddisfatto. Vedano di fargli giustizia con obbligarlo alla soddisfazione di quanto è restato a dovergli. Queste povere donne hanno fatti molti viaggi al tribunale, e meritano perciò qualche compassione.

Massesi ai Magistrati di Balagna

Corti, 26 novembre 1758. — Per evitare i disordini che sentiamo fra i soldati di cotesta guardia, intimeranno a tutti questi a dover ognuno fare il servizio senza franchigia, e chi non si sente di servire, si licenzi e se ne prenda capaci.

Apostilla di Paoli

Corti, 27 novembre 1758. — I Signori intendenti generali delle finanze vedranno di soccorrere detta supplicante in tanta robba commestibile per lire trenta, dico 30.

Paoli ed il Consiglio di Stato, agli Intendenti delle finanze

Oletta, 29 novembre 1758. — Abbiamo bisogno di qualche somma di danaro per aggiustare la truppa, e per altre spese necessarie. Spediamo il caporal Santone a cui non avranno difficoltà far la consegna di un migliajo di lire. Lo facciano accompagnare da due fucilieri della loro truppa. Sono.

P.-S. La ricevuta delle lire 810. 2, che inviammo per lo stesso caporal Santone, l'avranno ricevuta in altro piego. Riceviamo in questo punto le loro lettere da Cervione. Per il giorno 15 è intimato il congresso in Vivario; gliene porgiamo l'avviso, acciò possano prender le loro misure. A dì 3 novembre, in Corti pagato 1,000 lire.

Donna Teresia, vedova del fu Natale di Loriani di Vallerustie, stato ucciso in un luogo detto Corniale (1) in Alesani, prostrata ai piedi di vostra Eccellenza, assieme con quattro figlie femmine e piccoline, non avendo da vivere, stante la penuria degli anni scarsi, e per non aver alcuno che le ajuti e soccorra, chiedono un qualche soccorso tanto da potersi alimentare, mentre di tutto quello che V. E. avea ordinato al Signor Fr. Maria Moracchini a dover dare staja due di grano sopra l'affitto delle decime, finora non si è veduto cosa alcuna, per ciò detta donna con le sue figlie, essendo tutte appoggiate alla divina misericordia e nel patrocinio di V. E. ritrovandosi in tanta povertà, a segno d'andare a chieder l'elemosina presso di chi benignamente le vorrà soccorrere, sperano di esser provviste adesso di qualche cosa di commestibile o danaro da V. E. e poste tutte sotto il suo patrocinio, augurando dal Cielo la salvazione spirituale e temporale a Vostra Eminenza prostrate, per sempre si confermano di V. E., umilissime suddite e serve supplicanti.

Paoli a Casabianca

Corti, 2 decembre 1758. — Nel di là dai monti sono passati il Signor Ciavaldini ed i Signori Fabiani, Petriconi e Gaffori. Procureranno almeno di mettere in sistema la provincia di Vico. Colonna fece arrestare il pievano di Sari, e gli domanda mille e quaranta lire. Fiamenghi andò bonamente per farlo liberare, e fu anch'egli arrestato, e da ciò prese vigore e, coll'ajuto dei nemici in paese, pretese far carcerare ancora il capitano Grazioso, nepote di Fiamenghi. Questo però, più risoluto, ha fatto prender le armi al paese ed ai circonvicini, ed ha accampato nel convento

---

(1) *Corniale entre Alesani et Campoloro où Paoli fut obligé le 11 août 1755, de se retirer devant les forces de Matra embusquées.*

di Sari i suoi nemici e la gente di Colonna; nè più altro so di questo affare. Mandò in Bocognano 14 uomini per arrestare la famiglia di Paolo Battista; il paese accorse in ajuto di quella, e poco mancò che non sacrificasse quei birbanti. Ciò veduto, i Granfioni di Bocognano non si sono più mossi, ed io credo che fra giorni, o alzerà la maschera, ed avrà comodo di assoldar qualche poca di gente o, non mettendosi alla campagna con i ladri, se ne scapperà per la via di Ajaccio. È conosciuto, e solamente i suoi pari possono averne concetto. Alla patria però può recar poco nocumento. In fiume Alesani si è naufragata una rostecca. La canaglia di Campoloro sta alla spiaggia e raccoglie ciò che il mare ributta, con idea d'appropriarselo senza scrupulo nè di violare il sacro dritto delle genti, nè d'esporsi al contagio, venendo da Tunisi il bastimento. Stamane parte per colà Basseri con dieci uomini. Dell'equipaggio, non se ne sono salvati che quattro, dai quali prenderà le dovute informazioni di tutto; procurando far restituire la roba, la farà esattamente inventariare, e procurerà ancora prender quattro pezzi di cannoni, se gli sarà possibile.

La fuga dei prigionieri per il Magistrato è troppo scandalosa, dopo le avvertenze che gli furono fatte. Il Pippino merita in verità per ricompensa la forca. L'impunità di cui gode Pompeo ha fatto perdere a costui l'onore. Io fra pochi giorni sarò costì. Frattanto, non ho già più danari; vedete di mandarne per qualche persona cauta.

Il Vescovo non vuole niente concedere al Vicario. Si prenderanno le risoluzioni. Sono.

Paoli ai Magistrati di Balagna

Corte, 6 décembre 1758. — Ordre d'examiner la conduite de Michel Mariani, qui a porté ses registres au lieutenant de l'Algajola à viser, ce qui est un crime.

Paoli a Casabianca

Corti, 10 *dicembre* 1758. — Ho ricevuto dieci zecchini veneziani dei quali vi mando il riscontro. Ma a che servono se non posso con essi ajutare il Castello, nè pagare lire 400 prese dal Signor Antonietti?

Oggi aspetto i nostri di ritorno da Vico, ove credo che non abbiano fatto niente. Gli assistenti di Colonna sono i Bruciati della Mezzana, ed a poco a poco cominciano a svelarsi. Le altre pievi di là però sono forti; voleano venire in Vivario a prenderci, e gli ho scritto che prima di marzo non ci si pensi. Fra giorni sarò costì a rimproverarvi in faccia di colei la vostra debolezza. Leggete frattanto nel Catone in Utica la scena fra Marsia e Arbace, e poi persuadetevi una volta che amar le Cucchette è gran follia. Sopra gli altri affari pubblici, mi riservo a bocca. Sono.

Paoli ai Magistrati di Balagna

Corti, 10 *dicembre* 1758. — Alcuni di Ghisoni, che presenteranno questo nostro ordine, hanno credito contro Medoro ed Anton Giuseppe di Occhiatana. Vedano, *brevi manu, sine strepitu et figura judicis*, fargli immediatamente render ragione.

Paoli ai Magistrati di Balagna

Vescovato, 17 *dicembre* 1758. — Il Santo Padre, nonostante le rappresentanze dei Genovesi, appoggiate da quelle dei nostri malaffetti prelati, che voleano farcene credere indegni, ci ha concesso la grazia del santo giubileo ; avendo espressamente comandato che il nostro Regno ne godesse in conformità di tutto il mondo cattolico, ci porge opportuna occasione di ringraziare l'Altissimo che comincia a far riconoscere la nostra innocenza e l'impostura dei nostri nemici, e di meritare in questo tempo propiziatorio la divina protezione agli affari della nostra patria, onde conseguire il pacifico possedimento della nostra libertà. Sarà pertanto loro cura prevenir tutti i vicari forani e riverendissimi Padri della loro giurisdizione, acciò vogliano, essi e tutti i parrochi delle loro rispettive Vicarie, nelle preghiere pubbliche, portar l'orazione *pro patria* e l'altra *contra persecutores et malè agentes*, Che è quanto giova partecipargli, acciò quanto prima ne prevengano i sopradetti vicari forani.

Paoli ai Magistrati di Balagna

Vescovato, 18 decembre 1758. — Non abbiamo niente in contrario intorno all'elezione del soggetto a consigliere di Stato. L'ordine, che i Signori intendenti delle finanze fanno eseguire sopra gli Algajolesi, è consecutivo allo stabilimento del congresso di Santo Pietro. Quei presidiani, per il loro vantaggio, cercheranno anche essi a vendere le loro merci ai vostri patriotti, come lo procurano Bastiesi, sebbene più di quelli siano sensibilmente castigati. Non è il nostro vantaggio che loro fa aprire il commercio, ma il proprio interesse e la necessità in cui sono di non poter vivere altrimenti. Codesti provinciali soffrano con pazienza per la loro patria qualche incomodo, chè maggiori ne soffrono per un tiranno quelli che sono sottoposti alla Repubblica.

Sopra l'affare di cui parla il dottor Salvatori, cento mila volte si è scritto come regolarsi ; il notro paese è un paese di libertà, e noi, senza violare il 'dritto delle genti, non possiamo privar di questo benefizio chiunque viene a rifugiarsi fra noi, purchè non sia reo di delitto esoso alla società.

Il Signor Salvatori volendo restare in patria, sarà bene avvertirlo che si pieghi solamente ad eseguir gli ordini della medesima e del suo governo, senza intrigarsi nelle altrui sommissioni. Se i Signori Francesi vogliono poi che loro siano resi i disertori, ciò può succedere per mezzo di una reciproca convenzione; altrimente cotesto governo non può in modo alcuno, siccome tutti gli altri del regno, negar l'asilo. La sola Calenzana è stata quella che gli ha arrestati imitando il ministero dei sbirri, e condottoli alla morte ed alla prigione.

Il paese di Catteri va a divenire una pietra di scandalo; rigorosamente castighino in quello ogni minuzia, e forse sarà anche bene che, per tenerlo in quiete dalle due fazioni predominanti, prendano un ostaggio per ciascheduna, facendo loro sentire che saranno i loro rispettivi parenti ed aderenti; in questa maniera solamente abbiamo potuto quietare i paesi di Casteld'acqua, i quali di notte e surrettiziamente erano soliti farsi del male.

I decreti dei Signori sindaci, siccome fu stabilito dal congresso di S. Pietro, Lor Signori sanno che sono inappellabili e solamente per via di ricorso potrebbero quelli che se ne tengono gravati presentarci le loro istanze.

Il cancelliere in avvenire avrà l'avvertenza di copiare tutte le lettere, perchè con maggior polizia e comodo si possano registrare.

Paoli ai Magistrati di Balagna

Vescovato, 21 *decembre* 1758. — Di già sanno che, nel congresso di Santo Pietro, furono stabilite le istruzioni per i sindicatori delle provincie del regno, le provvigioni dei quali furono decretate inappellabili, come lo sono di natura, onde non par bene che Lor Signori ritardino l'esecuzione a quelle che hanno fatto in cotesta provincia. Sopra di questo riflesso, ci pare aver scritto altra lettera, e non vorressimo scrivere la terza, perchè ci lusinghiamo che il loro zelo per il decoro delle leggi gli farà agire con tutta nettezza sopra un punto di questa sorte, che troppo li concerne ed è interessante per la tranquillità dei popoli, acciò stiano nella dovuta dipendenza del governo. Gli rimettiamo perciò una supplica del dottor Frate la quale merita anticipazione, poichè si tratta in essa di mercede. Cotesto cancelliere, in vece di migliorare ogni giorno, dà motivi di lagnanza quali, se fossero veri, l'archivio di questa provincia bisognerebbe che fosse nel maggior disordine e confusione.

Noi gli rimettiamo alcune suppliche nelle quali si reclama contro di lui per lo svanimento degli atti. Stiano sopra ciò oculati. Sentiamo noi ancora che il famoso Michele Mariani, avendo assistito qualche tempo al Magistrato in qualità di procancelliere, non abbia sottoscritto gli atti che faceva, ciò che è grande irregolarità, e sempre più denota l'animo perverso ed ostinato di quel notaro, il quale crede farsi grande merito verso la Repubblica sottoscrivendosi alle scritture de' nostri tribunali, ed è egli meritevole per questo riflesso, e per aver tradito la confidenza del Magistrato, di grande e rigoroso castigo.

Il figlio del Signor Quilici si lagna anch'esso che, in una contestazione, in cui il Magistrato dovea procedere esaminando le prove ch'egli ha giuridiche e valide, e che gli acchiudiamo col suo memoriale, si abbia adoperato il giuramento. Diano riparo a questo inconveniente, tanto più che il di lui richiamo è in conformità di quanto prescrive lo statuto e la consuetudine del luogo.

Dopo le feste, bisognerà che si dispongano i Signori Arrighi ed il compagno per portarsi al sindicato di questa provincia. Daranno mano a che alcuni maestri milanesi, abitanti alle Ville, siano avvisati a portarsi immediatamente quì; per assistere alla fabbrica di Furiani, ed in conformità di quanto loro scrive il Signor G. P. Quilici.

I Magistrati di Balagna a Paoli

21 *decembre* 1758. — Il giorno di jeri ci abboccammo col Signor Salvini nel convento di Marcasso, e da colà di concerto avanzammo lettere d'uffizio al Signor Don Gio : Girolami di Cassano, ad oggetto dovesse egli servire d'inviato per rappresentare al Signor de Vaux i nostri sentimenti. Questi fu accompagnato con nostre istruzioni in voce ed in iscritto delle quali, per regola dell'E. V. copia gliene trasmettiamo unitamente alla risposta del prefato Signor Conte, che detto signore inviato ne riportò. Apprendiamo l'ostinazione dei Signori Francesi che, in vece di ascoltare le nostre giuste rappresentanze, vadano concependo sentimenti tutti lontani al decoro della patria. Per dimani abbiamo convocato la consulta di tutti i Signori Presidenti di questa provincia, e tutti unitamente concerteremo quello che stimeremo a proposito a nostro vantaggio riguardo a tale affare.

Sarebbe necessaria una compagnia di fucilieri pagati, se V. E. ce ne vuole favorire. Non mancheremo di dargli il risultato della detta Consulta di subito, e spesso resterà avvisato di quello che succederà in provincia.

Speriamo con la detta compagnia di effettuare il nostro disegno, senza altro soccorso di gente. Frattanto qui si sta con tutta la vigilanza, e nell'occorrenza faremo risultare il nostro valore.

Il paese di Calenzana, per quanto ci viene assicurato, non ci andrà contrario, ad esclusione di qualche particolare ; e, mentre col desiderio di attendere le notizie da costì, con tutto l'ossequio ed amore passiamo a rassegnarci.

Paoli ai Magistrati di Balagna

Vescovato, 23 decembre 1758. — Ci sorprende oltremodo l'avviso che ci danno dell'avanzamento dei Francesi in Alziprato. Noi approviamo la loro condotta nell'aver fatto passare un distaccamento in Montemaggiore, e nell'aver incaricato il Signor abate Salvini a portarsi da loro ad indagare le loro mire, e per rappresentar la sorpresa di tutta la nazione, avanti di prendere quei provvedimenti più rigorosi per il mantenimento del nostro decoro e della nostra libertà. Non possiamo per ora scrivergli più diffusamente i nostri sentimenti, aspettando da loro Signori ulteriori notizie concernenti tale affare. Stimiamo a proposito spedire il Signor G. P. Quilici, con cui potranno comunicare, essendo il medesimo a capo de' nostri sentimenti, ed unitamente col medesimo potranno discorrere, acciò possano renderci informati di quanto andrà succedendo.

Paoli ai Magistrati di Balagna

Vescovato, 28 decembre 1758. — Il Signor Giacomo Leoni di Santa Reparata ci ha fatto istanza per entrare al comando della truppa della loro guardia: Noi, conosciuti dalla esperienza il di lui zelo, condotta saggia e valore, non perchè siamo scontenti del Signor G. Quilici, ma per aprire a tutti un campo di sperare, e farsi merito, abbiamo giudicato espediente aggraziarlo per il mese entrante di Gennaro, condonandogli a tale effetto la patente, per dar la muta al Signor Quilici sudetto, e loro Signori non faranno difficoltà di riceverlo sotto i loro ordini.

Paoli ai Magistrati di Balagna

Vescovato, 29 decembre 1758. — Godiamo che la provincia sia in buona disposizione per mantener il suo decoro. Noi non possiamo, nè conviene a noi dar ordini precisi, prima di essere a capo di quel che sarà risposto ai nostri inviati. Loro Signori però possono convocare i capi ed, arrivata la risposta dei sopradetti inviati, risolvere quello che giudicheranno più conveniente. I mille uomini pronti in Calvi, deve essere diceria. Il Signor de Vaux, questo passo non lo ha certamente fatto che a capriccio, e non sarà così buono d'impegnar le truppe del Re con tanto svantaggio. Egli sa che, per soggettarci alla Francia, non ci vuole forza; e quella che tiene è troppo poca per sogettarci a' Genovesi. Noi non offendiamo alcuno se difendiamo il nostro decoro, e se procuriamo togliere la gelosia ai nostri paesi di frontiera. Noi ci saressimo subito portati costì, ma siamo assicurati che da Genova fra giorni arriverà gente per attaccar Furiani e, se altro maggior bisogno costì non accade, dovremo, o da qui, o da Nebbio, protegger quel posto. Ma facilmente a cotesta volta verranno altri capi. Non si sgomentino e, pigliate tutte le misure più adattate, operino con vigore per il loro decoro e per la sicurezza della provincia. Se mai ci fosse qualche torbido, ce ne avvisino subito, chè spediremo la gente che bisogna per scorrerla. Siano continui i pedoni, e ne parta ogni giorno. In questo punto siamo avvisati dalla guardia della Venzolasca che stanotte in S. Pellegrino, Punta d'Arco, Padulella e Bastia v'è stato un fuoco di segnali corrispondenti. Se non fosse per l'arrivo di qualche feluca alle Prunete, sarà per qualche tentativo altrove. Spediamo subito gli avvisi. Stiano ancora costì con attenzione, ed operando con vigore etc.

Magistrati di Balagna per l'anno 1858

Janvier et Février : POLETTI.
Mars et Avril : NEGRETTI.
Mai, Juin et Juillet : CAP. FABIANI & ORSATELLI.
Août, Septembre et Octobre : GRAZIANI & QUERCIOLI.
Novembre et Décembre : SAVELLI & LANZALAVI.

Angelo Michele Angeli, parroco di Giovellina, ai generali delle finanze.

Prato, 1° gennaro 1759. — Quei di Castiglioni hanno portato i danari della porzione delle lire 700, e pretendono che gli siano amministrati i sacramenti; ma perchè nel nostro sinodo è caso riservato *contra non solventes decimas et primitias in quantitate et quotitate*, e quel confessore che assolvesse, senza licenza del superiore ecclesiastico, incorrerebbe di subito nella scommunica riservata al Sommo Pontefice, onde è necessario che le Loro Signorie facciano venire la facoltà dal Vicario Campoloro, la quale sia in questi termini : « Si concede facoltà al parroco e viceparroco della pieve di Giovellina di poter amministrare i sacramenti a tutti i padri di famiglia della medesima, ai quali sono stati negati per non aver pagato le loro decime, o sia la tasse delle 1,000 lire, nei due anni trascorsi, atteso, come essi pretendono, la controversia che passava con il canonico Gremona; mentre però pagheranno o avranno pagato nelle mani dei Signori delle finanze secondo la loro richiesta, togliendo a cautela ogni riserva che potesse impedirgli di prendere i sacramenti. Si supplichi pertanto S. S. R. a concedere la sudetta facoltà ; chè della grazia io poi ed i viceparrochi non ci serviremo, se non quando le Loro Signorie comanderanno, e perfine resignandomi ai comandi delle Loro Signorie, sono.

Paoli ai Magistrati di Balagna

Vescovato, 2 gennaro 1759. — La risposta che il Signor conte de Vaux ha fatto all'invito della provincia, sebbene concepita in termini troppo sconvenevoli ed impropri abbastanza, fa travedere il suo mal talento e lo spirito di vendetta e di disprezzo che nutrisce contro la nostra nazione. Quindi, perchè siamo assicurati che lui opera contro le istruzioni della sua Corte, dovendo tutto rigettarsi sulla di lui violenta ed inconsiderata condotta, sarà bene che avvertano i paesi di Montemaggiore e Lumio a star sulle armi per fargli resistenza, in caso che volesse occuparli colle sue truppe. S. M. Cristianissima è troppo persuasa del nostro rispetto, e del nostro antico genio per tutto ciò che riguarda alla gloria della sua corona, per volersi chiamare offesa se, prevalendoci del diritto della naturale difesa, colla forza ci opponiamo alle ingiuste prepotenze d'un suo uffiziale.

Noi non possiamo ora spedirgli alcuna compagnia delle pagate, dovendo in queste parti mantenerci per sostenere il presidio di Furiani, alla sorpresa di cui da gran tempo si medita in Bastia, forse anche con intelligenza del Signor de Vaux che, a bello studio per allontanarcene ed attirare altrove la nostra truppa, ha fatto l'avanzamento dei suoi picchetti in Alziprato. Procurino però in qualche altra maniera, o aumentar la loro guardia, o con qualche distaccamento di gente scelta e volontaria sostenere il decoro della patria e l'onore della provincia. Non dubitiamo punto che nella consulta i Signori Presidenti e Capi non abbiano di concerto prese le risoluzioni più adatte a tale oggetto, e ne attendiamo con ansietà il risultato. Se poi il bisogno si farà più urgente, e che abbiano necessità dell'assistenza di queste pievi, non mancheranno di passare gli ordini corrispondenti alle pievi più a portata ad accorrere ad ogni loro avviso.

Perfezionato il forte di Furiani, per cui sarà al coperto di ogni insulto nemico, saremo in caso di venire a far la nostra residenza in cotesta provincia, mentre ci protestiamo non volere in modo alcuno risparmiare nè fatica, nè pericoli, ove si tratti, o della gloria, o della difesa della patria. Abbiamo trattenuto il pedone finora su la delusa speranza che, il tempo accomodandosi, ritornasse la feluca colla esatta relazione della squadra, che si è veduta in questi mari i giorni passati, la quale ci mise in attenzione per aver mandato una lancia vicino a terra, ove restò per qualche ora dopo aver fatto segno con una grandissima fumata, e ne andò via per una burrasca che sopraggiunse in appresso. Se calmandosi il mare avremo riscontri, non mancheremo subito parteciparne la notizia.

La Bastia ritrovasi nelle ultime strettezze, ed oppressa dal timore di qualche imminente disastro. Colonna, nel dilà da' Monti, è quasi abbandonato. I patriotti di quelle pievi lo abboriscono e gli voltano le armi contro. Sono.

Paoli ai Magistrati di Balagna

Vescovato, 8 gennaro 1759. — La deliberazione presa nella consulta dai Signori Presidenti può ben servire a far conoscere la nostra moderazione, ed il nostro rispetto per le truppe di S. M. Cristianissima, ma non per tenere nei limiti del dovere il Signor Conte de Vaux, troppo prevenuto contro la nostra nazione. Egli, siccome agisce a capriccio, così sarà bene prevenire i capi dei paesi di frontiera a stare colla dovuta vigilanza per fargli resistenza, senza alcun riguardo, in caso d'ogni altro minimo avanzamento, o che fortifichi il convento d'Alziprato, le quali cose egli, guidato dal suo mal talento e dallo spirito di vendetta e disprezzo contro la nostra nazione, non tarderà molto a tentare, per coprirsi alla Corte e far conoscere che niente è spiacciuto a noi il suo avanzamento. Egli ora finge dar buone parole, e procura che gli scrivano altra lettera, lo che mai faranno finchè non riparerà l'ingiuria fatta alla provincia colla impropria ed incivilissima risposta che ha fatta, senza sottoscriversi, alle loro rappresentanze, ed in ogni occorrenza si guardino di trattarlo d'Eccellenza, che non gli appartiene di ragione, e molto meno per convenienza, chè affatto non ne usa con noi....

Paoli a Mari

Vescovato, 11 gennaro 1759. — Qui sonosi portati i Signori Borghetti ed il cognato del Signor Giafferri, che rappresentano il fatto dell'osteria successo in altra forma da quella descritta nella relazione dei capi della guardia dell'osteria sudetta. Per tanto Ella potrebbe tener sotto la loro parola gli arrestati per il convento e suoi contorni, finchè si delucidi meglio il fatto, che è quanto devo in risposta della sua confidenziale, dicendomi al solito.

Paoli ai Magistrati di Balagna

Vescovato, 13 gennaro 1759. — Abbiamo appreso, dalla vostra lettera dei 10 di questo mese, la situazione delle cose di cotesta parte. Approviamo e commendiamo la loro condotta intorno alle vigilanze che si usano, purchè i Francesi non tentino qualche altro avanzamento nelle nostre terre, poichè, se si è tollerata l'occupazione di Alziprato, eseguita con tanta irregolarità e contro la mente del re, dal comandante delle sue truppe in Calvi, non così gli riuscirebbe se volesse azzardarsi di vantaggio.

ROCCA.

Paoli ai Magistrati di Balagna

Vescovato, 18 gennaro 1759. — Noi crediamo che il Signor Conte de Vaux non sia venuto in Alziprato a cambiar d'aria, poichè non è questa la stagione in cui nocciono le arie cattive, ma che egli mediti piuttosto, colla diminuzione del distaccamento che si era colà avanzato, di gettar la polvere negli occhi a cotesto governo ed alla provincia, affinchè con maggior facilità possa riuscire in qualche altro disegno, che sarebbe troppo pernicioso alla liberià della nostra patria, e tanto più abbiamo motivo di sospettare, quanto che sappiamo ch'egli opera a capriccio e senza istruzioni della Corte.

Avete fatto bene di dare gli ordini opportuni per la continua vigilanza ai paesi delle frontiere, e non bisogna cessare di sempre più incaricare l'attenzione.

Sentiamo piacere che l'affare di quello della Costa vada a terminare con soddisfazione del Signor Graziani a cui, mediante la giustizia, si devono usar dei riguardi.

In questo momento ci viene di buona parte relazione che, in tutti i presidii, vi è ordine di aspettar folla dei nostri nazionali, e poi catturarli. Prevenitene tutti i capi dei paesi acciò nessuno si fidi.

ROCCA.

Paoli a Colonna Anfriani

Vescovato, 18 gennaro 1759. — Riveritissimo amico, ho capito la vostra lettera. Se la vostra gamba fosse stata dritta come il vostro zelo, vi avrei fatta altra risposta; mi prevalerò però, per il decoro della patria, delle vostre insinuazioni. I frati superarono l'impegno. I canonici d'Aleria però hanno voluto scrivere al Metropolitano in Pisa, avanti di venire all'elezione del Vicario capitolare.

Due partigiani del Vescovo sono fuggiti; sono questi: Mari ed Alberti; ma credo che a quest'ora si saranno entrambi ben pentiti della fuga.

Il Signor de Vaux opera a capriccio; vediamone il fine, che non potrà essere che funesto per lui. State nell'attenzione per il vostro paese. L'orgoglio ed il disprezzo che ha di noi, lo devono portare a qualche altro passo. Or un uomo della di lui qualità e merito, entrando nei nostri paesi, deve esser ricevuto colle armi presentate, e siccome la fà da re, si può salutare colla palla, facendogli le salve. Riveritemi vostro fratello, e sono vostro affezionatissimo amico.

Paoli a Mari, Consigliere di Stato

Vescovato, 19 gennaro 1759. — Il Magistrato di Aleria ha scritto bene. Bisognerà che si attenda la sua relazione. In questo frattempo gli arrestati costì possono stare per questa pieve, ed avvertiteli che voglio parlargli. In S. Pellegrino resteranno genti; fra giorni prevenitene il vostro fratello, acciò non prenda in cambio le lagrime. Sono.

Paoli a Salvini

Vescovato, 23 gennaro 1759. — Ho ricevuto nel tempo medesimo molte vostre lettere con due plichi dentro. Vi voglio render la pariglia. Vi acchiudo ancora io molte lettere per Francia. Se avrò tempo, questa sera scriverò un poco più a lungo. Sono.

Paoli a Mari

Vescovato, 26 gennaro 1759. — Mi preme, per diversi affari di grande importanza, parlare con quel Giacomo

Santo del Luco di Nazza, quale è stato rilasciato dalle carceri, con significato di non partire dalla pieve di Tavagna fino a nuovo ordine. Venga colla più possibile prestezza. Dimani attendo la visita della donna, per trasmetterla al Magistrato del Nebbio, che la richiede.

Giacinto Paoli a Casabianca G. Q.

Napoli, 2 febbrajo 1759. — Non occorreva rimettere in campo la scusa del fatto di S. Pellegrino, perchè la causa della condotta, o buona o cattiva, è già seguita. Ogni trista memoria ormai si taccia, e pongansi in oblio le andate cose; solamente desidererei che nell'avvenire si attendesse a regolar le cose interne con semiunione dei popoli, che è l'unico antemurale delle nostre forze. Mi dolgo peraltro della vostra indolenza, di aver taciuto le notizie che io bramavo de'monaci di S. Antonio, se sono ritornati al convento, o no, e de'prigionieri, cioè di Matteo Santi, dei Chiarelli e di S. Angeli di Nonza, de'quali io però non desidero la rovina, ma vorrei che incontrassero la vostra clemenza. Ho sentito con piacere che il Venturini (1) non abbia mai nemmeno sognato alcun tradimento alla patria nel successo di S. Pellegrino; nemmeno io vi ho pensato, e godo che Clemente si abbia passato il buon uffizio di visitarlo nella sua indisposizione.

Si sono ricevuti i fogli i quali rappresentano un capo d'opera, ma, se devo dire il vero, mi pare troppo voluminoso e mordace; lo stile non mi dispiace, benchè dovea essere tirato più alla francese, cioè, nella frase più ristretto, senza tanta farragine di cose replicate; pur tuttavia non è disgradevole. Si è mutato qualche termine che aveva un poco di latinismo.

(1) Il Presidente.

L'opra si è fatta passare sotto gli occhi del consegnato amico F...; ma questi, essendo troppo imbarazzato nei suoi affari, non ha potuto darci tutta l'attenzione. Si è trasportata in mano dell'abate R..., il quale vi aggiunse qualche cosa; vi ha formato la dedicazione al Re, e la prefazione ai lettori, che mi pajono due cose ben fatte e necessarie; gli fu lodata estremamente. Il resto lo sentirete dalla lettera che scrivo al Signor Giovanni, e da quella che scrive il Signor Zerbi al Signor Generale; voi, che avete un talento singolare in maneggiar le cose, opererete intorno a ciò la necessaria esecuzione. Avrete inteso la promozione del nostro Natali al Vescovato delle Sabine, con applauso di tutta Roma, e voi non mancherete di stimolare cotesti popoli a mostrarne una sensibile allegrezza, con quelle dimostrazioni che vi pareranno convenienti. Riveritemi vostro Signor fratello, e tutti cotesti capi amici e patriotti, e non trascurate l'attenzione al mantenimento dell'unione popolare e maneggio industrioso e vigilante coi Francesi. Finisco con darvi un caro abbraccio. Affinchè non abbia alcuno a servirsi della mia cecità con qualche lettera finta, io, in piedi di ogni lettera, vi porrò l'impronta del mio sigillo, che a tale effetto ho fatto fare. Fate cortesia a rispettare il padrone Agostino, che ben lo merita, e sono.

Paoli a Casabianca a Furiani

Vescovato, 3 febbrajo 1759. — Bastiano ha portato lire 600. Gliene consegno altre 400, di quelle che ha consegnate Massimo (1) per la tassa della pieve di Alesani, delle quali

---

(1) Marcantoni dont les dilapidations sont restées proverbiales à Alesani. Minuto-Grosso, interpellé par Paoli si les accusations portées contre Massimo avaient un fondement de vérité, répondit : « Eo, Eccelenza, so a più cattiva arnia d'Alisciani, e mi ha potatu davanti e daretu. » La révocation suivit cette réponse.

lire 400 ne dovete fare il riscontro all'abate Massesi. Con queste partite avete con che soccorrere la truppa ed i maestri. Non sarà poi malfatto che voi intimiate l'ordine per le tasse al Capocorso. I zappajoli in Bastia non sono 300 fuochi, onde da loro non si ricerca tanto la tassa, che è insignificante, quanto la patente sommissione.

Vi acchiudo lettera, cioè la copia scritta dall'Arcivescovo di Pisa al Capitolo di Aleria. Monsignor Angeli deve restarne infinitamente mortificato. Temo però che Ottavi in Ajaccio non sia impedito, o per qualche riguardo non voglia accettare. Considerate tutte le parti della lettera dell'Arcivescovo, e vedrete che dà l'apertura ad *ulteriora*. Si dice morto Monsignor Saporiti; procurate saperne la certezza. Il Re di Spagna ancora dicesi morto, ed il re di Napoli in mossa a quella volta. Il Re di Sardegna, alcuni lo vogliono collegato colla Francia, e colla regina d'Ungheria, acciò mandi le sue truppe ad occupare il regno di Napoli per Don Filippo, promettendo a lui il ducato di Piacenza e Parma, e gli altri Stati di questo principe alla regina d'Ungheria, perchè consenta alla sua intronizzazione in Napoli. *Credat Judæus Apella, non ego*. Bocconi delicati di questa sorta non si fidano ad uomini ghiotti. Le memorie de' Tartari fattisi padroni della China, sotto pretesto di passare ad accomodare le differenze in Corea, sono anche fresche. Altri vogliono il Re di Sardegna, con 30,000 uomini introdotto per Provenza, e gl'Inglesi sul punto di entrar cogli armamenti nel mar Mediterraneo. Corre anche voce che le truppe francesi si ritireranno, e poche milizie verranno in loro vece. Queste notizie son belle e buone. Dobbiamo seguitare il nostro corso. Scrivo a Pasqualini intorno alle diligenze per il presidio, ed a Ciavaldini per la fabbrica della torre. Non ho tempo di scriver le stesse cose a tutti; per andar di concerto, vi comunicarete le lettere. Portate i miei rispetti al Signor Baldassari, e col solito affetto credetemi.

Paoli ai Magistrati di Balagna

Vescovato, 3 febbraro 1759. — Gli rimettiamo qui l'acclusa supplica, incaricandogli, con tutta la premura, procurar di fare arrestare il Giuseppe Maria, il quale, sotto nome di Castagnone, si è rifugiato in cotesta provincia colla donna che dallo esposto sentiranno. Vedano far tutta la diligenza, e riuscendogli farlo agguantare, qui rimettererlo ben cauto, acciò paghi l'errore. Il sudetto Giuseppe Maria è un birbo; si finge miserabile e va ricercando l'elemosina ai forni, essendo capo di tutti i birbi, e come si disse, si chiama il famoso Castagnone di Casacconi. Tutto ciò si esprime acciò venga in cognizione maggiormente.

Richiesta

Filippo Maria, figlio di Giuseppe Maria di Carpineto di Orezza, stante in Casacconi, si ritrova costretto esporre alle prefate Eccellenze Vostre qualmente il succennato Giuseppe Maria, suo padre, caso veramente che porta orrore, se n'è fuggito via, credesi in Balagna, con Lucrezia, moglie di detto Filippo Maria. Il querelante, atteso la verità di quanto sopra, instantemente supplica porgere opportuno provvedimento ad un attentato di questa sorte.

Paoli ai Magistrati di Balagna

Vescovato, 23 febbraro 1759. — ...... il popolo di Calenzana ritrovasi involto in mille divisioni; ora è il tempo opportuno di offrirgli la loro mediazione, ed esortarlo a mettersi sotto la protezione del governo della patria, avendo, per l'esperienza di tanti anni, conosciuto che essere stato attaccato ai Genovesi, non gli ha profittato che disgrazie e ruine, e mai la minima apertura di alcun vantaggio. La patria, sebbene non lo meriti Calenzana, deve far questo passo per farsi conoscere sempre madre benigna e sollecita nel procurare il vantaggio dei suoi figli, anche ingrati. Rinnovino le attenzioni ai paesi della frontiera, acciò non abbiano a fidarsi; poichè il conte de Vaux, guidato dall'odio contro la nostra nazione, è capace di qualunque irregolarità, purchè sfoghi la sua vendetta contro la medesima. Invigilino al castigo di alcuni che, per portar legne in Calvi, tagliano gli olivi ed altri alberi utili. Prevengano ancora con maniera che Genovesi si studiano, un giorno o l'altro, arrestar quanti trovansi nei loro presidii, nazionali nostri di qualunque estrazione.

Paoli ai Magistrati di Balagna

Vescovato, 1° *Marzo* 1759. — Godiamo che la provincia sia nella perfetta tranquillità. Che il Signor conte de Vaux voglia sostenere nel convento d'Alziprato la giurisdizione dei Genovesi, facendovi pubblicare gli ordini del padre Raffaele, come preteso Provinciale dei Padri Riformati, è cosa che non deve sicuramente soffrirsi. Si vedrà se, coll'evacuazione dei Francesi, quel posto sarà rilasciato. Ci aviserete ogni settimana di ciò che andrà succedendo, affinchè si possano dare le corrispondenti provvigioni.

Paoli ai Magistrati di Balagna

Furiani, 9 *Marzo* 1760. — Riguardo al reo dell'omicidio della moglie, si sono dati gli ordini per farlo arrestare, essendo in queste parti. Frattanto le S. V. Illustrissime potranno formare il bandimento, segnandoci l'autorità che gli concediamo in questa causa, come se fosse seguita la confirmazione del voto. Rispetto a quell'ultimo accaduto assassinio, è troppo necessario un rigoroso esempio di giustizia. Per l'atrocità del delitto, non sarebbe grave pena quella della rota, ma siccome questa non l'abbiamo peranche in pratica, oltrechè mancano gl'instrumenti necessari, si potrà servirsi della pena della forca, e del quarto, come meno orribile, e più esemplare.

Paoli ai Magistrati di Balagna

Vescovato, 10 *Marzo* 1759. — ..... I Genovesi, ridotti agli ultimi estremi, non sanno più a qual partito appigliarsi da queste bande. Tentano nuovamente di aprire il trattato promettendo tutto ciò che nè possono dare, nè possono togliere, affine di riuscire in qualche torbido, e di far comprendere nella Terra ferma che le nostre cose sono in istato di aggiustarsi, per togliere dall'impegno le potenze d'Europa di procurare anche a noi il termine di tanti disastri. State perciò oculati che, o per mezzo del vescovo Massoni, o di altro confidente della Repubblica, non vengano fatte simili proposizioni, e non trascurate sopra ciò le debite precauzioni.

Paoli ai Magistrati di Balagna

Vescovato, 12 *Marzo* 1759. — I Genovesi, ridotti all'ultima disperazione, tenteranno sicuramente gli ultimi sforzi, per prevenire i quali giudicheranno espediente che il Signor Orso Giacomo Fabiani, direttore delle marcie, unisca un corpo di 100 uomini armati ogni otto giorni, a mute, dalle pievi di Giussani, Ostriconi, Tuani e S. Andrea, provvigionati ognuno per il suo turno, i quali, distribuiti in due corpi di 50 uomini, sia coperto l'uno dal detto Signor

Direttore, e l'altro dal Signor Giacomino Fabiani. Il primo presiederà Montemaggiore, ed il secondo Lumio, per essere a portata d'impedire, unitamente alle genti di quei paesi, tutti i tentativi dei nostri nemici. Voi, continuando la residenza in cotesto convento d'Aregno, farete venire ogni sera 15 armati dai paesi circonvicini, che rinforzino la guardia; ed il Signor Don Giambattista Croce, a cui scriviamo replicatamente, starà nel convento di Marcasso. Il Colonnello Fabiani avrà l'ingerenza, coi fucilieri che stimerà a proposito, di girar le marine della provincia, per accorrere ai bisogni che potessero succedere. Incaricate parimente tutti i capi principali ed uffiziali della provincia, a stare colla più possibile attenzione, come ve ne abbiamo anticipate le premure in altra lettera.

ROCCA.

Paoli ai Magistrati di Balagna

Furiani, 16 *Marzo* 1759. — La Repubblica di Genova, ridotta nelle angustie, ed arrossita di aver dovuto soffrire di veder presidiato da noi il posto di Furiani, con estremo pregiudizio dei cittadini di Bastia, si è finalmente determinata di far l'ultime prove per sorprendere questo presidio, Ier l'altro alla sera, giunsero in Bastia una galera e tre barche, mandate con 1500 soldati da Genova, con ordine preciso di dover attaccare Furiani, ed in fatti la notte trascorsa, uscì tutta la truppa da Bastia, accompagnata dai Bastiesi, e fece le sue distribuzioni: un corpo di 800 soldati passò ad occupare un'eminenza di là da S. Pancrazio, detta il Barbaro, dove fè fabbricare dei fossi ed altri ripari, per impedire il soccorso da Biguglia, ed altre pievi della spiaggia; altro distaccamento di 500 uomini passò nelle vicinanze di Barbaggio, per servire di diversivo al Nebbio, ed il restante dei 3 mila uomini, tra Bastiesi e truppa regolata, postandone un corpo alla casa dei gesuiti a Paterno, dove trasportarono due cannoni e due mortari da bombe, ed altro sopra la chiesa di S. Giovanni, il restante, dico, della truppa attaccò il paese per sotto. I primi che comparvero jer mattina in vista dei postamenti della guarnigione restarono morti, ed allora più non si tentò l'azzardo. Fecero allora i nostri una vigorosa sortita, quando la gente di Biguglia ed alcuni pastori misero in fuga quei del Barbaro, e riducendo gli aggressori ad una precipitosa fuga, presero nelle mani ferito il cavaliero comandante del reggimento Svizzero Jannez con altri cinque soldati. Ne restarono dei morti, che furono sepolti dalle stesse truppe, fra quali si dice un altro ufficiale, e non restandogli il tempo di ritirare tutti gli attrazzi militari, incendiarono le camice incatramate, ruote d'artiglieria ed altri ustensili, e si vuole ancora che siano state sotterrate le bombe, cannoni e mortari, di cui si farà oggi la perquisizione. Ecco dove sono andate a termine le glorie dei nostri nemici. Gli abitanti di Barbaggio, alla vista del distaccamento destinato a quella parte, l'attaccarono vigorosamente e lo ridussero alla fuga con gran perdita, oltre molti prigionieri che hanno nelle mani. Di quel paese, ne restarono due feriti ed uno morto. Due altri di Biguglia sono stati feriti leggiermente, senza altra perdita dalla nostra parte. Se avessero aspettato il nostro arrivo da Casinca, che successe un'ora dopo la fuga, sarebbe stata per essi l'ultima sconfitta.

Paoli ai Magistrati di Balagna

Biguglia, 22 *Marzo* 1759. — L'azione di Furiani è stata più vantaggiosa da parte nostra di quello che vi abbiamo significato nell'antecedente lettera; poichè si hanno notizie da Bastia che, oltre i feriti, sessanta se ne sono trovati mancanti. Ora stanno aspettando gli ulteriori ordini da

Genova e, per quanto si dice, anche dei rinforzi per tentare un'altra volta la loro sorte. Se ciò accade, noi speriamo la decisiva sconfitta di questi vigliacchi. State voi in osservazione dei movimenti dei Francesi, che si dicono vicini alla partenza, e rendeteci ragguagliati di tutto ciò che possa succedere nella provincia.

Paoli ai Magistrati di Balagna

Biguglia, 22 Marzo 1759. — Con nostro rammarico sentiamo che il Signor Negretti, per adempire i doveri del suo impiego, avendo incontrato il dissapore dei parenti del Mozzo, sia stato obbligato a dare a quelli la reciproca parola, quando quelli, per decoro degl'impieghi della nazione, doveano esser costretti ed obbligati a dar cauzioni di quieto vivere. Procurino che simili scandali più non succedano, e facciano ai parenti del Mozzo dar sicurtà di viver quieti, tanto più che il prete è non poco malintenzionato.

Paoli a Casabianca

Convento di Casinca, 25 marzo 1760. — Da Sialicchia prendete un poco di carta, chè qui non ne tengono per scrivere. Mandatela subito. Vedete se gl'Indiani venuti da S. Fiorenzo avessero, o calamandra, o manforte negro, chè sono a coglia in mano. Sono.

Paoli ai Magistrati di Balagna

Oletta, 29 marzo 1759. — Dalla relazione che ci hanno fatta il Signor Orso Giacomo Fabiani, ed i principali della pieve di Pino, apprendiamo l'occupazione del convento d'Alziprato dagli uomini di Zilia, successa senza alcun male dall'una e dall'altra parte. Certamente che l'apprensione in cui era quel paese che quel posto, con estremo suo pregiudizio, non fosse consegnato a' Genovesi, come gli altri occupano i Signori Francesi, giustifica troppo questa risoluzione e toglie ogni ombra di poterne essere offese le truppe di Francia. Frattanto, per guardar quel posto, noi abbiamo ordinato che vi stia il Signor Quilici, ed in questo mentre forse non sarebbe male che, lasciando ordine che alcuni di Corbara la notte si portassero a guardar il convento di Aregno, loro Signori passassero di residenza in Corbara o Lumio, per levar da mezzo ogni diffidenza dei due partiti; possono però avanti della loro guardia mandar 2 o 3 fucilieri alla torre dell'Isola Rossa, acciò quel posto ancora sia libero da ogn'insulto. Sarà anche necessario che prendano le condanne de'mancanti alle marcie, dei quali gli ha mandato nota il Signor Colonnello Fabiani. Stiano con somma vigilanza in queste critiche circostanze. Stasera saranno in S. Fiorenzo i Genovesi. La Bastia trovasi molto confusa.

Paoli a Mari di Taglio

Biguglia, 31 marzo 1759. — Viene costì il Signor Giov. Quilico col Signor Matteo Limperani per girar le pievi, acciò i preti ed i principali offeriscano un dono gratuito per sostener la guerra che va ad accendersi, per la venuta del grande eroe Grimaldi. Andate con essi, ed impiegate in questa occasione le poche forze che vi ha lasciate la vostra indisposizione. Sono.

G. Rocca a Casabianca

Biguglia, 1º *aprile* 1759. — Stamane un distaccamento di truppe nemiche si è avanzato a S. Pancrazio, per eseguire il disegno ingegnoso qual era di cinger di muraglia la chiesa per stabilirvisi. Aveano cominciato il travaglio, ma, alla vista da lontano dei nostri, se ne fuggirono senza aspettare alcuna botta.

Noi passiamo subito, ed arrivati colà abbiamo veduto che innalzano un forte a Bassaninco, probabilmente per difendere le vigne e beni bastiesi. Ora conviene intimar la marcia a tutte le nostre genti armate e disarmate, ma con accette e rostaje, provvisionate per otto giorni col carriaggio, acciò vengano subito per levarli dall'imbarazzo delle vigne, case ed altro che appartengono a' Bastiesi. Fate perciò premura al Magistrato, che subito spedisca le circolari per tutte le pievi, sollecitando la marcia al più presto che sarà possibile.

Il Signor Generale è un poco incomodato a letto, e mi ha imposto sottoscriver la lettera. Sono.

G. ROCCA.

Paoli a Casabianca

Biguglia, 9 *aprile* 1759. — Non perdete un momento in sollecitare la vostra marcia ad effettuazione delle incombenze che avete avute, poichè così richiede il bisogno.

Ora che l'intimazione della marcia generale dei popoli sarebbe di grave incomodo comune, si è pensato di aumentar la truppa pagata; da ciò argomentate quanta necessità vi sia di danaro. Fate comune la presente ai vostri Signori colleghi, ed usate le solite gentili vostre espressioni, per indurre gli uomini onesti ad una generosa e volontaria contribuzione. Datemi voi stesso notizia del risultato, e credetemi vostro amico.

Paoli a Casabianca

Furiani, 10 *aprile* 1759. — Vedete di spedir di subito qui il vostro cancelliere con una partita di danaro, di cui ve n'è non poco di bisogno. Animate le genti a venire di subito, perchè Grimaldi pretende in questi due giorni fare lo..........

Paoli a Mari

Furiani, 11 *aprile* 1759. — Grimaldi ha preteso di abbattervi bruciando la vostra casetta; egli è pazzo più di prima e perciò compatibile. Vanta dei partiti; ha disseminato delle lettere, ma senza profitto, come ancor voi mi avete suggerito nella vostra lettera. Vostro fratello jer sera era risoluto venirsene a casa; lo compatisco, perchè qui si sta male; ma dopo inviatogli la vostra lettera, suppongo che si sarà trattenuto. Io mi sono ritirato qui per una flussione di catarro. Se poteste venirvene in Biguglia, servirebbe per frastornare qualche poca di gente anche colà. In questi due giorni probabilmente tenteranno l'ultimo sforzo delle bombe, che meditano tirar da Erbajolo. Sarà la seconda dell'Isola Rossa. La truppa è piena di timore, e tutti gli uffiziali, per non risicar la vita, gli fanno delle grandi difficoltà. I Bastiesi attimoriti dal taglio, e vedendo che questo è un fuoco di paglia, non hanno voluto assoldarsi. Non ve n'è a paga che cento fra Bastiesi, Brandinchi e Villesi. Vedremo l'esito, ed intanto, con parziale affetto, sono.

Paoli ai Magistrati di Balagna

Oletta, 13 aprile 1759. — Non abbiamo risposto alla lettera che ci ha portato il primo pedone dei due che ci avete spediti, e per essere al momento di fare delle azioni contro il nemico, e per potervene dare le relazioni. Ora che si verifica la vicina partenza dei Francesi, il Grimaldi cambierà forse pensiero, e gli servirà di pretesto, a non azzardàr fuori l'artiglieria e la truppa per battere ed occupar Furiani, la necessità di dover diminuire la truppa per presidiar le piazze. Tuttavia non si può fare sopra ciò un probabile argomento, poichè si tratta dei sentimenti di un fanatico, che agisce senza riflessione e senza regola. Tale è il carattere del Grimaldi.

Il Conte de Vaux ha voluto imitarlo nella rappresaglia delle pecore, in odio della nazione. Egli ha voluto dimostrare la sua parzialità per i Genovesi, e non si è curato di sorpassare le istruzioni della sua Corte per favorirli. Ci lusinghiamo che il di lui successore sarà di diverso sentimento, e che non cercherà di nuocerci.

ROCCA, *Segretario di Stato.*

Paoli ai Magistrati di Balagna

Oletta, 14 aprile 1759. — Dopo che il distaccamento che andava all'Algajola aveva dato le dovute soddisfazioni e sicurezze al Signor Giacomo Fabiani, comandante in Lumio, quelli che, contro i di lui ordini, fecero fuoco addosso ai Francesi, devono dalla nazione essere riguardati come sediziosi violatori agli ordini della fede pubblica. Sarà cura delle S. V. Illustrissime prenderne un risentimento proporzionato all'infame attentato, ed, in caso che nasca con i Francesi qualche conferenza, gli faranno capire l'abborrimento che hanno inteso di quell'azione e la ferma risoluzione in cui sono di castigarne gli autori. Questo nuovo Comandante francese, essendo d'altro carattere del Conte de Vaux, piuttosto ben inclinato, non dovea essere così sulle prime malamente accolto, con nostro disdoro. Procurino di star sulla difesa protestando del rispetto per le truppe di S. M. Cristianissima, attribuendo al Conte de Vaux, dichiarato nemico della nostra nazione, gli accidenti successi; e sarà anche bene che facciano una relazione di questo successo non meno che di quello d'Alziprato, per prevenire il pubblico delle imposture del Conte de Vaux.

Il Signor Grimaldi minaccia di voler tirar fuori di Bastia, per battere Furiani, cannoni e mortari, ma finora non gli ha rischiati. Questa mattina i nostri, in una imboscata, hanno battuto un suo picchetto. Un diversivo, che egli fece in S. Pellegrino con 350 uomini, non gli riuscì a disegno, mentre la pieve di Tavagna, a furia di schioppettate, gli rinchiuse sotto la torre, e gli obbligò ad imbarcarsi subito.

Paoli ai Magistrati di Balagna

Otetta, 18 aprile 1759. — Abbiamo ricevuta la loro lettera, dalla quale apprendiamo che il Signor de Vaux resterà per qualche poco tempo in Corsica, con poca gente però, e nello stato da non poter nuocere alla provincia. Loro Signori ciononostante stiano colle dovute precauzioni per prevenire altri inconvenienti, e non lascino di far conoscere con serietà la sinistra condotta del predetto Conte de Vaux, per far conoscere le giuste ragioni della provincia e del governo, fino a che si faccia pubblico un manifesto che si va formando.

Ieri il Grimaldi fece avanzare la sua truppa in S. Pancrazio; fece bruciare quella chiesa, che in quel momento era sprovvista dei nostri. Ha digià condotto l'artiglieria alla sua trinciera, da dove si lusinga battere il presidio di Furiani. Speriamo non gli possa riuscire il disegno.

Paoli a Mari

Furiani, 21 aprile 1759. — Voi sapete che le genti collettizie delle marcie non sono mai troppo coraggiose, nè fidate. Desidero perciò che sempre ve ne siano anche buone ; onde dite a Leone, a cui farete questa comune per la mancanza di carta, che, con una decina di buoni giovinotti, se ne venga qui dimani a sera con qualche poca di provvigione. Avvertiteli ancor voi acciò non manchino in questa occasione importante. Le bombe finora tirate in numero di 16 non hanno servito che ad animare i nostri, mentre la maggior parte non prendono fuoco, o vanno lontano dal paese. Sono.

Paoli ai Magistrati di Balagna

Murato, 2 maggio 1759. — Hanno pensato bene a ristringer la marcia della provincia a 300 uomini in vista di rimandar la muta. A quelli che son venuti, abbiano però l'avvertenza, d'incaricare che le genti vengano provvigionate, e che le mute siano sollecite senza interruzione. Sentiamo essere in questo convento fra religiosi qualche zizania ; avendovi troppo mano il Padre Santa Liberata, ed il segretario del Padre Matteo di Bastia, si servono di pretesto d'una copia volante di lettera del Ministro generale dell'ordine, la quale è apocrifa, ed essendo tale non deve portare apprensione ad alcuno, non essendo presentata secondo la regola, ed avendo da essa, come lesiva la libertà ecclesiastica, l'ordine serafico dei sacri canoni reclamato in Roma. Il definitorio iscrive lettera a cotesti religiosi; la consegneranno quando sono uniti.

Poche cannonate ha più tirate in Furiani il Grimaldi, e par che sia uscito dall'inganno che le bombe avessero potuto distruggere quel presidio, mentre, da alcuni giorni, più non ne face sbarro.

Paoli a Buttafoco

Casinca, 4 maggio 1759. — E un gran tempo che non ricevo vostre lettere, ed io non ho avuto comodo scrivervene, essendo ancora, da un catarro di petto molto incomodato da due mesi a questa parte.

Grimaldi, dall'alto d'Erbajolo, con due grossi cannoni di ferro, e due mortari a bombe, pensa distrugggere il presidio di Furiani; finora, di 60 bombe che ha tirate, tre sono andate in paese ed hanno ammazzato un cane; è qualche giorno però che non tira, e voglio credere essersi egli accorto che, da quel luogo, la bomba non va in Furiani, se non per una mera casualità, essendo troppo enorme la distanza, e la situazione di Furiani troppo elevata. I suoi cannoni tirano per elevazione, e segnano appena le muraglie; in somma, se vuol durarla in questo modo, ne abbiamo per dieci anni alla Trojana. Le sue ridotte sono ben costrutte in buoni fossi e palicciate, e sono guarnite con piccoli pezzi di artiglieria per le mitraglie; la prima, la piantò alla marina, protetta dal fuoco della galera, ed in appresso, una proteggendo l'altra, le ha fatte; per disgombrarle, ha tagliato gli olivi d'Agliani, e ci ha risparmiato la pena di dar questo castigo a' Bastiesi.

Venerdì passato, capricciosamente alcuni nostri distaccamenti attaccarono queste ridotte, le quali misero in confusione, ed avrebbero già prese, essendo arrivati ai rampali, se la galera, prendendo in fianco quelli che attaccavano la ridotta alla marina, non gli avesse, col cannone a palla ed a mitraglia, obbligati alla ritirata, ed aperta la strada al nemico per mandare il soccorso alle altre. L'azzardo fu capriccioso e valoroso; la ritirata però non la poteano fare con più ordine le truppe prussiane. Questo fatto mi è servito per far conoscere ai Corsi, che il valore, senza la buona disciplina, e senza l'uniformazione agli ordini, non serve niente; poca gente abbiamo perduta a quest'incontro; se altro ne succederà, per noi o per Genovesi, sarà più sanguinoso.......

Il vostro amico.

Paoli ai Magistrati di Balagna

Convento di Casinca, 7 maggio 1759.— Il mese entrante abbiamo giudicato a proposito mettere al comando di codesta guardia il Signor Antonio Orsini di Nessa, uomo d'integrità e ben conosciuto, a cui abbiamo dato gli ordini opportuni, e ciò perchè tutti i patriotti abbiano occasione di contradistinguersi negl'impieghi.

Paoli ai Magistrati di Balagna

Casinca, 10 maggio 1759. — Si porta per coteste loro parti il Signor Alessandrini, affine di muovere tutta la gente per ogni parte, acciò accorrano con tutte le armi senza indugio di tempo in Furiani, ove tanto richiede il bisogno, avendo il nemico avanzato il suo disegno per formare nuove batterie, per arrivare più da vicino a battere colla sua artiglieria. Il detto Signore vi farà presenti le premure onde eseguiate il suo e nostro intento, e non mancate in un punto di tanta premura, regolando la marcia con delle bestie per condurre delle provvigioni. Per Domenica prossima infallibilmente si ritrovino nel detto Furiani, per proseguire il disegno che andiamo meditando. Sì distingua ognuno nelle presenti contingenze.

Paoli ai Magistrati di Balagna

S. Francesco, 10 *maggio* 1759. — ..... I nostri sono al fuoco in Furiani, ed io, occupato in altri affari concernenti a rispingere il nemico, non ho potuto osservare quel che egli su tal'proposito ha osservato. Costì si porta il Signor Alessandrini, per regolar la marcia di Domenica per Furiani. Il nemico in quest'oggi ha tentato piantare altre batterie; ma, per quanto possiamo comprendere, sono stati respinti, essendo stato il fuoco troppo vivo ed impegnato. Qui la gente è tutta in mossa, pronta a sacrificarsi per la patria e difesa di Furiani, oggi divenuta la prova delle nostre e nemiche forze. L'esito di questa campagna deciderà forse le controversie dei Corsi e dei Genovesi.

Il Metropolitano di Pisa ha confermato il canonico Felce provicario apostolico; ha scritto a me obbligantissimamente riguardo alle altre diocesi, ed ha risposto al Magistrato d'Aleria con molta politezza. Se l'occasione non fosse pressante, manderei la copia delle lettere... I Padri del convento d'Aregno li credo entrati nel loro dovere; in ogni caso avvertitemi, chè spedirò una partita. Saria pur bella che una manica d'ignoranti di mal odore ed ambiziosi somministratole dalla Repubblica qualche avanzo, volesse fare decisione in jure canonico. Un certo Padre Angelo Maria ha scritto che non servono nè ragioni, nè autorità; ad un uomo di tal sorte ci vuole dunque il bastone. Vegliateci sopra, chè il fomento viene da Bastia; col suo tempo gli farò palesar tutto.

Paoli a Casabianca

Biguglia, 14 maggio 1759. — Le provvigioni in Furiani mancano; ordinatene ai paesi, e senza riguardo alcuno. Quali che siano che non vogliono avanzare il grano prima che non abbiano il denaro in mano, ditegli che ci avranno presenti, e che, se non bramano che si spedisca una truppa a prenderlo, lo mandino subito qui da capitano Alessandro, che lo farà macinare. In questa circostanza, non bisogna sentir le parole di qualche avaro, o dei protettori. Sollecitate i viveri, e fatene vostra incombenza.

Il nemico teme d'un assalto; ha ritirato i grossi mortari ed i cannoni di bronzo; ma frattanto le montagne non arrivano. Porterete questa al Magistrato, acciò vi dia l'assistenza che abbisogna.

Paoli ai Magistrati di Balagna

Oletta, 18 *maggio* 1759. — ...... Furiani continua ad esser battuto dal nemico, ma finora non vi è apparenza che possa rendersene padrone.

Giacchè l'ostinazione dei Padri del convento di Aregno si appoggia ad altri principj che quelli della teologia, si penserà ai mezzi più espedienti ed efficaci per mettergli nella strada del dovere.

Infallibilmente due della loro guardia dovranno spedirsi la notte in rinforzo della torre dell'Isola Rossa.

Stiano in vigilanza sopra gli andamenti del popolo di Calenzana, e sopra ad alcuni che già si vanno prendendo troppo libertà nel parlare.

Paoli a Giudicelli

Oletta, 18 maggio 1759. — Il Grimaldi, per smentire quanto abbiamo avanzato nella giustificazione della nostra guerra, fa ogni sforzo perchè qualche parte del Regno procuri l'apertura di un trattato. In Balagna vi è della corruzione; amico, non ci facciamo involare il frutto di 30 anni di guerra. La Repubblica ha pensato a quietar i moti di Corsica; altrimente le potenze, interessate alla tranquillità d'Italia, si protestano che prenderanno delle misure a lei spiacevoli. È stata un fulmine la protesta della giustificazione. Ora Genovesi vorrebbero far comprendere che quel libro viene smentito del tutto; vorrebbero che ci attaccassimo fra noi, come in tempo di Giuliani. Vegliate a prevenir questo disordine, e, se potete, venite un poco quà. Furiani è battuto; ma, a prenderlo, vi troverà molta difficoltà; ed io spero che, se attacca, potremo indennizarci di qualche vigliaccheria commessa. Oggi il nemico ha tirato con molta violenza, ma non profittò; abbiamo qualche buona speranza. Vedremo. Sono al solito.

Paoli ai Magistrati di Balagna

Furiani, 22 maggio 1759. — Gli acchiudo un memoriale del procuratore dei prigionieri di Avapessa. La causa di quest'infelici è ormai tempo che venga al suo termine; onde, quanto prima, ne faranno la spedizione, ed in questo frattempo prenderanno tutte le cautele acciò la loro salute non abbia a patire nelle carceri, potendosi tenere in qualche altra maniera ben cautelati.

Paoli ai Magistrati di Balagna

Furiani, *30 maggio* 1759. — Il Grimaldi, disperato della rotta ricevuta, non penserà di più accostarsi a questo presidio, e facilmente penserà a fare delle scorrerie per coteste spiaggie, per intorbidare la quiete della provincia; onde, per prevenire i di lui sinistri fini, giudichiamo espediente che immediatamente si stabilisca la residenza del Magistrato nel convento d'Aregno, dove le S. V. Illustrissime compiaceranno portarsi senza minima delazione, incaricando il Signor G. Battista Croce ad invigilare sopra cotesto convento, benchè lo giudichiamo superfluo per essere nella situazione di essere assistito dalla pieve. Stimiamo ancora necessario in queste circostanze, in seguito ancora di quanto fu stabilito nel congresso di Sto Pietro ed altri, che assistino al governo tre consultori a turno per giorni otto, affine che possano assistere ed invigilare colle S. V. Illustrissime alle urgenze della provincia; e perciò giudichiamo dargliene l'elezione per questi tre o quattro turni, nel modo che in appresso sarà designato, per prendere poi in avvenire sopra di ciò altre deliberazioni. Terminato il turno dei Signori consultori sotto notati, sarà bene incaricargli in occorrenza di qualche servizio che debba ognuno di essi invigilare e far concorrere alle marcie che fossero necessarie, per non dar tanta pena ai Signori Presidenti, i quali saranno incaricati di tutta l'assistenza : saranno dunque chiamati per il primo turno Antonio Pizzini, Claudio Leoni, Domenico Francesco Grisoni ; per il secondo, Pietro Paolo Monti, M. Amb. Cassiani, Domenico Graziani ; per il terzo, Alfier Cesarini, Paolo Soavi, Tenente Leoni. Ci tengano sempre ragguagliati.

Paoli a Casabianca

Furiani, 30 maggio 1759. — Antonuccio, non può esser ricevuto fra noi, se non per qualche grande azione vantaggiosa alla patria. Vi è nota l'enormità dei suoi delitti pubblici, che offesero troppo la nazione e quasi l'umanità. Il Signor Angelo, (1) lo compatisco, e più la madre, (2) ma perchè sono onesti, compatiranno anche essi il governo. Antonuccio potrebbe esser maneggiato con destrezza da essi, e farlo andar in S. Pellegrino, o alla Padulella, per darci, in qualcheduna di queste torri, o pure nel forte dello stagno, l'ingresso; ma non vorrà farne niente, essendo egli troppo perverso. Si parlerà per le banche. Se Ciavaldini si ritira, assistete al governo. Grimaldi se ne va fra poco confuso.

Paoli ai Generali delle finanze

Furiani, 1° giugno 1759. — Il Signor Tomè Cervoni vorrebbe dire all'affitto delle decime della pieve di Niolo; quando queste non fossero assicurate dalle Signorie Loro, potrebbero aver riguardo al di lui zelo dimostrato in queste urgenze per la patria, che è quanto mi giova significarne su questo affare. Potreste mandare qui a me la risposta al Signor Tomè questi due giorni. Sono.

Paoli a Giudicelli

Oletta, 11 giugno 1759. — La patria è invincibile, perchè sostiene una causa giusta ed è protetta dal Cielo, non

---

(1) Filippi. (2) Anna Caterina.

perchè non vi siano fra' suoi figli invidiosi della sua libertà, e di ogni altro suo vantaggio. L'ultima azione di Furiani ha fatto mancare a molti lo spirito, ma non la volontà. Non occorre lusingarsi. State attento chè la Repubblica, immaginando le cattive conseguenze se abbandona l'assedio di Furiani, va meditando gran cose a nostro danno, ed i suoi geniali sono avvertiti per dar l'ultima prova del loro zelo. Se stiamo sopra tutta la nostra vigilanza, tutto ci riuscirà a seconda. Si dice senz'altro il terzo tentativo in Furiani. Se Dio non ci vuol castigare, sarà l'ultima fatale sconfitta del nemico. Ieri l'altro Grimaldi tentò la sorpresa delle feluche allo scalo delle Prunete. La relazione vi apprenderà il successo.

Roma ha capito le nostre giuste doglianze, e spero provvederà di benigno rescritto le suppliche degl'inviati del Clero. Avea determinato un Visitatore apostolico, ma la Repubblica vi si è opposta. Ottavi è all'Algajola; colle raccomandazioni della Repubblica e di Grimaldi dicesi abbia ottenuto surrettiziamente un favorevole rescritto dell'Arcivescovo di Pisa.

Felce (1) s'imbarca per sostener la sua causa e quella della patria. Il Clero di Aregno facilmente gli presterà obbedienza, essendo guidato dallo stesso spirito di rivolta che agita i frati di questo convento. Io mi faccio sentire, e spero che le cose andranno bene. Porta, che porta la notizia del successo del 20 maggio, non è ancora ritornato, ed in Genova sono ogni giorno a consiglietto. I Bastiesi sono confusi, e senza soldo, ciò nonostante sopra la galera vi erano 200 volontari. Furiani in mano nostra, abbiamo un piede in Capocorso; dalla Bastia, dove sono le forze nemiche, non abbiamo che temere, ed il Nebbio è sicuro; da S. Fiorenzo, avendo sicure le spalle, questa provincia si può difender bene da qualunque truppa, sicchè Terra

---

(1) Le chanoine Felce, descendant de Pietro Cirneo.

di Comune è libera per accorrere, o in Nebbio, o in Balagna, ed in tal caso siamo invincibili nei nostri paesi. Il progetto di fortificar Furiani fu masticato assai e consultato, il prenderlo a mute è un esponerlo. Ci vuol truppa pagata, benchè fra giorni vi sarà qualche novità. I guasti, che aveva fatto alle case il cannone, sono stati riparati già, ed in questo mese sarà anche riparata la torre, per la quale si porta e rena e calcina e pietra con premura e sollecitudine.

Nel Mediterraneo vi sono 27 navi inglesi coll'amiraglio Nosuewen. Dicesi aver qui plenipotenza per l'Italia, e facilmente passerà in Napoli. Temono Genovesi e Francesi. Scrivetemi spesso. Io scrivo a testa rotta, tanti sono che mi frastornano. Persuadetevi però che conosco il vostro merito, e vi sono perciò il più affezionato, ecc.

Paoli ai Magistrati di Balagna

Oletta, 11 *giugno* 1759. — ...... Proviamo piacere della determinazione presa dalla provincia, di contribuire il soldo per 25 uomini alla guarnigione di Furiani. Dovrassi però prefiggere a tal effetto una conveniente tassa, e non mai pensare servirsi della tassa ordinaria, nè degl'introiti pubblici, che servono per le spese già stabilite nella provincia, e che appena sono bastanti.

Continuino a stare nell'attenzione sopra i movimenti del Signor de Vaux, tenendo Loro Signori qualche intelligenza per essere informati dei suoi andamenti. Provvedano alla buona custodia della torre, e mantengano colla solita unione la provincia.

Paoli agli Intendenti delle finanze

Oletta, 14 *giugno* 1759. — I beni del bandito Michele della Valle di Rostino, che furono deliberati alla di lui figlia, per non essere questo comparso, il pubblico ne deve esigere i frutti; perciò, Loro Signori vedano, o di fargli raccogliere a. conto pubblico, dovendosi affittare parimente gli effetti della Signora Nunzia del Borgo, o darsi a raccoltura. Il Signor Andrea Mariotti desidera di essere preferito ad ogni altro, essendo pronto di contribuire nella maniera che gli sarà prefissa. Pare ciò dovere, e Loro Signori non avranno alcuna difficoltà; e così.....

Paoli a Casabianca

Oletta, 14 *giugno* 1759. — Ho ricevuto li recevi, quali torno a rimandarvi per il medesimo latore, non potendo bene da quelli regalarmi. Mandatemi dal vostro libro la nota dicendo: il giorno dei tanti, o di mandato, o di lettera del Signor Generale, dato lire tante, o pure mandato tanto per il tale, perchè, se non si sa il giorno, o per quale si sono mandati, la nota si può credere duplicata, come quella delle lire 300 e 630, che sommandole fanno lire 930, e questa si crede duplicata, non specificando la detta partita per quale si sia mandata. Fate le cose in buona forma, acciò non possiamo essere criticati. Salutatemi la Signora Cecca, e se siete a morire, moritevi presto, acciò la Signora possa prendere il terzo; e con il solito affetto sono.

P. S. L'altro ricevo, mandato per Bozio, è duplicato. Se non trovate nel libro di aver mandato, oltre le due partite di 300 e 530, altra di 930, siccome se non trovate segnato aver mandato altra partita per mano di Bozio, state attenti se non ci imbrogliano. Temo che il secondo danaro, che mandaste per Santone, non fossero 1000 lire, perchè al libro trovo 640; ma ciò può sapersi da Santone. Siate esatti, e notate il vostro libro, il quale allora ha credenza di poliza, e specificate sempre per chi mandate, per quale ordine, e quando; allora si chiude la bocca, altrimenti andremo sotto, o ne metteremo i poveri uomini.

La condanna al notaro di Lama è ingiusta; quello fuggì, ma non ci entrava, e fuggendo serviva. Il Magistrato portò 50 uomini perchè è puntuale, anzi interruppe col dir che chi andava seco non sarebbe andato in Furiani; quello m'esce di tasca ed è vigliacco; sapete quanto l'ho portato. Il notaro si è presentato al Generale altra volta. Sollecitate maestri e mule. Antonuccio era con Grimaldi sopra una galera. Ottavio susurra. Ho mandato ordine all'Arcidiacono a comparire ed a poco bisogno toccarli; va insinuando esser impegno della pieve di Orezza a sostenerlo. Sono.

Paoli ai Magistrati di Balagna

Oletta, 15 giugno 1759. — ...... Il Signor de Vaux non starà molto a partirsene. Invigilino sulle scorrerie dei ladri, cercando qualche mezzo per poterne aggrappare qualcuno per farne un esempio..... Riguardo alla causa della donna di Zilia, si deve aver riguardo nelle presenti circostanze di non fomentare alcun disordine in quel paese in faccia del Signor de Vaux, che proverebbe piacere di qualche rottura. Vedano però di procurare con quiete un qualche componimento che possa servire di quiete alle parti.

Paoli a Vinciguerra

Oletta, 16 giugno 1759. — Amico. Vengano i Signori Savelli e Lucca Agostino con cinque altri fidati e buoni, e Savelli potrà giovarvi in tutto. Sono.

Paoli ai Generali delle finanze

Furiani, 16 giugno 1759. — La comunità di Vescovato si è fatta sentire del piacere che avrebbe, per vantaggio della chiesa, di aver la raccoltura o sia affitto dei proventi delle decime di detta parrocchia.

Parrebbe convenevole di compiacerla, senza pregiudicare il pubblico, previe le sicurezze di due principali del paese, che si facessero risponsabili di soddisfare il giusto al pubblico.

Vedano dunque di determinare sopra ciò. Sono.

Paoli a Casabianca

Furiani, 16 giugno o luglio 1759. — Il notaro di Lama fu chiamato a torto, ed era in S. Fiorenzo. Per me, godo che l'applicazione sola sia quella che vi fa star male. Curatevi però dai morbi e dai maligni, perchè freme il principal sicario. Pasqualini non è più qua. Voi riferite quanto avete mandato, e quanto trovate scritto al vostro libro, che deve aver credito. Riscuotete danari. Riveritemi la Signora Cecca. Sono.

P. S. Per accidente sono qui.

Fate in modo che il cavallo ingrassi per spedirlo come sapete, facendone molta premura. E per noi può molto l'assistenza del soggetto, per voi sarà qualche altro.

Paoli agli Intendenti delle finanze

Oletta, 18 giugno 1759. — Non ci avete per ancora ragguagliati dell'esito che avete dato all'affare dell'eredità del Michele della Valle di Rostino. Giacchè la pupilla, di lui figlia, siegue la madre contro le disposizioni del governo, vedete di sollecitamente provvedere d'un raccoltore ben visto che esiga esattamente i frutti dei beni che si spettavano al Michéle, con obbligo darne a voi il conto, essendo pendenti i frutti, chiamare il Nunzio della Crocicchia, che tante volte ha contravenuto agli ordini, e tenerlo costì carcerato. Intanto sono.

Paoli a Casabianca

Oletta, 19 giugno 1759. — Vedete che mule in Furiani non ce ne vanno; onde ordinate che tutte ci vadano, s'intende di quelle i di cui padroni ne fanno negozio col bastio, e le affittano ad altri, o le conducono essi al travaglio. Fatele venire tutte in un tempo, e castigate con rigore i mancanti.

Antonuccio è venuto con cattivi fini. Avvertitene il Signor Angelo a cui non vorrei che accadesse un disgusto. La vostra comare può porci rimedio, altrimenti si lagnerebbe dopo a torto contro chi l'averte più di quel che deve. Non dico di più a voi che mi capite.

Spero che in Roma i nostri faranno qualche cosa. La Bastia è in confusione, e Grimaldi ancora ha mandato rinforzo in Ajaccio per sospetto. Il figlio di Bartoli di Barbaggio, sebbene glielo avessi vietato al Borgo, volle andare in Canari, con due altri ragazzoni del suo paese e con un Canarese al soldo; vi stette tanti giorni che andò solo in Bastia; partirono da colà 50 Castinchesi e Bastiesi, e quando quei bardasci se ne ritornavano sopra un solo schifo, quelli, alla punta delle Cannelle, gli affrontarono; cominciarono il fuoco, ma li Barbaggiesi si tenevano lontani; pertanto vennero per accostarsi alla punta a prender terra. Allora in quelle spiaggie, essendovi la posta, furono fortemente colpiti; vi morì appunto uno di Barbaggio e tre marinari, ed il figlio di Bartoli e il Canarese li fecero prigionieri e li portarono in Bastia. Quel figliuolo non sentiva consigli.

Non vi fidate all'infamità di Antonuccio. Devo prevenirvi che so quello che dico. Cannocchiale vuole inquietar ora Piccecco, e si dice anche altri. È vicino a succedervi torbido. Ora che siete costì, metteteci rimedio da magistrato, per non aver a concorrerci da particolare che fomenta, e non vi lasciate sedurre. Cosimino è nostro, ma non può regolarlo. La politica con certuni non serve, oltrechè la giustizia gli assiste. Non vorrei che sacrificassimo i nostri alle passioni altrui. Riveritemi la mia Signora Cecca; ditele che sono rammaricato che Antonuccio le appartenga. Sono.

Paoli a Casabianca

Oletta, 19 giugno 1759. — Angelo del Quercitello, che serve con tanto zelo il pubblico in Furiani, per assistenza della Sabina, vorrebbe avere in affitto, o raccoltura i beni che i Cristofini tengono alla Porta. Ora, a pari prezzo, deve esser preferito ad altri che non hanno uguali raccomandazioni. Con pienezza di stima, sono.

Paoli a Giudicelli

Oletta, 20 giugno 1759. — I frati di Aregno non poco pregiudicano le nostre rappresentanze in Roma, avendo essi fatto conoscere che non tutti obbediscono al governo; più, hanno scritto una lettera al padre Matteo di Bastia protestandosi volerlo obbedire. Li feci dire che venissero perchè volea persuaderli con buone dottrine che erano ingannati; ma non sono venuti, perchè l'errore di essi non è nell'intelletto, ma nella volontà. Ora, avete ragione, non conviene cercarli, per togliere anche questo pretesto a chi ne cerca. Rimetto dunque questo affare al mio arrivo in provincia, il quale procurerò sollecitare; e frattanto scrivo al Padre Caccia che tiri fuori un manifesto per illuminar il popolo sopra la condotta di questi buoni servi di Dio. Io non voglio più con essi parlar da teologo.

Grimaldi è stato chiamato a Genova; egli è tornato a spedir la posta, protestando alla Repubblica che se abbandona la città, questa andrà in mano dei Corsi; che l'onor della Repubblica è prender Furiani; che per prenderlo bisogna assoldar 1500 Corsi, suoi partitanti, che, dandoci che fare nei paesi, ci obblighino ad abbandonar Furiani. Non è ancora ritornata la posta; i partitanti però mormorano questo progetto anch'essi. Quindi state con attenzione ed a occhi aperti, non bisogna lusingarsi; le sue corrispondenze più forti sono in Balagna. Al primo movimento mettetevi in campagna alla testa dei buoni patriotti. Per queste parti non abbiamo che temere molto, essendo il popolo ben disposto ed essendovi capi zelanti. In codesta la zizania è molto avanzata. Vorrebbero Genovesi farci apparir divisi, e per conseguenza indegni del riflesso dei gabinetti. Hanno sospetto degl'Inglesi, e subito, con tre gondole la galera, ha portato 30 uomini in Ajaccio. Se il progetto del Grimaldi è rigettato in Senato, egli se ne parte in breve con cinque picchetti. La Bastia è costernata, e dà molto che sperare: ogni giorno disertano almeno cinque o sei soldati; ieri un sergente con dieci, quattordici moschetti ed una tenda; queste due settimane passate, furono da 20. Cinque grosse feluche sono partite, e partono continuamente anche per smentir l'Ottavi. È partito il Signor Felce, ed il Signor Orsattoni per presentar le suppliche delle diocesi di Mariana e Nebbio. Spero che in Roma saranno intesi. La Repubblica si lamenta del re di Napoli, e quello ride. L'altro giorno Grimaldi volea veder le lettere che scrivea a quella Corte. Il console Rosaguti rispose che le prendesse sopra il vascello. Finisce la carta, ma non mai la stima e l'affetto.

Paoli agli Intendenti delle Finanze

Oletta, 20 giugno 1759. — Farete precorrere una circolare a tutti i reverendissimi pievani e parrochi chè, a vista, facciano pervenire, con loro rispettivo giuramento, a vostre mani, il danaro che hanno esatto per i biglietti del soccorso, servendosi i Genovesi del bastimento destinato ad andar contro gl'infedeli per tormentare i legni che ci procurano il commercio, e le torri e spiagge del nostro regno. Sono.

Paoli ai Magistrati di Balagna

Oletta, 20 giugno 1759. — In compiacenza dei procuratori della pieve di Aregno, abbiamo riservato la cognizione della causa dei frati del suo convento al nostro passo in codesta provincia, il quale procureremo sollecitare quanto sia possibile; e frattanto abbiamo incaricato il lor Superiore Custodiale acciò, con un buon manifesto, rilevi gli abusi della lor condotta per disingannar codesti popoli.

Il sacerdote Castelli ci ha stamane rappresentato che il di lui padre era restato ammalato in Carcheto, ma che sabbato, alla scadenza dell'ordine, si presenterà, e non può fare a meno; e quelli che ubbidiranno al Padre Matteo di Bastia, e quelli che riconosceranno l'Ottavi, o dalla Repubblica, o dalla patria, riceveranno la condegna mercede.

Paoli a Casabianca

Oletta, 21 giugno 1759. — Ho inteso quanto avete eseguito per la raccoltura dei beni del Michele della Valle, per la chiama dei disobbedienti agli ordini ed alle marce, e per la missione delle mule in Furiani. Tutto va bene ; ma bisogna in ogni pieve incaricare i rispettivi commissari che vi mandino ogni settimana la nota dei comandati; voi la rimetterete in Furiani, e chi comanda colà ne prenderà l'ispezione, e manderà la relazione dei mancanti che saranno castigati. Vi si acchiude l'articolo richiesto della legge riguardo alle femine.

Fate ciò che stimate meglio per il cavallo.

P. S. Grimaldi non era sopra la galera, quando questa è ultimamente passata per andare in Ajaccio. È però vero che lui ha fatto presente alla Repubblica esser necessario, per prender Furiani, assoldar 1500 de' suoi parteggiani, e ne aspetta i riscontri con la posta. Perciò bisogna star con vigilanza. In Fiumorbo non temete ; il colonnello Martinetti vi è odiato, e l'abate è morto in Bastia i giorni scorsi, ove era andato per guarirsi.

La galera è di ritorno da Ajaccio, e dicono che va incontro a Pinello ; ha messo in sospetto Santo Pietroso per i suoi grani. Cannocchiale è vero che palesa con tutti ; ma vigilate che, facendo rottura con Picchio, non gli serva di pretesto per congregarsi tutti. Di Massimo non temete ; dell'altro temete ; al Magistrato restate, e poi si vedrà qual sia conveniente che vi metta ancora. Non v'è paglia per mettere alla stalla il cavallo ; poi, se volete mandarlo, procurerò che si rimetta. Il governatore di Longone parla per i suoi con molto impegno ; bisogna scrivergli ; può giovarci assai. Le notizie dell'ultimo fatto arrivarono in Roma in sette giorni. Colà si spera che saranno esaudite le suppliche delle diocesi. Ricordatemi alla Signora Cecca.

Paoli agli Intendenti delle finanze

Oletta, 23 *giugno* 1759. — Vi è somma necessità di danaro. Bisogna procurare con sollecitudine la riscossione dei pubblici proventi. Si prendano i beni spettanti al canonico Ottavi, ed i frutti della pieve di Venaco, giacchè loro vogliono apertamente contravenire alle leggi della patria. Sapete le spese grandiose che si devono fare per non trascurare la più possibile prontezza in eseguire le commissioni.

Paoli agli Intendenti delle finanze

Oletta, 25 giugno 1759. — Il colonnello Grimaldi (1) non si è imbarcato; perciò non ha osservato la parola. Per fargliela mantenere è necessario prendergli l'entrata dei suoi beni per beneficio del pubblico. Vedete dunque di farne un affitto, e deputarvi raccoltori esatti. Non perdete di vista questa provvigione. Sono.

Paoli a Vinciguerra a Furiani

Oletta, 26 giugno 1759. — Mio fratello stamane mi ha detto che voi restate costì. Gli domandai se vi avea lasciato di che trattener qualcheduno con voi passandogli la tavola; mi ha risposto che no, ed ha pensato ch'io vi dica che dal Signor Baldassari prendiate ciò che vi bisogna. A pane asciutto non si può durare, e non si deve.

Dite a maestro Giov. Battista che affretti la fabbrica della torre (2), perchè, questa terminata, siamo fuori di ogni sospetto, e possiamo valerci con più profitto della nostra truppa facendola agire offensivamente. Se avete bisogno di assistenza, scrivetemi, chè verrò io a farvi compagnia, mancando altri; ma Boccheciampe è sempre pronto.

---

(1) De Poggio de Moriani.
(2) De Furiani.

Attento alla rivista delle compagnie chè non abbiano niente a gettare, ed alle mute pure passate la rassegna per notificare al Magistrato i mancanti, acciò paghino le condanne.

Da Roma mi scrivono, ed hanno buone speranze; cosi mi par sicuro che i nostri preti saranno consolati; ma manca però una lettera di vostro fratello; se non è nel vostro piego, ha pasciuta la curiosità di qualche galant'uomo.

Il nemico non ha forza per attaccar con impeto e colla forza aperta; il suo studio sarà, o di sorprender di notte, o di far agire i traditori, sopra dei quali fate quello che stimate a proposito, e per la sicurezza del presidio, e per l'onore e vantaggio della patria, intendendo io con questa lettera darvi a tale effetto ogni necessaria facoltà. Non ho bisogno incaricarvi la vigilanza, perchè so quanto siete esatto, anche in questo genere. Se non volete domandare il danaro al Signor Baldassari, scrivetemelo subito, chè ve lo manderò io. Il portatore di questa è Matteolo di Brustico, di cui vi scriverà mio fratello. Ve ne servirete di pedone, chè ha l'ali al piede. Altro non mi occorre, se non che di nuovo, assicurandovi della più sicura stima......

Paoli a Casabianca

Oletta, 27 giugno 1759. — Non si scrive al Magistrato per non far venire in pubblico le premure. Subito, e senza alcun ritardo, ricevuta la presente, farete la spedizione secreta dei soldati di codesta guardia accompagnati da tre o quattro disarmati, da voi conosciuti capaci, ai quali si pagherà il viaggio, quando bisogni, acciò vadano ad arrestar di notte, con estrema cautela e secretezza, i tre frati riformati, P. Domenico Maria di Silvareccio, P. Antonio della Monacia, e P. Bartolomeo delle Piazzole, con fargli l'esatta ricerca delle lettere e scritti che hanno addosso e nelle loro stanze, che saranno poi riportate esattamente in vostre mani, ed essi, appena arrestati, saranno subito condotti nella torre delle Prunete, e consegnati a quel comandante chè gli custodisca. Se questa esecuzione andasse a male, le instanze dei Padri religiosi e preti in Roma andrebbero a vuoto. Per sapere per dove dovete dirigere il distaccamento, informatevi secretamente col P. Mario Benedetto Serrabione, dove questi frati si ritrovano. Dirigete, se occorre, al Signor Ciavaldini i fucilieri, e scrivetegli che vi contribuisca ancor lui. Non perdete tempo. Sono.

Paoli a Giudicelli

(Sans date, mais de cette époque).

Abboccatevi con Salvini. Vedrete, dalle lettere venutemi da Roma, ove tende e quanto pregiudizio apporta l'ipocrisia de' frati di Aregno. La Repubblica fremea nel vedersi strappare dalle mani il Clero, per mezzo del quale ha saputo ucciderci gente, cioè, il pievano di Niolo fece uccidere Gafforio, e disunirci, per mezzo del Chiarelli, e rovinar la Balagna, come sapete. Perciò, con ogni artifizio ora cerca frastornarci. I frati di Aregno hanno scritto esser pronti ad ubbidir al Padre Matteo, che hanno operato per inganno, e con ciò hanno avvalorato le istanze genovesi presso il lor generale; che i frati non sono uniti e che il governo non può vietargli l'ubbidir al Padre Matteo, sebbene consideri questo come nemico. I patriotti perciò gridano e fremono, e dicono che questa condotta ha ritardato finora, e potrebbe impedir le provvigioni che Roma avrebbe preso per levar i frati dalla tirannia con cui i Genovesi gli opprimono per mezzo dei frati ad essi dipendenti.

Quello che è stato arrestato in Alziprato aveva da Genova altre instruzioni, che riguardavano anche i secolari. Scrivo che sia condotto in Castello per ricavar qualche cosa.

Amico, questi non sono frati, ma nemici della patria, i quali devono esser puniti, se vogliamo difenderla da qualche infortunio che gli viene macchinato. Se avessero religione, starebbero nei conventi e non andrebbero vagabondi per i paesi a seminar zizanie fra i secolari. San Paolo nemmeno volle dir male degli idoli d'Efeso, per non offendere i magistrati di quella città; e Cristo, nelle instruzioni che dette ai suoi apostoli e discepoli nel mandargli a predicar la sua dottrina, la prima cosa che gli esortò e gli ordinò, fu di predicar la pace onde passavano, e se l'Evangelio avesse partorito scandali e tumulti in qualche luogo, se ne andassero a predicarlo in altro, poichè la religione non deve opporsi agli ordini del governo, ancorchè ingiusti, se non che nel tribunale della penitenza. Ma i frati di oggigiorno non sono nè cristiani, nè frati, ma animali ambiziosi, che venderebbero la fede e la patria, come vendono la loro anima per qualunque avanzamento fratesco. Vanno spargendo che il loro generale ha mandato scommuniche. Oh veri ignoranti! Quelle non hanno nemmeno il carattere di monitorii, nonchè di scommuniche. Ne ho letto le copie, che mi hanno mandate, e, quando il lor generale potesse e fulminasse le censure, per questo sarebbero obbligati ad ubbidir a quanto gli comanda in questa famosa lettera? Dice che essi ubbidiscano al Padre Matteo; ma questo è un comando ingiusto per mille capi, e prima cotesto dir ai frati: a dispetto degli ordini di quella nazione che vi mantiene, facendovi ad essa ribelli, ubbidite al Padre Matteo, è contrario a quanto dicesi nel Vangelo a tutti i cristiani « *obedite præpositis vestris, sive regi, sive duci,* » ed, a quanto prescrive S. Paolo, *omnis anima potestatibus sublimioribus subdita sit... non sine causa gladium portat, minister Dei est*; è contrario alla libertà naturale, poichè essendo il Padre Matteo suddito affezionato alla Repubblica di Genova, e nemico dichiarato dei Corsi, il voler obbligar i frati Corsi ad ubbidirlo, è lo stesso che violentargli ad abbandonarsi in braccio ad un nemico, e trascurar la propria difesa e conservazione, quale noi non possiamo nemmeno trascurare senza peccato mortale; è contrario alla libertà civile, perchè il padre Matteo opera con dipendenza dei nemici della patria e della libertà del Regno, e voler obbligar i frati a ricevere gli ordini da questo, è lo stesso che esporgli a perder la libertà propria, ed agir contro quella dei suoi patriotti. Il padre Matteo insinuerà che ci sottomettiamo alla Repubblica; non riguarderà almeno con buon occhio quelli che non lo sentono, e potrà collocargli in luoghi dove Genovesi possano prenderli, farli uccidere e carcerarli. Il governo poi non deve soffrire in coscienza che un ceto così numeroso come i frati dipenda dalle istruzioni di un nemico delle sue leggi. Per evitare che dalle insinuazioni di questi il pubblico non riceva danno, è perciò che il Cardinal Bellarmino nel libro 2, *de Romano Pontifice*, dello stesso Papa, che se comandasse cosa contraria allo stato dice: « *Itaque si licet resistere pontifici invadenti animos, vel turbanti rempublicam non faciendo quod jubet et impediendo ne assequatur voluntatem suam.* Ed essendo, come si è detto sopra, per tanti capi ingiusto il comando che fa il generale ai frati suoi, ne siegue ancora che quelli che lo eseguiscono peccano, poichè, enumerando alcuni generi di peccati, dice S. Paolo, che incorrono a dannazione non solo quelli che li commettono, ma anche quelli che vi acconsentono: *non solum facientibus, sed et qui consentiunt facientibus*. Un comando dunque ingiusto e peccaminoso non deve obbligar alcuno in coscienza, e se il generale sudetto, o potesse, o avesse scomunicato chi non ci si uniforma, questa scomunica non ferisce, perchè v'è l'appello ad altri superiori, molto più che di queste scomuniche dice Gelasio Papa: *Si injusta est sententia, tanto curare eam debet quanto apud Deum et Ecclesiam hominem gravare debet iniqua sententia; ergo et ea se non absolvi desideret qua se nullatenus perficit obligatum.* Nè occorre che dicano, *sive injusta censura timenda,* perchè ciò non s'intende delle censure notoriamente ingiuste, come consentono tutti i dottori, che non discordano dal parere del sopraccennato S.to Padre, molto più che, per difendersi da queste ingiuste censure, un grave autore dice: *qui nulliter excommunicatus publicè excommunicatus denunciatur, ita ex adverso publicet causam quare sententia non valet, puta appellationen vel aliam justam causam; quo facto, amplius non est scandalum publicum sed Pharisaicum contemnendum.*

L'autore è Pietro di Palude in un suo consiglio, e lo stesso Alessandro III. C. (deux mots illisibles) *de principibus* dice: *Si non potest ei sine scandalo provideri* (deux mots illisibles) *sustinemus si mandatum nostrum non duci uni assequendum.*

E la glossa a questo capo dice: *mandatum Papæ debet adimpleri si non subit ratio non adimplendi.* Io vi porto Calamo avanti queste dottrine, perchè con queste possiate illuminar i secolari ciechi che vogliono farsi fautori della condotta dei frati, credendosi protegger una causa santa e giusta. Quando sarò poi costì, mi comprometto apportargli tante dottrine per confonderli; ma non è l'inganno che gli ha mossi, ma bensì la malizia, perchè sanno essi che, dal loro generale, si appella agli altri superiori, e che, pendente l'appellazione, non sono tenuti ubbidire agli ordini del medesimo. Ma hanno anche scritto al padre Matteo, ed io ne sono avvertito dai frati stessi di Bastia. Questi birbi, non sapete, amico, quanto ci pregiudichino, oltre che mi obbligano a venire in codesta provincia con una numerosa marcia, che sempre apporta incomodo agl'innocenti. I frati rovineranno, con se stessi, i loro fautori; quindi vi prevengo ad ammonirli, o pure fateli venir con voi, e poi se non li persuaderò, se ne ritorneranno come gli piacerà.

Amico, questo scisma mi tormenta, perchè ci pregiudica molto in Roma; onde procurate levarlo voi da mezzo, e, se potete indurli, non vi risparmiate questi passi per la gloria di Dio e della patria e consolazione del vostro amico.

Grimaldi è confuso; processa i suoi uffiziali; ha intercettato le lettere ai cittadini che andavano in Genova, e questi tremano. La città è vicina a perir dalla fame; egli però tenta divisioni fra noi, minaccia l'aspettativa di 1200 Francesi, e la canaglia de' Corsi lo credono, e tremano. Siamo però vicini a qualche tumulto, che deve succedere in Bastia. Stiamo però attenti a mantenere l'unione del Regno. In questi tempi, ho più che mai bisogno del governo e della vigilanza degli onesti ed incorruttibili patriotti, come che nelle difficoltà non si sgomentino, ma si accendano ed aumentino il loro zelo e coraggio; siamo in circostanze, che possiamo profittare molto. In Roma, spero troveremo favore. Portatevi dal tempo, arrivarono due gondole di soldati francesi dall'Isola Rossa in S. Fiorenzo. Altro non so che dirvi; onde col solito.... sono.

Paoli a Vinciguerra

Oletta, 28 giugno 1759. — Sento la difficoltà delle tavole per i ponti. Vedete, chè in paese ve ne sono, ed i particolari ne hanno. Il tavolato della Torre potrebbe servire per poi rimetterlo. Voi siete il padrone sopra i maestri di regolarvi come meglio stimate. Pare che la torre in breve sia ultimata per uscir dal pericolo e francar la spesa, onde non badate ad alcun riguardo. Se avete bisogno di qualcheduno per assistervi, avvisatene, chè qui, nonostante lo essere nel maggior calore della raccolta, vi sarà chi per qualche giorno verrà ad assistervi.

Avvertite subito se conoscete che i tre bastimenti vicini a Bastia possano esser sospetti, e se la voce della fabbrica delle fascine si verifica, perchè in tal caso di subito mi porterò costì. Se il sospetto cresce, vedete di spedir un picchetto di 42 uomini in Barbaggio da prete Cecco, avvertendo che ve ne sia almeno uno di Rostino per sua maggior confidenza. Non usate riguardi per le tavole, chè bisognando si schiodano i solari. In caso di necessità, prevenite. Attenzione al paese, e datemi spesso notizia di ciò che accade. I solari delle casette vicine al paese possono servire, siccome le teghie che possono servire per il pavimento della torre, e sono la casa di Casevecchie ed altre vicine. A questi di Tavagna si può accordare il pane. Sono.

Paoli a Vinciguerra

Oletta, 28 *giugno* 1759.— Illustrissimo Signor Paolo Luigi Vinciguerra.

In risposta della vostra lettera d'oggi, vi diciamo che il Signor Lucciana se ne partì da Lucciana senza nostro ordine, e probabilmente sarà stato anch'esso a tirarci delle schioppettate, e poi, rivenendo senza nostro ordine, deve esser posto alla catena e poi scordarsene. La Cesella, mandatela qui accompagnata, dove si terrà in arresto, e le altre donne fatele accompagnar dal pubblico ministro fuori dei Rastelli, chè se ne ritornino in Bastia frustate. Queste sono le accoglienze che devono farsi ai Bastiesi. Sono.

Paoli a Vinciguerra

Oletta, 30 *giugno* 1759. — Ho ricevuto le lettere che mi ha portato Tabaccone, quale richiederebbe la donna di Caccia; ma perchè può servire di manuale al travaglio, sarà bene trattenerla fino a quanto volete. A Bastiesi è bene usargli del rigore acciò strillino in Bastia; a tal effetto non rilascio il figlio del fu dottor Lucciana, benchè conosca esser patriotto.

La muta sarà pronta quando vorrete partire. Deve dispiacerci la partenza di Grimaldi, se è vera; ciò non pertanto non lasciamo d'attenzione, perchè, non vedendosi peranche abbandonare le ridotte, non si deve dar la totale credenza del ritiro. La calcina trovata è grazia speciale; onde non abbiate difficoltà di farla adoperare. In Biguglia, è arrivato un tal Angelo Andrea di Furiani, che abita in Bastia. Vedete di far da costì una spedizione secreta, e, coll'aiuto di Tabaccone, procurate farlo arrestare. Vi stia a cuore d'usar il possibile per riuscir d'averlo nelle serpi, per essere uno dei perfidi. Sono.

P. S. La calcina sarà facilmente di Carlo Giacinto; ma esso se la rubò del pubblico nel far della torre. Vedete sempre di non dir nulla; chè non torni a rubarsela, fatela guardare.

Paoli a Vinciguerra

Oletta, 30 giugno 1759. — I maestri destinati per il travaglio della Torre, siccome sono dei più scelti, così sono più piccati d'onore che attaccati al vile interesse di poca mercede. Quindi, dalle vostre persuasive, credo che si contenteranno, in attendendo l'ammasso degli ammanugli necessari per la torre, di darsi divertimento della restaurazione dei quartieri ed ad apparinamento delle muraglie. Frattanto venendo le mule, fate sollecitare i mulattieri per il trasporto delle pietre e calcina, nè date a quelli licenza sino a che non sia arrivata la loro muta.

Sopra i Furianacci, bisogna ormai sortir della dissimulazione, e, con le dovute precauzioni, prendere quelle risoluzioni che merita la loro ostinazione. Viene il maestro per tagliare le pietre. Non vedo ancora comparire il Lotinco. Gli stia a cuore l'arresto del Furianaccio che sta in Biguglia. Non credo nemmeno io che Grimaldi sia così pazzo, che pensi a rinnovar la batteria. Stiano però con attenzione per scuoprire i suoi disegni. Lucciana potrebbero trattenere in arresto per il paese. Sono.

Paoli agli Intendenti delle Finanze

Oletta, 31 giugno 1759. — Osservino bene che quasi tutti quelli che dettero sicurtà di non andare in Bastia senza ordine, vi sono andati. Un certo Lucciana, il di cui nepote tengo in arresto in Furiani, ci tirava delle fucilate alle trinciere. Le sicurtà dunque ed i loro beni, gli uni devono subire la pena e gli altri devono essere incarcerati.
Il Signor Cecchino Morati sento sia in Patrimonio; ma, essendo la moglie in Bastia, ci vorrà pensare a fargli qualche arresto della sua roba, acciò colà non la mandi. Sollecitino la riscussione delle pubbliche entrate, chè il danaro bisogna.

Paoli a Casabianca

Oletta, 1° luglio 1759. — Si trattengano i maestri. Si è scritto fortemente al Magistrato per le mule. Si avviseranno alcuni capi che vengano costì; ma frattanto avvertite Cecco e gli altri chè non se ne partano sino all'arrivo di quelli. Lasciate che vengano quelli che vogliono condurre il grano a Lota, che è lo stesso che dire in Bastia. Potete lasciar senza catena il Lucciana. Sono.

Paoli a Casabianca

Oletta, 2 luglio 1759. — Il soggetto è conosciuto e, per prevenir le di lui macchine, resta meco Boccheciampe, che veniva costì, ed in sua vece, vi darà la muta il Signor Giovanni. Vi prego terminar presto le vostre faccende, e poi tornar costì, dove, per profittar delle circostanze, bisogna che vi stia sempre gente della Costa; qui non portate sospetto delle cabale altrui, chè veglio; guardatevi voi altri di Casinca, che siete colti di mira; avvertitene gli amici e Fiocchetto che si fida troppo. Sono.

Paoli a Casabianca

Oletta, 2 luglio 1759. — In Moriani vi sono vari effetti che non sono affittati, perchè talvolta non indicati, colla credenza che non ve ne siano. Potreste incaricarne Lucc'Antonio Nigroso, che ce ne richiede, acciò di deputarlo all'esigenze, o ad affittarglieli, secondo la relazione che avrete dal medesimo. Con questa regola abbiamo provvisto alla relazione stataci fatta da un particolare sopra alcuni beni di Villesi e Cardinchi in Biguglia, non affittati, avendo noi fatta la deputazione per l'esigenza a chi ce ne ha avvertito, coll'obbligo di darne conto al pubblico; così potreste praticare voi in quelli di Moriani.

Paoli agli Intendenti delle finanze

Oletta, 3 luglio 1759. — Secondo la relazione che me ne fate, il vostro mese di governo lo avete passato bene, e la critica dal cap° 46 al 47 non deve affliggervi.

Procurate ora travagliar con egual zelo a rammassar danari, perchè fino che ne avremo, saremo invincibili, tanto più che il nemico è confuso, e noi dobbiamo porci nel caso di profittar delle favorevoli circostanze che potrebbero presentarsi.

La posta di Genova è arrivata. In Bastia dicesi, senza crederlo, che abbia portato danari per assoldar 600 uomini.

I disertori sostengono che Grimaldi tiene ordine partirsene col regimento Chimich ed alcuni picchetti, all'arrivo della galera. La Bastia è confusa e disperata, e farebbe tumulto se il passo fosse veramente stretto. Ma in codesta spiaggia di notte s'imbarca il grano, ed ecco il sangue ed il danaro inutilmente sparso in Furiani, e le aspettative svanite, che pur sono vicine, se dura la strettezza. Procurate dunque d'invigilare sopra questo punto, che è essenziale troppo, e non si badi alle piccole necessità di particolari, dove col non curar queste, ne risulta il pubblico vantaggio.

Guardatevi dalla burrasca. Ieri entrarono in S. Fiorenzo due gondole cariche di Francesi; forse son quelle che vanno in giro per ordine di Monsignor de Vaux. Oggi saprò tutto. Grimaldi, per non disperar la città, dice che aspetta Francesi. Ha il tempo di aspettarne! Ajutate ed animate nostro compare ad agire con vigore contro i disobbidienti comandati per le mute, e ad impedire il commercio. Riveritemi la Cicisbea, il di cui cugino (1) potrebbe darci lo stagno, o Punta d'Arco almeno; ma se vuole, essendo amico degli ufficiali, potrebbe entrar in qualcheduna delle due torri, e sorprenderla, o guadagnar l'ufficiale, come era riuscito ecc.

Ma *ad facinora natus* non s'indurrà mai a risicar la vita ove egli potrebbe farsi dell'onore, e coprire in parte le sue infamie. Il tentar però non nuoce. Sono.

Paoli ai Magistrati di Balagna

Oletta, 3 *luglio* 1759. — Francesco Maria di Feliceto, essendo stato arrestato con altri compagni dalla guarnigione d'Alziprato, devonsi spedire nel Castello di Corte, per ivi esattamente esaminarli sopra le loro commissioni

---

(1) Antonuccio ?

ricevute da Genova, da dove vengono, non solo su gl'interessi della loro religione, ma anche su gli affari dello Stato, quale era loro incarico di frastornare.... Da Roma abbiamo ricevuti riscontri sopra la condotta di codesti Padri, e crediamo avere in mano con che confondere la loro ipocrisia al nostro arrivo in provincia.

Paoli agli Intendenti delle Finanze

Oletta, 4 luglio 1759. — Sollecitino la spedizione di qualche partita in Furiani, dirigendola al Signor Cavalier Baldassari e ritirandone da esso il riscontro. Il Signor Giuseppe Maria Orsattoni pretende non poterglisi con giustizia confiscar i suoi beni, poichè, se trovasi in Bastia, lo è per ordine del nostro governo, che colà lo tiene esiliato. In fatti, volea comparire, ed ora si protesta far tutto quello che si vuole, e subir qualunque pena, se trovasi aver fatto il minimo torto contro la patria. Questo è un imbroglio; farlo ritornare in Campoloro, forse è male; stare in Bastia, e non essergli confiscato il fatto suo, farà mal vedere. Sospendiamo per ora la confisca, e costì informatevi se meglio fosse farlo imbarcare, o farlo presentare in Castello, e poi tenerlo in arresto in qualche pieve.

Grimaldi però non s'imbarca, come promise, onde non merita riguardo, tanto più che tramava morte ecc. Sono.

Paoli ed il Consiglio di Stato ai Magistrati di Balagna

Oletta, 6 luglio 1759. — Le precauzioni dalle V. S. Illustrissime prese sono sufficienti perchè il Signor de Vaux comprenda, che la nazione non deve dubitar altro male da lui, se non che di essere molestata in codeste parti, colle ruberie in campagna, ch'egli ha preso l'impegno di proseguire, e noi dobbiamo avere tutta l'attenzione di non dargli motivo di poter prendere pretesto fino a che la sua condotta venga a notizia della sua Corte, dalla quale dobbiamo sperare i più giusti provvedimenti.

La gondola Caprarese e la feluca approdarono in S. Fiorenzo con 80 soldati francesi, che poi sono partiti, e non sappiamo finora qual sia il loro sentimento. Il tempo contrario però si crede possa avergli portati in questo golfo. Volesse il Cielo che si verificasse la notizia dell'amico in Corsica d'altra truppa francese; ma siccome questa riuscirebbe di troppo vantaggio per noi, così non la possiamo credere sussistente per ora, nè in tal caso può verificarsi la promozione del Signor de Vaux. E vero che egli, colle sue rappresentanze da nemico, ha fatto porre in arresto i Signori Marengo e Buttafoco, ai quali non ha fatto altro che un sommo piacere, acciò di essere maggiormente in cospetto del Ministro, e la Repubblica non vi ci troverà troppo il suo vantaggio. Non hanno però i ferri ai piedi, come li meriterebbe chi va spargendone la notizia.

Della deliberazione presa, di contribuire il soldo per 25 soldati per il presidio di Furiani, devono sollecitarne l'esecuzione, acciocchè il montante venga consegnato al Signor Franceschini, dandone in appresso notizia. Per il rinforzo della guarnigione della torre dell'Isola Rossa, hanno fatto bene prefiggerla a muta, in conformità che si pratica in Furiani da quelli paesi che non contribuiscono in danaro.

Il Padre Francesco Maria di Feliceto è stato arrestato d'ordine nostro, come vedranno dalle antecedenti nostre lettere. Se non hanno peranco ritrovato il reo della donna, vedono di ordinare tutte le possibili diligenze.

In questo momento ci viene avviso da Furiani che Grimaldi fa devastare le ridotte, e ritirare l'avanzo delle sue truppe. E venuta da Genova la barca corsale con due compagnie del reggimento Savona, per rilevare il poco resto dei due reggimenti di Jannez e Chinech, che ritornano a Genova, per dove fa partire i cannoni. Il Grimaldi, o partirà di presente, o fra poco ; con nostro dispiacere dovrà ritirarsi per proseguire il processo che ha formato contro i suoi colonnelli, ai quali intende far pagare la spesa.

Paoli a Matteo Filippi di Taglio

Oletta, 6 luglio 1759. — In Bastia è talmente cresciuta la penuria, che i Bastiesi sono costretti fuggirsene per la fame. I picchetti di Furiani ne hanno arrestato alcuni, e dicono che, se dura così qualche mese, dovranno cadere nella disperazione.

Grimaldi fa devastare le ridotte, ed ha ordine di tornare a Genova, benchè ne dimostri della pena, ed è in qualche rottura col Sopranissimo. Queste circostanze son buone per noi. Vedete dunque di cercare tutti i mezzi per impedire costì l'imbarco di grani, ed altro. Sentitevi col capitano d'Arace, Frate, acciò invigili egli con tutta esattezza, incaricandone a voi espressamente con ordine di dare sopra di ciò gli opportuni provvedimenti. Son persuaso che, prendendovi voi l'assunto, farete in maniera che Bastiesi siano anche per codesto posto disperati di soccorso. A Frate, ditegli che operi con calore, e datemi spesso notizia di ciò che possa accadere di certissimo. Sono con parziale affetto.

Paoli a Casabianca

Oletta, 6 luglio 1759.— L'amico Ciavaldini vi porterà la ricevuta.

Riscuotete, chè bisognano danari. Grimaldi parte. La Bastia spezza dalla fame. Prevenite Venzolaschesi che non mandino grano, chè deve cadere. I miei complimenti sapete a chi.

Paoli a Casabianca

Oletta, li 8 luglio 1759. — Che il noto galantuomo fosse sbarcato in S. Pellegrino, era cosa tollerabile; ma che, in di lui compiacenza, vengano Bastiesi in foce di Golo, questa sarà una cosa che tutti i riguardi che ho per la Signora Anna Caterina, non me la faranno digerir così presto, ed essa non piglia la miglior strada per giovare al figliuolo. Fateglielo sentire con buona grazia si, ma in modo che capisca che difficilmente me ne scorderò; che al fine, per il riguardo della mia vita, e per l'onor pubblico, sono anche io obbligato a prender delle misure, molto più quando dovessi vendicare il rispetto delle leggi. Amico, questa notizia mi arriva in questo punto da Furiani, ove fa strepito, e mi ha posto cento mosche nel naso. Per compiacenza d'Antonuccio, finchè il pubblico avrà forze, Bastiesi non saranno certamente risparmiati, perchè non voglio che il sangue, che tanti patriotti hanno versato, gridi vendetta contro di me. Casinchesi, credo che avranno fatto la Corte ad Antonuccio. Mi dispiace che il Magistrato presente non convenga che provveda; ma perchè non vadano impuniti, ci verrò anch'io. Amico, il nostro popolo, colla familiarità di simili delinquenti, perde l'orrore agli orribili delitti, e la nostra vita ne va di mezzo.

Sento che voi ve ne andate alla carlona per la Venzolasca; ve l'ho detto altre volte, l'amicizia e l'interesse del pubblico, vuol che io lo reabiliti. Vi volete far ammazzare; quattro o cinque, lo sapete, siamo quelli che stiamo in mira; solo meco abbiatevi cura dunque. Ora voi sapete che io ho un certo spirito di profezia. Or dunque, in questo paesaccio, stateci con attenzione.

Petriconi, credendosi lecito qualunque maneggio, qualunque discorso in Nebbio, è stato l'altra sera da dodici fucilieri sorpreso in casa sua, e, da essi scortato, è partito stanotte per Corte. Nei scritti, che ho fatto arrestare, si conosce bene il suo carattere. Quando ci vedremo si agirà; se non battiamo le mani, la gente comincia a ridersene. Tenete l'occhio sopra gli amici. Questo esempio gli accrescerà la cacarella. I miei rispetti a chi sapete.

P. S. In Furiani vi è bisogno di danaro, Sollecitudine! Qui si trova a vendere il grano; mandatene ancora in Furiani quanto potete, chè si farà il pane, e si darà ai fucilieri; ma presto.

Paoli a Casabianca

Oletta, 9 luglio 1759. — Il Signor Baldassari mi scrive l'acchiusa, perchè G. Grimaldo venga assicurato da alcuni. Vedete di coadjuvare per rendere favore al Baldassari, a cui siamo tenuti per il suo zelo. Ne scrivo al Magistrato ancora. Temo di qualche susurro nella truppa in Furiani; perciò vedete di mandar danaro, o grano, se ne avete del pubblico; altrimente cercate qualche imprestanza per prevenire ogni inconveniente. Non lasciate qualunque impegno. Ho detto che si diano un cento di lire al Signor Carbuccia, perchè, in tanto tempo, non ha avuto niente.

Non posso procedere adesso sull'affare della Casabianca, perchè voglio che conti qualche cosa la lettera del Vicario Pozzi. Sono.

Paoli a Casabianca

Furiani, 10 *luglio* 1759. — Antonuccio non farà mai se non male alla patria. Quest'uomo, lo conoscete. La madre, temo non ne riceva disgusto. Avrei avuto piacere che gli avesse dato mille doppie, e non due stare grano. Ognuno, per darmi una dentata, mi domanda licenza di portar grano in Bastia ; al rifiuto è pronto il motto. Ad Antonuccio si permette, che bene il merita, ecc. Se vuole operar, vi ho scritto anche stamane. Ma in questo frattempo non pratichi; altrimente o lui, o li messaggieri della madre, ci lasciano il pelo. E abbastanza che entrambi fossimo criticati per la caccia che essi mandarono al Commissario. Da Livorno e da Roma me ne fu scritto. Sapete che, per ivi mostrar la lettera di Zerbi, e Ricci, abbiamo chi si studia mormorare.

Il grano del pubblico non si venda in Bastia, ancorchè lo pagassero 3 lire il bacino, perchè affatto non conviene. Chi vuol pagare in grano, dite che lo porti costì a 20 soldi. Grano in Oletta se ne vende, siccome qui non sono aperte facilmente le strade.

Il povero canonico Marengo si raccomanda alla nepote per grano. Vi dirà il Signor Matteo che cosa lei rispose: ed il Signor Matteo vi dirà cosa si dice d'Antonuccio, e quanto si mormora della di lui venuta. In Bastia, siamo vicini a movimenti forti ; al passo assistete a Gian Bastiano. A questo proposito, dite che vostro cugino assista la Vera del Vescovato, poichè Poggi non saprà l'impegno forte che tiene dell'altro. Fate passar l'acclusa al Signor Viterbi. Petriconi merita la forca. State attento, chè siamo in buon stato. Non ci lasciamo burlare perchè troppo bricconi vi sono.

Paoli a Casabianca

Furiani, 10 *luglio* 1759. — Perchè il diavolo non si porti via Antonuccio, la madre e la Signora Cecca, e perchè due stare di grano non siano la perdita dell'amicizia della medesima, si lascino, per questa volta, passare. Badate che Antonuccio non ha alcun merito presso la patria per esser distinto dagli altri infami Bastiesi, quali si dovranno dare alla disperazione, se noi persisteremo nel nostro impegno di tenerli ristretti. Per amor di Dio, mettiamoci nella determinazione di considerargli nemici, e chiudergli ogni adito di soccorso.

Ritornano i due Figaracci aggiustati; per tutto il giorno d'oggi, gli tenevo volentieri; ma facendovi di bisogno, ve li ho mandati.

Antonuccio, lo vedo, vuol far bruciare qualche pajo di cose, e pensa poi esserne quieto; se lui prendesse due gondole coi suoi marinari, allora le gondole dovrebbe condurle alle Prunete, perchè si empirebbero di pietre, che servirebbero per fare il molo, che patron Giuseppe vuol farvi per coprir la sua galeotta. Dite alla mia Cicisbea, che se va più grano, resta estinto l'amore e l'affetto. Sono.....

Paoli a Casabianca

Furiani, 11 *luglio* 1759. — Dai continui disertori, che giornalmente vengono da Bastia, abbenchè le ridotte siano abbruciate, ci viene assicurato che cinque compagnie di truppe partono per Genova, essendo già imbarcata l'artiglieria; soltanto resta l'avanzo dei due reggimenti Jannez e Savona. Il Signor Grimaldi vorrebbe restar senza la soggezzione però del Signor Soprani; ma questo non volendo partire, sarà costretto eseguire gli ordini del suo Senato di ritirarsi. Volesse pure il Cielo che egli restasse, perchè alla nazione fa molto bene. Le notizie che si spargono in Bastia, sono assai vantaggiose alla nazione, ed in quella città è già perduto lo spirito della riverenza e rispetto al governo.

I consultori, sentiamo che non siano ammessi alla tavola, ciò che sentiamo male, perchè, essendo essi uniti al governo, devono ancora esser compartecipi della mensa, per così sempre più essere nell'unione di agire di concerto negli affari pubblici. Quindi non manchino d'approfittarsi del nostro avviso.

Paoli a Casabianca

Furiani, 12 luglio 1759. — Amico. La Bastia è agli estremi. Da una lettera però, vedo che la Signora Casalta, e la Signora Anna Caterina devono mandar grano. Prevenitele perchè ciò fa sentire che, se non era la provincia di Nebbio, qui si periva per mancanza di danaro. Non siate facile a fare agilità. Non siamo in circostanze a passar sopra piccoli riflessi. Si vanno disseminando lettere; state attento; il vecchio soldato a cavallo ne ha portato per le montagne; considerate per le marine. Il papa scrisse a sua casa, quando fu eletto: orazione, orazione, orazione; ed io dico: danaro, danaro, danaro. Fate comune questa al Signor Tito. Mi son messo anche al risparmio della carta. Sono.

Paoli ai Magistrati di Balagna

Furiani, 13 luglio 1759. — La puntualità del fratello gioverà molto al Padre F. M. di Feliceto, se pur non se ne rende immeritevole con qualche altra sua sconsigliata operazione. Abbiamo permesso perciò al Padre Provinciale tenerlo appresso di sè, insinuandogli però a non risparmiargli la penitenza che sogliono dare in simili circostanze le comunità religiose. L'altro chierico, lo faranno condurre, in conformità degli ordini che avranno ricevuti dall'ultimo pedone. I Padri d'Aregno, e specialmente il Padre Mariano, hanno fatto ogni loro possibile per impedir la comparsa di questo frate. Il Padre Mariano rovinò una volta la Balagna, e mise sottosopra un regno allo spargimento di non poco sangue, il quale forse grida vendetta avanti il tribunale di Dio, e quando il sangue umano, ingiustamente sparso, grida vendetta, il santuario non rinfranca i delinquenti. Ce ne ha lasciato un buon esempio Davide nel comando che fece al suo figlio Salomone. Vedano quindi se i Padri d'Aregno son vicini a ravvedersi, come mi scrivono. Iddio però vorrà che la ipocrisia di questi galantuomini, dalle S. V. Ill., troppo bonamente tollerata, venga una volta scoperta in faccia al mondo. Questa mattina, i popoli di Ville e Cardo ci hanno spedito un sacerdote a supplicare il loro perdono. La Bastia trovasi nell'ultima costernazione; la miseria vi è estrema, e questa città deve umanamente umiliarsi, o rimaner disabitata, se l'estrazione delle biade viene impedita. La galera ed il pinco sono partiti per Genova con 5 picchetti. Fra giorni partirà ancora il Grimaldi. L'artiglieria grossa, e migliore, che era in Bastia, è stata tutta imbarcata per Genova.

Paoli agli Intendenti delle Finanze

Furiani, 13 luglio 1759. — Quello che di Loro Signorie dovrà passare in Campoloro, abbia in mira di aggiustare i conti della guarnigione della torre delle Prunete, in conformità che ce ne avvisa il Signor Buttafuoco. Sono.

Paoli ai Generali delle Finanze

Furiani, 14 luglio 1759. — Vi mando la mostra della veccia che mandano dal procojo. Di questa sorte di grano, non torna conto mandarne qui; il grano non dovrebbe accettarsi, per farlo condur qui, prima che fatto ricevere. Presso di voi la mostra dovrebbe conservarsi per impedir le frodi. E vero che il grano in queste spiagge è cattivo; ma questo è pessimo. Sono.

Paoli a Casabianca

Furiani, 14 luglio 1759. — Sopra Antonuccio, ho scritto stamane ; sopra Grimaldi, si tiene lettera pubblica. Se il passo del grano e comestibile sta chiuso, la Bastia farà movimenti. La Signora Devota è fuori di certe regole. Per le canaglie bastiesi, può darsi che sia criticato ; ma io la penso così ; poi voi pensateci, e si faccia quel che conviene. Lo schiavo attenda che si rompano il collo per chiuder le bocche aperte e male affette, che di giorno temono le minuzie come giovane de' vitelli.

Ho scritto in Fiumorbo. Ho scritto per far prendere la ciurmaglia di Bastia. In Campoloro credo bene le truffe per l'imbarco del grano in Pineto, e quando ci tradiscono le guardie è un imbroglio ; ma se lo verifico ! Stanotte spero farne una pesca. Martinetti, il colonnello, è in Bastia, non credo Giuseppe M^a. I miei saluti a chi sai. Guardati, se hai giudizio in questi tempi, ma non temerità. Cannocchiale dicono che voglia morto Cecco. Mi dispiacerebbe, e lo soffrirei malamente. Cosimino dicono che si lamenti ; non ha ragione. Sono.

Paoli ed il Consiglio di Stato, agli Intendenti delle finanze

Furiani, 14 luglio 1759. — Il Signor Don Filippo Grimaldi, benchè si fosse reso non più meritevole della grazia accordatagli, perchè ha voluto aspettare di veder deluse le sue speranze, prima di osservar la condizione prefissagli, ciò nonostante vogliamo osservargli la promessa grazia di rilasciare alla di lui famiglia il possesso dei suoi beni, qualora da loro Signorie verranno prese le veridiche informazioni di essersi esso imbarcato, come ci diamo a credere, e che riceveranno formalmente l'obbligazione di persona che possiede, e che possa al di lui nome assicurarci la sua persona, che prometta e si obblighi, sotto quelle pene da presentargli, che non ritornerà nel regno senza licenza espressa del Supremo Governo, facendosene la sicurtà principalmente responsabile ; rispingendo queste condizioni, non avrà luogo la graziosa nostra concessione; che è quanto dobbiamo, sopra quest'affare, segnargli, mentre con parziale stima ecc.

Paoli a Casabianca

Furiani, 14 luglio 1759. — Antonuccio fa scrivere all'abate Luzzi, esser pronto ad eseguire quanto voi e Limperani gli avete fatto insinuare. La lettera è venuta jeri l'altro. Voi credete che la gente di garbo sia quella che parla : v'ingannate ; è il popolaccio, con mio dispiacere. Conosco i sentimenti della Signora Cecca ; ma la Signora Anna Caterina è male ; tanto vi basti. State in osservazione, chè lettere ne sortano. Sono del vostro parere intorno ai banditi. E assai permetter loro che passino per qui, mentre fu permessa a due l'assoluzione. Il soldato a cavallo temo non abbia portate delle lettere ferali. Il posto di gente bastiese, di non conosciuta probità, ci ha prodotto e produrrà del male. Alle prove. Scrivo in fretta. I miei rispetti alla Signora. Sono.

P. S. Per aver danaro dal Capo Corso, ci vuol spedizione di gente.

Paoli a Casabianca

Furiani, 16 luglio 1759. — Bon pro che vi stia la riprensione del Signor Pietri. Il vostro cancelliere si abusò troppo ed ha, ve l'ho detto più volte, degli ordini, e le lettere le firmerete da voi medesimo; l'annunziarsi in testa della lettera è proprio di quei tribunali che hanno autorità universale sopra coloro ai quali scrivono.

Al Signor Giacomo Francesco se gli può far capire gentilmente che, pagando gli altri, non dovrebbe esso far difficoltà di contribuire quel poco che deve alla camera, e per sollevar la patria, e per non far vedere parzialità.

Il Lucchese, se gli davano una carabinata, non potea far altro che soffrirla. Se amate Francesco, tenetegli gli occhi sopra, perchè egli, a queste sorte di mancanze, è troppo tenero, e voi lo sapete. Avvertite la Signora Anna Caterina che non imbarchi grano in Aleria; potrebbe incontrare qualche disgrazia. Antonuccio è passato in questo luogo con Angelo Santo Chigliacci. Questo Angelo Santo s'applicava a poter godere i suoi beni col patto di dar sicurtà d'imbarcarsi, come vi ho scritto. Ora vedete quanto merita di essere inteso. Lo credo io ancora che lo schiavo di Galeazzini poco male farebbe; ma, essendo a quel servizio, ognuno ne parla, e temo ch'ei non porti ricapiti. I galantuomini di quella casa, voi sapete in che concetto sono; poi, sopra di ciò, il Signor Tito si regolerà con prudenza. A quell'amico, se vorrà agire, si faranno passare gli avvisi. Danari, danari, danari. Paolo Luigi vi parlerà. Ottavi ha avuto l'erba cassia. Il provicario lasciato da Felce è stato confermato dall'Arcivescovo di Pisa, in data dei 26 da Livorno. Babbone e Felce scrivono, fra due giorni essere di partenza per Roma, ove speravano andare.

Paoli a Matteo Filippi a Taglio

Furiani, 16 *luglio* 1759. — Vegliate ad impedire il comercio delle biade. La Bastia non può molto durare. Francesi non ne vengono, siatene sicuro; se venissero, non dovreste temere. La notizia più certa è, che maestro Giuseppe ha trovato il suo servitore. Il provicario lasciato da Felce è stato confirmato dall'arcivescovo di Pisa. Ottavi andrà a spasso. Grimaldi partirà fra giorni, poco contento dei suoi amici. State allegro; ed impaziente d'abbracciarvi sono....

Paoli a Casabianca

Furiani, 16 *luglio* 1759. — Amico. Qui si può fare in questa vendemmia una buona provvista di vino per il pubblico; nè ho data incombenza a Vinciguerra, chè sopra ciò ne parli con voi. Non ve ne scordate. I miei rispetti alla Signora. Sono.

Paoli ai Magistrati di Balagna

Furiani, 17 *luglio* 1779. — In Bastia va crescendo la penuria, e con ciò quelli abitanti principiano a susurrare; da che il signor Grimaldi, temendo qualche rivolta, si è determinato ritirarsi in Terranuova. Egli ha fatto imbarcare per Genova la migliore artiglieria, e si crede, fra poco, sia per partirsene, poco amico del signor Sopranis.

Da Pisa riceviamo notizia che i due inviati delle Diocesi ricevettero delle buone accoglienze da quel Monsignor Arcivescovo, il quale, dopo aver approvato la sostituzione del provicario del Signor Felce, gli munì di lettere raccomandatizie per la Corte di Roma, per dove sono già passati, e dove dobbiamo sperar buon esito ai nostri affari. Il Signor Ottavi crediamo che resterà deluso da ogni sua speranza per dar motivo agli altri di credere che chi vuol agire senza il piacere del governo, vede per terra ogni disegno. In occasione della prima unione della provincia, si riconoscerà se sarà necessario l'accrescimento di quanto il pubblico passa per la tavola, acciocchè anche i consultori

ne siano a parte. E ben vero che quello che è stabilito
parebbe sufficiente, perchè il più delle volte i soggetti
non vi stanno continui, e qualora non si creda che questo
sia soldo di stipendio da diportarsi.

Paoli a Casabianca

Furiani, 18 *luglio* 1759. — Qui ci bisogna danaro. La
truppa avanza troppo, e noi conosciamo di che sono capaci
i soldati; dunque sollecitudine; riscuotete e mandatene
subito. Sono.

Paoli a Casabianca

Furiani, 19 *luglio* 1759. — In Furiani non vi è danaro;
mandatene subito. Io sono qui per risolvere un affare. —
Riceveréte prima della vendemmia gl'introiti pubblici. Abbiatevi cura. Riveritemi la Signora. Fate presto la riscossione
acciò di poter agire. Ottavi sarà escluso.

Paoli a Casabianca

Oletta, 21 *luglio* 1779. — Danaro in Furiani, non ve n'è, e
quello che v'era era della provincia del Nebbio; non era
bastante per supplire a tanta spesa, onde facciano ogni
sforzo, chè la truppa n'avanza molto. Da Capo corso non si
è ricevuto che circa due cento lire d'Olcani, Ogliastro,
Nonza, Olmeta e dugento da Canari. Per averne di più ci
vorrà la spedizione. Raccolgono la tassa, ma non la manderanno per timore.

Le mule non vengono, e si fa strazi per le pietre, e
calcina, e rena. La torre, se si avesse calcina, sarebbe
domani terminata; ma, per mancanza di mule, le opere

morte sono fatte in terra. Avertitene il magistrato, a cui non scrivo forse.

Paoli a Casabianca

Oletta, 21 luglio 1759. — Sussino sia tenuto con estrema cautela. Egli è delinquente di niente di meno che di delitti in primo capite. I chiamati di Tavagna, dovranno esser posti co' ferri alle mani e piedi, e non sentir alcuno che di loro parli prima che non abbiano sborsate fin 5,000 lire. Ma ciò non si penetri finchè non sono in mano; allora mi avvertirete, e ve ne manderò ordine pubblico per il Magistrato. Se non agisce il Signor Vinciguerra, non vedo che altro si possa chiamare che il Signor Limperani. Sono.

P. S. La donna di cui scrissi per sposarsi da Sussino, non occorra, non essendo la donna di parere di sposarsi.

Paoli a Vinciguerra

Oletta, 22 luglio 1759. — Se si trova qualche buona briglia, o almeno un cavezzone, mandatelo col cavallo alla feluca acciò l'imbarchino coll'acchiuso biglietto. Scusa il zelo di giovar i pubblici interessi. Se ti privo di qualche buon cavallo, ne troverai qualche altro, o almeno de' due uno è sempre a tua disposizione. I miei rispetti alla Signora.

Bastiesi hanno domandato a Grimaldi, paga e mantenimento, o libertà di governarsi o di andarsene; ed egli ha presi 15 giorni a rispondere. Sono.

Paoli ai Magistrati di Balagna

Oletta, 24 luglio 1759. — Dopo d'avere i Bastiesi fatto le tre dimande, o di aver paga, o licenza d'imbarco, o libertà di governarsi da loro, è talmente cresciuto il sospetto in Grimaldi che poco si fida in questa città, e, per il grande timore natogli, oltre l'essersi ritirato in Terranuova, di raro si fa vedere fuori del palazzo, segno più che evidente, di essere stato perduto nei cittadini il rispetto e la confidenza che aveano in Grimaldi, il quale pieno di rabbia, ha fatto arrestare 18 de' principali di Lota. Credesi proseguirà nei principali di Bastia, come ha principiato in S. Fiorenzo, ove ha fatti carcerare due fratelli Gentili, un abate degli Arena con due altri, ed un altro fratello del canonico Mattei è fuggito, visto arrestare il padre. Dopo questo primo strepito ha sforzati alcuni ladri S. Fiorenzini ad uscir fuori e fare delle rappresaglie di bestiami nebbiscini. Da ciò chiaramente si comprende essere il Grimaldi nelle maggiori angustie di disperazione. I presidi vanno con questi mezzi a farci sentire in brieve qualche strepito di rivoluzioni, e noi, fra queste burrasche, qualche cosa di buono pescheremo.

Paoli agli Intendenti delle finanze

Oletta, 27 luglio 1759. — Non posso sostener Santini per non aver una folla di sergenti. Io credo che alcuno non sarà così ardito da presentarsi in strada a voi, nè ci temete, perchè poi succederebbe qualche cosa di singolare; ma pèrdonatemi. Nicodemo risponde che la nota del danaro, che ha ricevuto, l'avete voi ne' suoi ricevi, ma che non gli avete mandato altra partita di cui egli non abbia fatto riscontro, il che non credo che mostrate averle segnate con qualche particolarità nei nostri libri di memoria. Sopra di ciò vi ho altre volte scritto; esaminate i vostri libri, e fate scrivere ogni minuzia, perchè allora non vi può esser luogo a dire, quando i vostri libri parleranno: *abbiamo oggi a tanti del mese per ordine ecc.*, in data dei tanti mandato per N. K. K., perchè allora, se si perdono i riscontri, poco preme. Ridetevi che vengano Francesi. Villesi sono sempre li stessi, ed ora hanno obbligato Lotinchi a fare un fortino alla Croce di Lota. Grimaldi ha fatto provveder Pietranera e Miomo, e forse la Ischia, e sta ancora in (Mescomari?). Barbone e Felce arrivarono li 6, o li 7; ebbero graziosa accoglienza dal Cardinal Secretario; furono ammessi nell'anticamera de' Ministri esteri, e gli fu promesso provvedimento. Fra poco avremo riscontro. Non posso più scrivere. In questo punto ci viene notizia essere arrivate in Bastia due galere. Si avrà qualche relazione. Con attenzione, Sono,

Paoli a Casabianca

Oletta, 28 *luglio* 1759. — Il Signor Gian Bastiano sarà quello che vi darà la muta. In Furiani abbisognano danari; onde conviene girare per trovarne. Non so comprendere come, avendo bisogno in Furiani di mule per trasportare le cose necessarie al ristauramento della torre, non ne compariscano; che i vostri stratagemmi e raggiri non siano capaci di far eseguire, con rigorose pene, le mancanze di questi che non obbediscono; risoluto questo, immediatamente vi scrissi che dovesse esser seguito dall'affitto di Bastiesi, se lo merita, in presenza di quelli che l'aveano avanti, che ne faceano doppio commercio; fate che non resti indietro. Tutti i giorni che la torre non si fa, ci passano lire cento di spesa, oltre il pericolo. La vostra attenzione vi farà sollecitar per questi riflessi.

P. S. Il famoso Antonuccio ha accettato il partito di uccidermi per 12000 scudi, una patente di colonello perpetua, ed ufficiali tutti i compagni all'esecuzione. Mi mette in impegno di osservarlo un poco più alle corte per prevenirlo. Se ne vantò sopra la feluca colla cameriera di

Zerbi, ed in Napoli lo può molto fare. La Signora Cecca trovi a male, dopo ciò, se al cugino accade male; il quale poi gli deve esser meno caro del Cicisbeo. Se poi ci dasse quello che credo, si potrebbe soffrire. Io penso però che la madre non potrà astenersi di alloggiarlo e provvederlo, ed egli in Corsica deve far male. Io per me sono avertito, e non voglio morire per ora. Si guardino anche gli altri, e voi, vi averto da amico, non credete le di lui parole; perchè non dico frottole. Tanto vi basti. Sono.

Paoli a Casabianca

Oletta, 28 *luglio* 1759. — Padron Giuseppe è arrivato con una grossa galeotta, e con dei buoni cannoni, per difendergli dalla corsara ancora. Ferdinando (1) vi saluta ed augura figli patriotti; vuole esser Cicisbeo; vuole che io gli riverisca la Signora; loda che i nostri ecclesiastici abbiano prese le armi. Furiani è celebre. In Genova si è pensato niente dimeno che ad abbandonare il Regno. Fate presto la riscossione del danaro.

Paoli a Giudicelli

Olmeta, 31 *luglio* 1759. — La raccolta delle biade quest'anno è scarsissima universalmente per tutto il Regno. Quindi deve esser continua l'attenzione che non si estraga fuori grano. Sento che alcuni di codesto paese, sotto pretesto di mandarlo a macinare, ne facciano passare in Calvi gran quantità. Io vi prego d'impedir questo disordine il quale, levando la fame ai presidiani e Bastiesi,

---

(1) Seigneur napolitain, ami de Paoli.

potrebbe introdurla nel Regno, tanto più che i tempi sconvolti ed i moschini fanno molto dubitare per le castagne. La grandine ha fatto molto male ; io so che in pieve d'Aregno, e particolarmente ai Caterri, vi è danaro di Bastia per la compra di biade. Il Corso è come quello del Carabai : vende la mattina, quel che infallibilmente deve abbisognarli la sera. Gli assennati devono opporsi a questo pregiudizio, che nasce dalla poca riflessione.

Padron Giuseppe, il Bonifazino, comincia a mettersi in moto per fare il commercio di mare ; a quest'ora tiene due feluche ed una galeotta. Il negozio della polvere e del sale vi è speranza che non lo faranno più Genovesi, e forse forse si andrà più avanti. Si sono scoperte alcune vene di ferro, e quest'anno spero batterà qualche ferriera il ferro corso. Ho promesso non cercare affitto a quelli che faranno battere colla vena dell'Isola. Scarseggia il danaro ; è maggior gloria per noi travagliare un'opera così grande, qual è di liberarci con tanta difficoltà.

Vi do notizia che in terra ferma, e quel che più mi preme, ne' gabinetti, non siamo più considerati per ribelli. Genovesi, che lo sanno, mettono tutto l'artifizio a guadagnar partiti, credendosi con essi far molto, o almeno debilitarci, perchè non profittimo dei vantaggi.

Esce una storia di Corsica (1) che farà molto onore alla nazione. Vi avrei mandata la prefazione, se fosse stata in italiano. Il Signor Don Giov. Geronimi ve ne dirà qualche sentimento.

In Roma era stato determinato un Visitatore apostolico per governar queste Diocesi. Genovesi si sono opposti. Il Cardinale secretario di Stato ricevè con distinzione il Signor Felce ed Orsattoni, che furono ammessi nell'anticamera dei ministri esteri ; loro è stato promesso il gradimento. Il cardinal Imperiali e la gente della Repubblica

---

(1) Jaussin ?

fanno delle grandi opposizioni. Questo punto lo passeremo. Sono al solito.

Paoli a Casabianca

Olmeta, 1º agosto 1759. — Il Signor Cottoni vorrebbe dire alla ferriera di Chiatra. Per ugual prezzo, deve ello esser preferito ; solo, avea promesso il Signor Ciavaldini di farla battere tutto l'anno, colla vena che si è trovata in Zalana. Se il Signor Ciavaldini si pentisse, e che questo partito l'accettasse il Signor Cottoni, se gli può concedere. Sono.

Paoli a Vinciguerra

Olmeta, 2 agosto 1759. — Le spie ricominciano i traffichi. Antonuccio è passato in Aleria per abboccamenti. State sulle avvertenze, e siate persuaso che queste genti non amano nè il pubblico, nè il particolare. Fatevi rispettare nel vostro governo, e non temete niente. Io sto appoggiato alla massima, che chi la dura, la vince ; perciò dimani comincio a pigliar i bagni in queste parti. Per i 20, ho intimato un congresso in Corti di Pomontinchi particolarmente. I nostri s'ajutano a canino in Roma. Qualche cosa otterremo, o Vicario, o Visitatore. Sono.

Paoli ai Magistrati di Balagna

Olmeta, 3 agosto 1759. — ..... I giorni 19 e 20 del corrente mese si deve tener un congresso in Corti, per dar sistema agli affari della provincia oltramontana, ed alla camarca di Fiumorbo, e siccome a quest'ora speriamo giunti i ricapiti da Roma, per cui ci hanno scritto i nostri deputati del clero che a momenti aspettano le risoluzioni, così, oltre i presidenti ed altri zelanti principali patriotti, abbiamo anche esortato ad intervenirvi qualche pochi dei più sennati ecclesiastici. Voi pertanto ne passerete lettera d'avviso a quelli di codesta provincia chè vi concorrano.

Paoli a Vinciguerra

Olmeta, 5 *agosto* 1759. — Sapete quante ragioni e quanti motivi ho di aver riguardi all'abate Morelli e fratello; ciò nonostante, per non cagionar mormori e scandali, non posso permettergli di restare in guardia del Magistrato, e perchè al governo non è decoroso servirsi alla sua guardia di gente che non è in perfetta grazia, e perchè allo stesso abate ed al fratello non converrebbe farla costì da fucilieri dovendo o troppo esporsi, o cagionar gelosia fra loro camerati. Io comprendo la ragione perchè li vorreste appresso di voi; ma non vedo come poterci rimediare essendo al Magistrato. Anche io mi fiderei più di questi due che d'una ciurmaglia di gente, che forse non mi ama, ed ha poco onore per difendermi; bisogna servir la scena, e dar questo agli uditori. Quei di Tavagna, vedete quel che me ne scrivono nella lettera pubblica. Il Marco ed il Graziolo hanno poca colpa nell'affare, a quello che sento. Il Giannantonio Battaglini, il Filippone, il Pula, sono quelli che hanno tirato la botta. Mandarne in Furiani, non conviene, per più riflessi. Procurate costì tenerli separati. Se vi bisogna qualche paro di fucilieri, mandateli a domandare a Ciavaldini. Il figlio di Tittolo, non si pensa bene abbia usata vendetta transversale al sospetto che si dice aver egli tirato per vendicare il Simone. Egli può contrapporre la pretesa di aver tirato per liberarsi da un'uomo che gli macchinava la morte; ed io, come confessore, non saprei come sciogler questo dubbio. Si castighi, ma Tittolo, che per ora per lui non perda totalmente la causa. Un galantuomo, che sparge il suo sangue per la patria, deve ritrovarla grata negli eredi del suo nome, ed in quelli che ha lasciati per terminar l'opera che, prevenuto dalla morte, non ha potuto finire. Guardate di pigliar sicurezze forti e reciproche per quelli di Velone. In Cappelle di pieve temo non vogliano far saltare Paolello; questo è mio parente; ma egli ci ha più giovato, ed è più comendabile in qualità di patriotto che per qualunque riguardo, e voi lo sapete; onde bisogna salvarlo, se si può. Prevenitelo da mia parte, acciò si porti da me, o pure fategli aver sicuro acchiuso biglietto di prete Nicolao. Se gli altri si fidavano d'Antonuccio, voi dite che Dio comincia ad acciecargli, e non ve ne fidate. Se, per vostra convenienza, credeste meglio il convento dei Cappuccini che dei Riformati, sta in vostro arbitrio. Sosino deve imbarcarsi col fratello. Vigilate agli andamenti altrui, e persuadetevi che non sto qui a spasso, e che, dove conviene alla patria, bisogna che risichi la mia vita. Riscotete danari, chè ce n'è di bisogno. Sono.

Paoli a Casabianca

Biguglia, 7 agosto 1759. — Gli mando il cavallo venuto dal di là da monti. E un poco maltrattato, ma il suo Signor consorte ne sarà servito, ed io voglio che osservi bene che non mangia castagne. Io qui non ho modo, in questi torbidi, a mantenerlo. Il mio nero è vicino a morire. Non gli faccio complimenti, nè buon augurio, da che io so che in breve mi farò compare di un buonissimo patriotto. Sono.

Paoli a Casabianca

Olmeta, 10 *agosto* 1759. — Forte Leone si crede innocente dell'omicidio del fratello, il quale fu empio, e commesso ad insinuazione del Grimaldi. Io tengo le lettere che il Commissario di Calvi ed un Algajolese scriveano in risposta a Ceppone, il quale promettea mille cose, oltre di render ai Genovesi la torre di Porto. Per Forte Leone partiremo in Corti, dove il 20 si tiene un congresso, per dar riparo al di là da' Monti ed al Fiumorbo, ed anche per qualche cosa più importante. Così potete rispondere ech resti fin'allora in Niolo; ma Forte Leone ancora seguirà il fratello. Il Generale dei Cappuccini ha a me diretta la patente di suo Vicario Generale, indipendente dal Corte al padre Altiani. Il Papa e tutti i Cardinali hanno ben ricevuto i nostri. Siamo sicuri di ottener l'impegno. Il Papa s'interessa senza interrompersi; commiserò lo stato della Diocesi e poi disse: pregherò lo Spirito Santo che ne illumini intorno ai provvedimenti a darvi. Il Cardinal nepote si rimove con somma dissensione. In somma va bene tutto colà. Vi acchiudo la lettera di Ferdinando. Non temer di esso alcuna cosa, e lascia fulminar li Cieli sdegnati. Quello di Giove influisce per noi. Partite separati, amici. Ossequi a chi sai. In Corte si faranno i conti con Nicodemo. Venite frattanto.

Paoli ai Magistrati di Balagna

Olmeta, 12 agosto 1759. — Genovesi sprovvedono di truppa l'Algajola. In Bastia hanno indebolita la loro truppa, non ad altro oggetto che per liberarsi dalla penuria dei viveri in cui sono. Tenteranno di far entrare del grano nell'Algajola; quindi è che vi sono dei particolari incaricati di non rispettare affatto il commercio. Vi sono alcuni padroni di Capo Corso scalati nell'Isola Rossa, spediti da Pietrasanta per caricar di grano. Vedano d'arrestarli subito, e metterli in torre. Da Roma sono venute buone notizie, e si spera molto d'un buon esito alle nostre cose.

Paoli ai Magistrati di Balagna

Rostino, 18 *agosto* 1759. — La marcia che hanno in Giussani, crediamo sia stata a pena necessaria nel numero che ci hanno segnato. E ben vero però che, nella multiplicità, sogliono per lo più accadere delle confusioni, al riparo delle quali non dubitiamo che dalle S. V. Illustrissime non sia stato provveduto.

Il comandante dell'Isola Rossa ha certamente mancato ad aver trascurato d'arrestare il figlio di Pantalacci, sospetto alla nazione, e spia dei Genovesi, e perciò, per questa volta, scusando la di lui inavvertenza, basterà di ricevere le ammonizioni, acciò in altra mancanza vi sia il giusto motivo di rinviarlo dalla carica. A questo effetto, scriviamo l'acchiusa, che le Loro Signorie gli faranno leggere alla Loro presenza, perchè gli serva di correzione.

Non abbiamo giudicato necessario incomodare molti soggetti della provincia per passare in Corti, perchè non è consulta quella che si tiene, ma bensì un congresso dei capi del di là da' Monti, per stabilire, in quella parte, qualche buon sistema. Avremo però piacere se alcuni di codesti Signori vi vorranno essere, purchè non sia di loro grave incommodo.

Paoli ai Magistrati di Balagna

Corte, 21 *agosto*. — Sono tornati da Roma i Signori Felce ed Orsattoni, inviati del Clero. Hanno ottenuto il Visitatore Apostolico, Cesare Crescenzio, Vescovo di Segni che, fra giorni, arriverà in questo regno. Avendo questo tutta l'autorità, tanto sopra dei preti che de' regolari, si prenderanno in appresso quei mezzi che possono contribuire alla libertà dell'ecclesiastica disciplina.

Paoli ai Magistrati di Balagna

Corte, 22 agosto 1759. Sappiamo che codesto padre Mariano di Muro ha pubblicata una circolare del padre Matteo da Bastia, nonostante il divieto del governo. Questa sua disubbidienza, unita a tante da lui commesse contro gli ordini pubblici, ha posto fine alla nostra sofferenza; perciò le S. V. Ill., senza ammettere veruna scusa nè riguardo, gli faranno ingiungere a doversi, alla loro intimazione, presentarsi da noi, ed in caso ne conoscessero la renitenza, lo faranno arrestare per spedirlo a noi con cautela, senza ritardo, e quando mai vi si opponessero ostacoli, o difficoltà, ciò che non crediamo, ce ne avvertiranno, acciò di subito spedire un distaccamento, che lo arresti e lo conduca; ed in caso che egli negasse di aver pubblicata detta circolare, e di non aver data ubbidienza al detto padre Matteo, basterà, per sospendere quanto sopra, che egli, con tutti gli altri religiosi di codesta famiglia, ne facciano formale attestazione, con giuramento di non aver egli, nè altri del suo convento, pubblicata detta circolare, nè prestata obbedienza al detto padre Matteo. Il Signor Mariani ha avuto precisa incombenza di comunicarvi la norma con cui devonsi regolare i frati d'Aregno, e particolarmente di far comodare ed aprire le comunicazioni fra tre o quattro stanze, acciò possano servire per il Visitatore Apostolico, che si aspetta a momenti. In caso ch'ei venisse a scalare in Calvi, fate accomodare le strade da ponte di Calvi ad Aregno, ed anche in tutte gli altri posti della provincia.

Paoli ai Magistrati di Balagna

Furiani, 22 agosto 1759. — Alla vista del presente avviso, intimerete la marcia a 200 uomini della provincia provigionati per giorni otto, per incaminarsi a questa volta, sotto la direzioni del Signor Giacomo Fabiani. Il nemico, disperando di poter recar nocumento colle bombe a questo presidio dalle ridotte che ha fatto, egli temerariamente pensa avanzarle più in avanti. Questo dunque è il tempo che la nazione mostri unita il suo coraggio, per guadagnar l'artiglierie del nemico, per servirsene poi a bloccarlo e deloggiarlo dalla città, che è quanto fa la premura di questa nostra disposizione. Le genti che comanderanno, dovranno mettersi in mossa senza fallo mercoledì mattina, per esser qui giovedì, prima del mezzo giorno. Siamo sicuri tanto della loro puntualità e zelo, che non dubitiamo che puntualmente quanto sopra non venga eseguito.

Paoli a Salvini

Corte, 23 agosto 1759. — Il Visitatore apostolico sarà qui a momenti. Vi è bisogno di voi con quegli abiti migliori che avete, ed, aspettandovi colla maggiore brevità possibili, sono.

Paoli a Vinciguerra

Corte, 24 agosto 1759. — Pippino vi avrà detto cosa hanno risposto quattro dottori, non sospetti a voi, sopra il movimento della vostra comunità. Io non so a chi tocchi il governo al magistrato. Il meglio sarà chiamare il Signor Matteo Degiovanni assicurandolo che operi senza timore, chè il governo non gli mancherà d'assistenza.

Avrete ricevute dal pievan Viterbi le lettere di vostro fratello, e dal medesimo avrete appreso quello che abbiamo spuntato in Roma. Il Clero credo che sarà fuor di schiavitù. Sopra questo punto, bisognerà che ci parliamo tutti, per protestare ed essere uniformi nell'esposizione e ne' discorsi, e per tenere a dovere il Clero ambizioso e malaffetto. Non portate apprensione dei maneggi di quelli amici, chè sono conosciuti e poco amati dal popolo. La partenza di Grimaldi, se non è successa, succederà fra giorni. Ridetevi di quello che vi dicono dei 4 inviati. Sono voci con cui lusingano Bastiesi, ed i nostri fanatici. Quelli che risultano innocenti nel processo della fuga di Castellini, licenziateli. Fra questi mi dicono sia Pula. Mi ha sorpreso quello che si asserisce di Leone; egli spergiura e smania. Non se gli è potuto negare il contesto. Sono.

P. S. — Sarà bene che mettiate alle larghe anche Filippone, e gli altri, perchè i rei sono infiniti. Leone, in questo punto, mi svela come è andato il fatto. Vi scriverò poi come devesi procedere.

Paoli a Vinciguerra

Corte, 26 *agosto* 1759. — Dopo domani a sera, sarò facilmente in Nebbio; domani sera in Rostino. Facilmente il Visitatore non verrà costì così presto; ma conviene far questo strepito per deludere il nemico, che non si opponga al suo sbarco alle Prunete. Per dimostrar maggior attenzione, fate dunque accomodare il convento. Se non serve per il Visitatore, il nuovo, questo servirà per il governo. Col Signor Ceccaldi, non voglio entrarci. Il vostro paese non può lagnarsi se non gli faccio quel che non posso. Se avrà ragione, la sentenza la lascio in vigore, ed a bocca, vi parlerò sopra di ciò. Il ricorso lo avete, quando non v'è altra strada da far valere le sue ragioni; non siano al caso, e la sentenza vi lasciò in potere. Non temete gli amici, nè alcuno, e ridetevi di tutto; anche travaglierete per la causa comune.

Paoli ai Magistrati di Balagna

Barbaggio, 28 agosto 1759. — Non possiamo comprendere il motivo del ritardo della marcia della provincia, la quale, se si fosse ritrovata jeri a dar rinforzo ai nostri, che valorosamente assaltarono le ridotte dei nemici, sarebbe facilmente riuscita la presa d'alcune di queste, e specialmente la trinciera, dove v'è restato alcuno dei patriotti, per essere di già salito su li rampari. Noi non credevamo che, per intimar la marcia, vi fosse bisogno d'unire avanti il congresso dei Presidenti. In questo momento è arrivato il Signor Mariani con pochi di Palasca, dai quali restiamo sempre più accertati della freddezza della provincia, che credevamo avesse tutta l'ambizione di essere a parte della gloria della nazione. Ci persuadiamo però che, a quest'ora, avranno prese le più opportune risoluzioni, per dar riparo ai disordini seguiti, e, quando non le avessero prese, potrebbero rinnovar l'ordine della marcia generale, col segnare che chi si dimostrasse in questo tempo poco zelante, sarà considerato mal affetto alla patria ed agli interessi di essa, ed a suo tempo si saprà risentirsene. La pieve di Pino potrebbe lasciarsi, a riserva di qualche volontario che avesse piacere di venire.

Paoli a Limperani Matteo, Presidente del Magistrato di Terra di Comune

Olmeta, 1º settembre 1759. — Avrete cento milioni di buone scuse per non andare al Magistrato. Io ho un motivo solo per non accettarle, che val più che milioni. Non ho, in queste occasioni di settembre, a chi appoggiar la carica. La Signora Amedea sarà dalla mia parte. Finalmente, dalla Penta a Sant'Antonio, non è un gran viaggio. Potete nell'occorrenze accudire agli affari di vostra casa.

Paoli agli Intendenti delle finanze

Olmeta, 5 *settembre* 1759. — Essendo il Signor Gi. Sebastiano creditore del pubblico per 4,000 lire, prese dal Signor Galeazzi, e dai mercanti di Orezza, per cui ne fece agli suddetti la sicurezza sopra i beni propri, ed avendoci il detto Signor Buttafoco dimandato il grano, che si ritrova appresso di loro, con l'affitto del decimato della mensa vescovile di Mariana, aggiustandosi sopra del prezzo del grano con quelli che hanno fatto l'imprestanza dal danaro, non faranno difficoltà di consegnarglielo.

Sopra le entrate della pieve di Caccia, mentre il vice-parroco di detto luogo, qui comparso, ci asserisce potersi ritrarre da 100 stare di biada, comprese le primizie, per saldare il conto delle 4,000 lire dette sopra, si protrebbe esigere anche l'entrate della pieve di Aregno; onde vedano di accordar questo interesse quanto più presto si puole. Sono.

Paoli a Matteo Limperani

Olmeta, 6 *settembre* 1759. — Non meno dalla di lei lettera, che dalla comune voce, ho appreso lo stato delle cose di codesto Magistrato. È commendabile la di lei esattezza in tutto ciò che riguarda i pubblici interessi della comune patria. Susino dovrebbe, a quest'ora, avere eseguiti gli ordini che furono prescritti nella lettera antecedente al Magistrato, tanto più che adesso vi è il comodo dell'imbarco. Si regolerà per l'affare di Carcheto, secondo le istruzioni che saranno nella lettera pubblica ; ed intanto sono.

Paoli agli Intendenti delle Finanze

Olmeta, 6 settembre 1759. — Giacchè, nell'occasione dell'assedio di Furiani, la maggior parte dei conventi erano nella disposizione volontaria di contribuire, per il ben pubblico, 100 lire ognuno, ora più che mai, necessitata la patria a dover fare delle grandiose spese, che ridondar devono in comune vantaggio, sarebbe della maggior utilità questa contribuzione. V'incarichiamo pertanto a farne, ad ogni monastero, la graziosa ricerca e, sicuri del buon esito, sono.

Padron Giuseppe ha ritrovato quella mercanzia, ed altro non manca che il denaro.

Paoli al Magistrato di Balagna

Olmeta, 6 settembre 1759. — Si è perfezionata la ristaurazione della torre, e delle case particolari del presidio di Furiani. Per questo v'è una spesa considerabile, restandovi ancora da restaurare la casa dal Signore Baldassari, a cui la nazione conserva l'obbligazione di dover richieder che, anche questa, si accomodi a spese del pubblico, che, con altre spese fatte, ritrovasi alquanto esausto. Le pievi che si fissarono di contribuire hanno la maggior parte adempito l'obbligo, e le restanti vanno soddisfacendo. Vi resta la contribuzione di codesta provincia, che, facendo ora bisogno, gli avvertiamo a doverla in breve far ramassare, ed intieramente farcela pervenire, persuasi che la solita loro attenzione non ammetterà in questo affare veruna dilazione.

Paoli al Magistrato di Balagna

Olmeta, 10 settembre 1759. — Il Visitatore apostolico si dice già andato in Bastia, e con ciò saranno quietati gli affari ecclesiastici. Il Chierico di Muro fuggito, avendo egli mancato di rispetto al Magistrato, hanno fatto bene dargli l'esilio. Ci piacciono le loro determinazioni sopra gli insolenti di Giussani, e su l'impertinente diacono Santelli. Crediamo benissimo che l'affare di Giussani gli avrà non poco incomodati; ora però che ha preso buona piega, non avranno che a procedere nei termini di giustizia.

MASSESI.

Paoli agli Intendenti delle finanze

Olmeta, 12 settembre 1759. — Il presidio di Furiani, e la fabbrica della casa del Signor Baldassari richiedono molta spesa. Vedete perciò di consegnare a qualche persona confidata, dei principali di codesti paesi, tutto quel danaro che vi ritrovate presso di voi, facendogli far qui sotto, per il vostro discarico, la ricevuta di quanto gli darete, e questa vi servirà per mandato. Non differite queste premure...

Paoli a Limperani Matteo

Olmeta, 15 settembre 1759. — In risposta della vostra lettera de' 13 corrente, devo avvertirvi che provveda il Magistrato al merito della causa, affinchè non resti pregiudicato il D. Francesco, nelle ragioni che possano competergli nel merito di essa, senza far caso però alla querela criminale, essendo cosa frivola, e dovendosi qualche riguardo al querelato, per l'assiduo servizio che ha prestato alla patria, nell'occasione di Furiani. Ho ricevuto dall'Orso Martino i sei zecchini veneziani, e gliene ho fatta la ricevuta. Rilascierete il fratello del latore di questa, chiamato Giusto Maria, dando sicurtà del quieto vivere.

Paoli agli Intendenti delle Finanze

Olmeta, 17 settembre 1759. — Dal Signor Massesi avrete inteso la situazione delle cose di Bastia. Da altre parti mi è noto che, proibendo la vendemmia alla città, ella non può non rendersi, o col darci l'ingresso, o con una contribuzione da tirarci fuori dei debiti.

La truppa sta inutilmente a Furiani, ed avanza più di 2,000 lire, senza il mese corrente. Bisogna dunque concertare con mio fratello, ed altri capi, con cui vi abboccherete, un movimento di 400 uomini, ma sollecito e secreto, e gettarsi in un giorno improvvisamente a Furiani, e, la notte stessa, passare ad occupare i luoghi che saranno stimati più a proposito. Avvisate il Signor Ciavaldini, o piuttosto convenite trovarvi a S. Antonio, o in altro luogo più adatto. Dal buon esito di questa risoluzione, dipende il nostro comune vantaggio. Mi avviserete della conclusione, acciò si possano, di concerto, regolare le cose. Sono.

Paoli al Magistrato di Balagna

Olmeta, 18 settembre 1759. — La Bastia ritrovasi in molta angustia. Stiano però vigilanti sopra l'estrazione delle biade. Noi, se concediamo qualche biglietto, abbiamo tutta altra mira che la compiacenza dei particolari. I Bastiesi fanno ogni sforzo per vendemmiare, ma sono continuamente fugati dai nostri. In questa parte tutto è tranquillo. Ier sera in S. Fiorenzo, vi fu allegrezza grande, salve di cannoni, moschetteria ed illuminazione, per la nascita d'un figlio al Sopranis. Dicesi che Monsignor d'Angelis sarà, fra giorni, in Algajola. Il Santo Padre ha provvisto la diocesi del suo ministro con tutta l'attenzione possibile. Invigileranno a chiudere i passi di quel presidio, acciò questo buon prelato non abbia a seminar la solita zizania, ed arresteranno chiunque ecclesiastico che si portasse a prestargli ubbidienza, essendo un grave delitto l'obbedire ad un nemico della propria patria, quale è Monsignor d'Angelis, e più grave anche diventa, perchè s'oppone alle disposizioni di Roma. Intimeranno rigorosamente, ai parenti del preteso Arciprete di Speloncato, che si procederà contro di loro a tutto rigore, volendo egli prendere il possesso di quella dignità illegittimamente, e nullamente ottenuta, e daranno gli ordini, a tutti i capitani d'armi, e particolarmente a quelli di Speloncato, di opporsi ed arrestare chiunque persona che, a nome di esso Arciprete preteso, o volesse prendere il possesso della sopra detta dignità, o, se mai il medesimo Arciprete venisse in provincia, procurino, colla maggior sollecitudine, arrestarlo, o farlo arrestare dai rispettivi capitani d'armi del paese.

Paoli a Limperani Matteo

Olmeta, 19 settembre 1759. — Il Signor Auditore dovrà aver un poco di pazienza, intorno al cambiamento che desidera della residenza. Avvertitelo che vi può passare senza sospetto alcuno. Dio voglia che l'affare dei Martincini possa quietarsi con decoro del governo. Lo scandalo di spalleggiare tutta una razza di banditi può risvegliare l'idea degli antichi abusi della nazione, se resta impunito. Io, contro questa sorte di delitti, sono anche più inesorabile che contro gli omicidj, perchè s'oppongono direttamente al governo ed alle leggi. Sopra la paga dei soldati di codesta guardia, ne potrà far parola coi Signori Intendenti delle finanze, quali troveranno facilmente il modo di pagarli in grano, per servirsi, in altri usi più opportuni, del danaro. Penserò a chiamare il di lei successore; ma frattanto la sua presenza al governo è troppo necessaria in questi giorni, ed io provo sensibile dispiacere di non poter accordargli la gita che domanda. Sento vociferarsi che, altercandosi nanti codesto tribunale, i Signori Taddei e Pietri, gli abbiano perduto il rispetto, e, con molto accompagnamento, scandalosamente si siano introdotti nella presidenza. Il non aver castigati, come si dovea, Martinuccini, fa giudicar questa sorte di delitti per leggieri, e dà ansa ai facinorosi di andare in tresca. Se l'affare è stato di conseguenza, e che vi sia interessata la riputazione di codesto governo, Ella precetti chi è colpevole de' sopraccennati Signori Taddei e Pietri, a presentarsi in arresto in Corti, o in qualche altro luogo, da lei giudicato più a proposito; oppure consulti l'affare in una giunta di Presidenti, perchè mi lusingo che, ravveduti, si sottometteranno al castigo volontieri: ed in diverso caso, non mancano mezzi per far loro provare più sensibile la pubblica indignazione. Per evitare in appresso simili inconvenienti, dia ordini precisi alla guardia di non lasciar entrare alcuno colle armi, e particolarmente nella camera dell'udienza; il rispetto del tribunale che occupiamo, dovendoci esser più a cuore della nostra stessa vita, nè per queste cagioni dobbiamo sospettare di cosa alcuna, o aver riguardi a chi che sia; poichè, sostenendo le ragioni della patria, s'hanno per compagni ed in ajuto i patriotti. Io scrivo a lei solo, perchè altri, nella di lei lettera, non sono sottoscritti; ma potrà far palese ancora ai suoi colleghi questa mia, ed io, colla più sincera stima, mi dico.

Paoli a Casabianca

Olmeta, 19 settembre 1759. — Bastiano ha portato lire 964, nelle stesse individue monete che le avete consegnate. Mancano soldi 16 al vostro conto, perchè i due luigi d'oro, che voi contate a lire 30, corrono solamente a lire 29-12 s. Vi acchiudo la ricevuta di questa somma, che egli ha lasciata in Furiani per vostro discarico. Il Signor Galeotti e gli altri coadjutori della camera si possono pagare, se non tutti in un tempo, a poco a poco, essendovi peranche molto da riscuotere; così non si abbandona Furiani, e non si manca di fede a quelli che hanno avuto fede in noi avanzandoci il loro danaro. Se Cecco mi avesse inteso, non si sarebbe partito da me, e se il Signor Pietri ne avesse fatto tanto con un suo procuratore, l'aurebbe pagato a più caro prezzo. Se il Signore Matteo fosse Lt. Colonel capo, o avesse avuta più pronta determinazione, gli aurebbe posti ad un'anello per uno della stessa catena. Io scrivo al Magistrato che, su questo punto, sia un poco piu circonspetto, e che, essendo stato sensibile lo scandalo, li chiami con ordine e ne prenda risentimento. Voi, con gli altri che costì sarete, potreste pensar meglio sopra questo punto.

Il quartiere per il Visitatore, mi dice il Signor abate Giafferri, esser preparato a S. Francesco, in conformità dell'ordine che se ne mandò al Signor Vinciguerra. Or come volete voi ch'io possa scrivere al vostro suocero? Ciò nonostante, perchè vi bramo in quella casa, vedete l'acchiusa e, se vi piace, presentatela.

Sopra gli altri affari, scrivo a mio fratello. Egli vi comunicherà la lettera. A Bastiano devesi abbonare il suo soldo, anche per il tempo che è stato col Signor Orsattoni.

Paoli al Magistrato di Balagna

Olmeta, 21 *settembre* 1759. — Remerciments de ce qu'ils ont fait arrêter Don Angelo de Novella, accusé et convaincu de plusieurs crimes. Ordre de faire son procès et de l'envoyer à Paoli, pour qu'il puisse le juger suivant la peine qu'il mérite.

Paoli agli Intendenti delle Finanze

Olmeta, 21 *settembre* 1759. — In questo punto arriva il Signor Boccheciampe, e dice che Cardinchi daranno l'entrata. Cardinchi riferiscono che le galere non hanno portato altra guarnigione che l'ordinaria, che riferiscono esser uscite per andar appresso a padron Giuseppe, ma che in Bastia vogliono mettere 200 uomini a paga, per far una ridotta a Mancino, Corbaja, e la grande alle Ripe Rosse; finita la vendemmia, ne faranno una al Cottone. Dicono però che stentano a trovar gente; dicono che, tra Soprani ed il Magistrato, siavi stata rottura. Questo voleva che la città facesse i magazzini, e quella rispose, che gli restituissero 40,000 lire che avanzava, e la metà delle gabelle, come altra volta avea. Avvisate subito, quando sarete in Furiani, acciò prevenga i Cardinchi. Sono.

Paoli a Vinciguerra

Olmeta, 21 *settembre* 1759.— Le galere genovesi non hanno solamente in vista padron Giuseppe; in Bastia dicono che vogliono obbligar quelle del Papa a scalare il Visitatore in Bastia. Lo avviserò anche sopra qualche personaggio. Aurei creduto che fossete stato destinato per complimentare e scortare il re di Spagna; ma l'attenderebbero in Longone, e non nella Pianosa. In Genova hanno inteso male che, a nostra richiesta, il Generale dei Cappuccini abbia fatto un Commissario generale, e non è maraviglia che sentano più male quello che abbiamo ottenuto dal Papa, che è ben di altro peso, e giustifica molto le nostre cose. Si vede per ciò che, se mai in Bastia andasse a sbarcare il Visitatore, Genovesi non lo farebbero più sortire, ma che colà presumerebbero che esercitasse. Quindi noi dobbiamo più che mai estenuar questa città, e ridurla nelle ultime angustie, che la riducano ad aprirci le porte, o a perir dalla fame. Ella, tutta la sua sussistenza, la tira dalla vendemmia; questa tolta, non ha più come ritrar il danaro per comprarsi il pane; or, per toglier la vendemmia, non ci vuole molto ora, che non vi è truppa, e che trovasi avvilita oltremodo e scoraggiata. A noi è facile occupar Cardo, dove ancora auremo l'entrata. Quel luogo presidiato con 40 uomini di truppa tirata da Furiani, è Furiani più forte. Con altri ducento uomini di più di marcia, i Bastiesi non possono uscire, ritrovandosi in mezzo a due forti, cioè, a quello di Furiani, ed a quello di Cardo, i quali tanto più facilmente si comunicherebbero, quanto che Genovesi non potrebbero più sostener i posti esteriori che tengono avanzati, ai quali, colla città, si leverebbe ogni commercio; le Ville caderebbe, subito darebbe gli ostaggi e pagherebbe una grossa condanna, per non esser bruciata. I Bastiesi, stretti in questo modo, o ci aprirebbero le porte, come è facile, essendovi molto partito, o resterebbero disperati, perchè se gli leverebbero i mulini e la campagna; solamente i disertori inquieterebbero la Repubblica, la quale, o dovrebbe distrugger la città, o abbandonarla, divenendogli un posto inutile. Noi poi in Cardo ci possiamo, senza alcuna spesa, fortificar meglio che in Furiani, ed il Capo Corso è sicuro per noi. A Furiani, col tagliar la sola strada della spiaggia, è ridotta in agonia la città. Cardo, che taglia tutte le altre, la ridurrebbe a morte. Una marcia di 500 uomini basta, 5 o 6 giorni, a guastar le uve. Ma Bastiesi, per fuggir questo colpo, vedendoci in Cardo, senza che ci inoltriamo, offrirebbero volontieri il dazio. Questo progetto ve l'avrà comunicato mio fratello, e questo si può adempire, purchè, sotto pretesto di rinforzar Furiani e impedir la vendemmia, vengano 400 uomini nel nostro presidio questi giorni. Cardinchi verrebbero a prenderci. Potrei dire altro, ma voglio aspettar altri riscontri, per oprar più sicuramente riguardo alla città.

Voi dunque fate ogni sforzo di unir gente, e portarvi in Furiani; niente si risicherà, se non è vantaggioso; altrimente avvisatemi, chè farò agire la truppa e distrugger la campagna, perchè non sia ogni giorno alle botte. Se risolvete, sentitevi con mio fratello. Con parziale affetto sono.

Au-dessous sont ces mots.

Vedete cosa scrivevi; parlatevi con Vinciguerra ed avvisatemi. Frattanto avvertirò alla Porta, e, se abbiamo riscontro da questo, risolveremo.

Leggete i sentimenti che ne scrive il Signor Generale. Qua, alla Venzolasca, si avrà poca gente. Sarebbe bene che questa sera ci abboccassimo a Cappucini. Procurate frattanto di star preparato, e costeggiate per aver la gente lesta.

CASABIANCA.

Paoli a Vinciguerra

Olmeta, 26 settembre 1759. — I Vescovi si sono lasciati condurre a termini ragionevoli. Resta ora che vi abbocchiate a Cappuccini con il Signor Titto per vedere il piano del mio ripiego; egli ve lo consegnerà in un piego a voi diretto; quando leggendone la copia nella di lui lettera voi siate sicuro che la vostra comandata fedelmente adempirà le condizioni. Voi certamente non perdete niente, e, non accettandolo, mostrareste curar più l'apparenza che la realtà delle cose. Non vi rammaricate che al Magistrato abbiano sequestrato i Padri del comune di due o tre note comunità, perchè io l'ho ordinato, in vista di prevenire ogni sconcerto. Credo sarà arrivata qualche feluca alle Prunete. Passano due Cappuccini in Roma di tutta confidenza. Scrivete a vostro fratello, in conformità di quanto vi ho espresso in Furiani.

I nostri hanno bloccato Pietra Santa in Rogliano. Capicorsini secondano, e ricercano il loro Magistrato ; si crede che il Castello e la Torre non abbiano provvigioni, se la negligenza dei nostri non gli da campo di riceverne ; insomma tutto il mondo è sotto sopra nella Rocca ; i potriotti hanno alzato la testa. Tutto il regno finalmento si è dichiarato contro Genovesi. Sono.

Paoli a Casabianca

Olmeta, 27 *settembre* 1759. — Vi acchiudo il passaporto. Sopra l'affare della casa, io non vi entro più. La mia lettera era preghiera, e non ordine. Voi, regolatevi con prudenza sopra questo punto, tanto più che siete a capo delle ragioni che hanno gli affittuari delle case. Agite senza venire agl'impegni. Il Signor Raffalli, sento cambierà fra poco. L'affare d'Aleria è un *rimpiccio* come un *rimbroglio*. Scriverò al Magistrato chè prenda un poco d'informazione vicina. Sopra il Giovanni Angelo, forse potressimo dar qualche buon'accomodamento all'affitto. Questo è fatto prima che seguisse quel che mi era stato scritto.

I nemici, questa mattina, alla punta del giorno, per far le vendemmie in Agliani, hanno occupato la Corbaja, le Ripe Rosse ed il fortino alla marina. Si sono coperti in questi luoghi, ed in quello soprano vicino a Mancino. Io credo che stasera la truppa nostra gli aurà attaccati. Truppa genovese non ve n'è fuori. Chi fa questo sforzo, sono i cittadini ed i Villesi. Io non intimai la marcia per degni motivi (illisible) di cui giorni a dietro le feci rapire però a tempo e fui trascurato ingiustamente. Noi siamo come i muli; non ci moviamo, se non quando abbiamo le bastonate. Per l'affare della casa, vi replico, lasciatevi guidare dalla Signora Cecca e vostro suocero, acciò, col vostro ardore, non facciate parlar di voi. Date codeste notizie a codesti Signori. Portate i miei rispetti alla Signora Cecca ed alla Signora Angela Felice, ringraziandole della loro gentilezza. Romperei, se avessi, dieci teste; or considerate se tengo fiaschi di vetro in mano. Vi saluto e sono.

Paoli ai generali delle finanze

Olmeta, 29 *settembre* 1759. — Nella giurisdizione di Taglio, vi sono alcuni castagni che appartengono alla figlia del fu S. Vincenso Casta. Vedano d'affittarli al Signor Fr. Matteo Filippi, o allo stesso lasciarne l'incarico, acciò ci dia qualche profitto, quando non fossero affittati. Sono.

Paoli a Casabianca

Olmeta, 2 *ottobre* 1759. — Non temete che il mio scrittore possa esser di niente a capo, o che potendo, ciò ch'io non credo, aver concepito, ne parli con alcuno. Ma sopra quest'affare non vi riscaldate, perchè voi fareste conoscer l'impegno, e, se vostro suocero veramente vuole, non ne trovi tante. Sentite la Signora Cecca, che forse meglio conosce lo stato di una casa; questo mi par meglio; poi potete immaginarvi che l'arbitrio vi si deve; ma quanto si può, manteniamoci il carattere di schiavo di ogni piccola cosa. Il Signor Titto mi ha scritto, e non gli ho anche risposto. La povera vedeva creditrice da Gian Valerio, è un' ingiustizia marcia volerla condurre di nuovo a' tribunali tanto lontani, con cavillazioni nel fatto suo. Gian Valerio, non è vero che non posseda. La pupilla, che sequestra, è dello stesso Gian Valerio figlia, e che, sebbene altronde sopra il patrimonio non potesse compensarsi, dovrebbe pagare del suo per non vedere il padre in carcere per debiti. Amico caro, le povere vedove, se non hanno il governo che le protegga, Iddio non lascia di punire i di loro oppressori. Una causa terminata parmi tutt'ora volerla tergiversare per fargli abbandonare, per disperata, la lite. Io, per me, non so comprendere la ragione per cambiar l'ordine, senza offender l'onestà e l'equità, perchè sempre torna più in bene. Supposto anche che Gian Valerio non fosse padrone dei pegni, è meglio alla pupilla lasciar correre l'opposizione che veder esso Gian Valerio di non aver esso lui suscitato il motivo di questo sequestro. Ora mai conoscete le cose nostre, e di ciò ne sarete persuaso, senza che l'impegno di persona legittima possa avervi asserito il contrario. Passiamo ad altro di maggior conseguenza, agli affari correnti. Stamane da qui abbiamo inteso gran cannonate; forse le galere sono passate alle Prunete per far la seconda prova. Il tempo però è a scilocco, e non possono colà mantenersi. I nostri, in Luri, hanno preso il famoso Ansaldi. Il cognato di Rogliano tenta farlo fuggire per mezzo di alcuni che l'hanno portato in quel paese. Piacesse al Cielo. In S. Fiorenzo, sono venuti, sopra una Caprarese, alcuni soldati. Le notizie di Roma, ve le avrà comunicate mio fratello. Da Balagna, attendo le tasse che si misero per Furiani; a 4 soldi a fuoco, sono lire 401 e 15 s.; anche queste si porranno per la casa.

Genovesi fanno ogni sforzo per far prender possesso dei benefici che danno. Avvertite a Vescovato, altrimenti saremo burlati anche colà. Il meglio sarebbe che il popolo facesse protesta, e l'affigesse alla porta della chiesa in buona forma di opposizione. In Bastia sono costernati ed all'estremo dalla miseria. Costì meglio saprete le cose. Io attendo qua una risposta. Non trascurate l'affare della protesta per Vescovato, perchè terminano in breve i sei mesi, ed allora vostro fratello la può avere in Curia.

Paoli ai Capi della truppa in Furiani

Olmeta, 2 *ottobre* 1759. — Illustrissimi Signori Capi. Quando costì non abbiano finora in mente tentar qualche altro progetto più vantaggioso, potrebbero in questo fra tempo guastar le uve di Agliani, soggette ad esser vendemmiate dal nemico, e, con delle scorrerie, rovinar quanto si può di quelle di Suerta, poichè, rovinate le uve, la città non ha più sussistenza, e la guarnigione di codesto presidio, per stringer la città, non ha più bisogno di esporsi. Dall'essere sortite le galere con questo tempo rotto, non possi arguire che un'idea di far diversivo, o che la città sia in sussurro grande; quindi procurino aver delle notizie, o attenderne da quelli che vi sono andati. I cittadini sono in estrema angoscia, e, se vedono costì durar il guasto, è facile che tumultuino. Il luogo in cui sono, è proprio per profittar delle occasioni. In città, alcuni, per far la vendemmia, aveano fin proposto pagarci la tassa. Con un poco di costanza, questo è il tempo di trionfare dei nostri nemici. Io ancora sto attendendo qualche riscontro, che, essendo come spero, sarebbe bene che la gente stesse unita ed in mossa, tanto più che continuamente ne arriverà. Altro per ora non ho che suggerire; onde con tutta stima, sono.

Paoli a Filippi Matteo a Taglio

Olmeta, 5 *ottobre* 1759. — E tanto necessaria la vena, che non si puole almeno di non permettere al padron e

Giovanni Alessandri che ne faccia il trasporto e lo sbarco in qualche luogo di codesta spiaggia, onde, quando vi sarà data la commissione, darete due uomini che stiano attenti acciò non si possa estrarre cosa alcuna da' paesi, e che non lascino imbarcare, nè sbarcare alcuna merce, e, quando questo sbarco non potesse seguire in altro luogo che sotto la torre, farete stare due uomini alli Folci. Permetterà al Signor Domenico Albertini di Taglio, ed al Signor Mariotti di Casalta, che possano scendere a S. Pellegrino, per fare il constato del trasporto della vena, e lasciar scendere i mulattieri per il trasporto sudetto, e così senza roba alcuna. Sono.

Paoli ai Magistrati di Balagna

Olmeta, 5 ottobre 1759. — Il nemico, comprese le galere, tiene, tra la Pianosa e Bastia, 14 bastimenti in corso per opporsi alle galere del Papa, acciò non portino a noi il Signor Visitatore apostolico, e per impedire il traffico delle feluche alle Prunete; ma queste poco curano, e la loro frequenza è continua.

Paoli ai Magistrati di Balagna

Olmeta, 7 ottobre 1759. — Il posto del convento d'Alziprato, se viene giudicato dalla provincia di assoluta necessità mantenersi presidiato, convocheranno una consulta, e faranno sentire che la camera non è in istato di soccombere all'eccessiva spesa che bisogna fare, per mantenervi la guarnigione pagata, essendovi altri oggetti più importanti alla nazione per occupar la truppa stipendiata; il miglior partito sarà presidiarlo a mute con 20 uomini da cambiarsi a turno ogni settimana, alla testa dei quali sarà sempre un consultore. Questa distribuzione di turni, potrebbe farsi in questo modo : ogni paese della provincia, tirata a sorte la settimana che gli toccherà, debba presidiare il posto sudetto, ed esserne risponsabile fino a che arrivi l'altra muta.

Il laico di Corbara, che tentò la sorpresa d'Alziprato, lo spediranno, con uno o due fucilieri, al suo Provinciale in Casinca, a cui, notificando il di lui delitto, faranno premura che venga rigorosamente castigato nella carcere, essendo che, per riguardo alla religione, non s'è posto in quella del pubblico. Essendovi estrema necessità in Furiani, e dovendosi comprar caldaje ed altri arnesi per la fabbrica della polvere, a tale effetto dovrà impiegarsi il danaro da loro riscosso per condanne nel loro turno.

Clemente Paoli a Casabianca

Olmeta, 7 ottobre 1759. — La moglie del fu Cauro ha a noi ricorso per avere il mandato di prendere la roba di sue paghe de' mesi scorsi, doppo che voi avete cominciato pagarla. Vi saluto.

Paoli a Casabianca

Olmeta, 8 ottobre 1759. — Amico. Dall'acchiuso memoriale scorgerete le improprietà d'Anton Valerio, e capirete se io avevo ragione scrivendovi che il sequestro era una cavillazione. Egli, nel minacciar la donna, ha proferito delle parole arroganti contro il governo. Quando lo incontrate, fateli capire quanto egli è scimunito e poco accorto, incaricando i suoi a fargli capire la sua mancanza, per non obbligare me, colla forza coattiva, ad obbligarlo. Fate che la povera vedova abbia il fatto suo, e non sia molestata.

Riveritemi la Signora Cecca, e ditegli che faccia ogni possibile di ballare a carnevale. Gio: Bastiano dice aver abbandonato l'impegno. Sono.

Paoli agli Intendenti delle Finanze

Olmeta, 9 ottobre 1759. — Oltre del fortino in fiume di Golo, è indispensabile far una torretta che possa tener sopra un cannone alle tre Suere per attirare il commercio, a soddisfazione di quelle pievi circonvicine. Arrivato dunque in Tavagna, parlatene con i più zelanti, ed informatevi se vi è calcina per i paesi; per le pietre, credo che non saranno lontane. Coll'assistenza della pieve, che non mancherebbe, in 15 giorni si terminarebbe affatto; si farebbe tonda, per maggior fortezza, e si farebbe bassa. Io ho scritto al Signor abbate Giafferri e Filippi, acciò invigilino per gli ammanugli. Non si trascuri quest'affare, che ha molte viste. Sono.

Paoli a Casabianca

Olmeta, 11 ottobre 1759. — Riguardo all'abboccamento, dobbiamo persistere indiscreti. Vi scrivo su tal proposito lettera pubblica. Genovesi vorrebbero far constar in Roma, che vi è trattato fra noi, o pure far capire ai maligni che anche i buoni parlano con Genovesi, per animargli a simili conferenze e carteggi. Se il Cancelliere brama parlarvi, significhi l'affare sopra di cui vuol conferire, o pure fategli capire, che non siano così facili a lusingarsi di poterci facilmente ingannare.

Quel che vi ha detto la serva Galeazzini del prezzo del grano è falso, e dimostra bene gli erudimenti dei padroni. Non la fate trafficar tanto, perchè, se la prendono prima di darmene parte, gli fanno fare l'accoglimento solenne.

Sapete quanto ei ben apprese il nome de' suoi padroni; con tutto chè il capitano non se lo meriti, e molto meno la moglie, che non può mai divenir vittola; frattanto però voi usate prudenza, chè per i vostri affari domestici ed interessi Titto li farà stare a dovere, ed alla Signora Cecca, non conviene far strepito, molto più che in ogni cosa essa troverà maniera ed assistenza di fargli pentire del mal trattato.

Sento che siano per terminarsi le differenze de' Signori Taddei e Pietri. Se terminassero in malora una volta, io quasi ero di pensiero che Cecco là si portasse; ma giacchè glie lo scrivete, non sto a replicargli.

Cosimino, sento che abbia barbottato contro il Signor Tito con alcuni; io non l'ho creduto, essendomi noto quanto lo interessano le buone lingue. In ogni caso però ditegli da amico che, per servire il pubblico, un galantuomo non deve incontrare dissapori, a meno che quelli, che ne danno occasione, non vogliano farsi conoscere ingiusti.

Il casarone in foce di Golo è d'indispensabile necessità, ed a me, per molti riguardi, lo sembra ancora una torretta alle tre Suere, dove possano concorrere le pievi di Tavagna, Moriani, e le altre di sopra, ed io, questa fabbrica, voglio che non costi più di 200 o 300 lire, con somma contentezza di quelle pievi, alla soddisfazione e quiete delle quali si può sacrificare questa piccola somma.

Il secondo tentativo alle Prunete è riuscito inutile. Il Signore Iddio protegga la nostra causa ed, a dispetto di tutte le nostre insufficienze, ci renda terribili ai nostri nemici. Vi saluto e sono.

Paoli a Matteo Filippi a Taglio

Olmeta, 9 *ottobre* 1759. — Penso in breve mettere mano a far qualche fortificazione alle tre Suere, per attirarvi il commercio delle due Torri. Parlatene coi principali zelanti della pieve, ed informatevi se, nei paesi circonvicini, v'è calcina, e se la pietra è molto lontana ; in somma agirete per l'ammanuglio. Ho scritto agli Intendenti. Sentitevi coll' abbate. Sono.

Paoli agli Intendenti delle finanze

Olmeta, 10 *ottobre* 1759. — Genovesi vantano avere ottenuta la sospensione del Commissario generale, ed una lettera di soddisfazione, che in Bastia si sparge stampata, ove siamo caratterizzati da ribelli. Dal non veder continuare la visita all'Altiani, dubito che egli non siasi avvilito a queste voci, o che non gli abbiano fatto passare qualche intelligenza. Se queste lettere son vere, Genovesi ci apprendono il modo di superar con più efficacia l'impegno. Informatevi esattamente, perchè aspetto due o tre altri giorni, e poi chiamerò il divisato P. Altiani. Sono.

Paoli a Matteo Filippi a Taglio

Olmeta, 14 *ottobre* 1759. — La Bastia non può più durare, Se non riesce il trasporto alle torri delle castagne verdi, la quale estrazione è tanto pregiudiciale al nostro negozio, quanto ad essi di sollievo ; onde assolutamente farete che il passo sia interdetto. Fra poco sarò in codeste parti.

Paoli a Vinciguerra

Olmeta, 16 *ottobre* 1759. — Vi mandai la lettera pubblica, perchè la poteste mostrare in congiuntura al Signor Antonuccio. Sarà passata la premura avendo io rimediato, ma farà come gli altri.

Ieri fui in Furiani. La truppa non può più vivere, perchè non ha danari. I Bastiesi sono all'estremo. Bastimenti in foce di Golo, ne verranno. L'incombenza per la Suarella, la detti anche al Signor Filippi e Giafferri. L'offerta del Signor Casimino fu veramente troppo tenue, ed avrebbe fatto cattivo effetto. Sono appresso di tutti se quel che si affitta a ottanta, si fosse dato per quattordici. Io gliene scriverò, molto più che il Signor Giovanni non vuol venire a S. Pelegrino, ma bensì alla Padulella, alle Prunete, e devo acchiudergli nuova licenza.

Fatevi dar la vostra lettera al Padre Guardiano, poichè le lettere di raccomandazione che non si vogliono, si rendono, molto più quando si ricevono sigillate, e che sono dirette al governo. È falso che egli non abbia cercato lettere di raccomandazione, poichè l'acchiusa lo smentisce. Se non vi da la lettera, fatelo arrestare, essendovi altri motivi d'invigilare alla di lui condotta, e non trascurate ciò che potrebbe pregiudiziare qualche forte affare, e la vita di qualcheduno che, quando fa bene, non si deve sacrificare. Non lo sentite, perchè è un infame, e, se non rende la lettera, fatelo assolutamente legare, essendovi gelosia di Stato. Così s'imparerà il giudizio a chi non ne ha. Non trascurate per la lettera, premendo molto. Sono.

Badate che la lettera vi sia restituita, altrimenti qualche vostro affine salta.

Paoli, Generale del Regno di Corsica

Olmeta, 18 ottobre 1759. — Concediamo ampio, sicuro perdono e fede pubblica al Signor Antonio Matra, ed a quelli della sua comunità per ogni e qualunque loro reato e delitto, che particolarmente o unitamente da ora in avanti possano avere o abbiano commesso contro il pubblico o contro particolari, e promettiamo levare ancora dopo la loro comparsa da noi, la confina de' loro beni, e perchè voglio e tengo firmiamo il presente scritto di nostra mano propria col pubblico sigillo.

Paoli a Buttafuoco

Olmeta, 20 ottobre 1759. — Dal signor dottor Casabianca si sono ricevute le lire 460-6, ed al medesimo si è consegnata la ricevuta per vostro discarico.

Si scriverà in Furiani che vengano a pigliare il grano e la tela. — Non credete che quei di Rostino abbiano sparlato come dite. Credo che sarà come l'altra volta. Li mando, ciò nonostante, a chiamare.

Il maestro d'Oletta è impiegato per la casa del Signor Baldassari. Vi sono costì altri maestri; questi sarebbero quelli dell'Orsellini chiamati. La torretta dovrebbe essere fondata con una soda volta, per resistere al cannone.

Ho saputo da mio fratello il risultato della mediazione col signor Pietri. Ho scritto a Cecco il mio sentimento. Cannocchiale non sarà mai contento, se non si fa a suo modo.

Se il Padre Guardiano non da la lettera, mandatelo qui. Farete bene porvi presto in campagna: sapete che vi è bisogno di danaro per la truppa di Furiani. Non credo vera la notizia di Matra. Se fosse possibile trovar delle bestie per codesti paesi, e far portare il grano in Furiani, sarebbe più vantaggioso per il pubblico. Come volete che i soldati vengano costì a pigliar il grano? Una bestia per paese non è niente. La torre, fate che sia rotonda, piccoletta, per mantenere la guardia di 4 uomini ed un caporale, con tre o quattro troniere, per tirar di sassi a' piedi, non dubitandosi d'assedio, e capace di tener su la volta un cannonetto; in quindeci o sedici giorni può essere sbrigata. Sentitevi però con quei Signori di Tavagna per il luogo più proprio, e per aver l'assistenza della manovalanza, ed altro, persuaso che la pieve non permetterà che il pubblico ci abbia dispendio per essere di loro gran profitto. Vedete di sollecitarla chè vi va di molto. Sono.

Paoli agli Intendenti delle Finanze

Olmeta, 22 ottobre 1759. — I coloni delle terre della Signora Nunzia Morelli, sorella del pievano Olmeta, invece di dare il terratico al pubblico, lo dettero al pievano, che è stato obbligato restituirlo; meritano per ciò quelli il castigo. Quindi sarà bene che Loro Signorie, in castigo della loro transgressione, l'obblighino al doppio, in maniera che cinque stare sono state di terratico; altre cinque l'obblighino a dare al pubblico per pena, acciò gli altri imparino a frabuttare il pubblico. S'informino prima però se siano veramente sole cinque stare. Sono.

Paoli ai Magistrati di Balagna

Olmeta, 23 ottobre 1759. — Speriamo che il loro zelo persuaderà bene i popoli ad accingersi di munire a vicenda il convento d'Alziprato. Riguardo ad avanzare all'esausto nostro pubblico la spesa che abbisogna continuandovi a stare la truppa pagata, codesti Signori siano persuasi che ne avranno tutto il riguardo. Le notizie di Roma le sentiranno dal signor Giovanni Antonio Leca, venutovi di poco. La Repubblica di Genova, per dimostrar il sommo dispiacimento per la spedizione del Visitatore apostolico, strepita con manifesti. Vedremo ciò che risolverà la Corte di Roma.

Paoli a Casabianca

Olmeta, 24 ottobre 1759. — Ho dato incombenza a prete Matteo che impari a coglionar il prossimo, ed avendolo incaricato stamane di scrivervi, volea cominciar da voi; l'ho ripreso, e vi scrivo da me. Il fagiano fu preziosissimo; se vi foste stato voi, sarebbe stato ancora migliore, avressimo bevuto tutti reciprocamente alla salute.

La feluca piccola di padron Giuseppe partirà da qui a quattro o sei giorni; la grande, da qui a un mese. Preparate le vostre lettere. Il Visitatore, si dice sia sospesa la sua venuta. Se il Signor Pievano mostra d'aver contratto per mandar grano in Ocagnano, avendone già mandate diecidotto stare di suo in Furiani, dategliene altrettanto in Casinca. Questo galantuomo si volea trattenere le cinque stare del pubblico, e le due che mandava suo fratello, sotto pretesto de' manenti, e poi mi ha fatto scrivere una lettera dalla madre del signor Gian Bastiano che quel grano lo avea da essa preso, quando consta dal suo ricevo averlo preso il pievano. Se non fosse stata la raccomandazione del nostro compare, era venuto il tempo che lui scontasse le vecchie e le nuove. Ma ogni birbo tiene la protezione d'un galantuomo. Vi acchiudo quanto mi scrive prete Momo e Cecco sopra la torre. Io vado oggi un poco a caccia in Furiani, e facilmente mi resterò dimani. Riscuotete presto danari, de' quali vi è troppo bisogno. Sono.

Paoli agli Intendenti delle finanze

Furiani, 26 ottobre 1759. — Non posso più sentire questa truppa che con ragione grida per le sue paghe; non trova più credenza, ed i soldati, la maggior parte, sono scalzi, per non avere con che farsi accomodare le scarpe. Non vorrei partir da qui senza dargli almeno una somma a conto, quando non vi sia per aggiustarli. Vedete, se trovate qualche partita, di mandarla in questi due giorni. Il vostro distaccamento dovrebbe travagliare per l'esigenza, per non essere inutile al pubblico. Sono.

Paoli agli Intendenti delle Finanze

Furiani, 27 *ottobre* 1759. — Andrà cauta la lettera al Signor Matteo. Il manifesto ve lo acchiudo, acciò lo copiate voi, senza far conoscere il carattere. In Francia però credo sia passato in francese ; copiatelo, e mandatemelo. La spesa è eccessiva ; ma siamo ora al capo di profittare di qualche movimento, e, prevedendo tutto, alfine qualche cosa si ricaverà per mantener la truppa.

Il vostro progetto delle pievi non mi dispiace. Dovremo parlarci in breve, per affare più premuroso.

Il prete di Moriani in castello non patisce per la salute, ed a noi conviene obbligarlo alla rinunzia. Osservate cosa scrivo a Casabianca per Galeazzini. Bisogna giuocare di resto per far capire Roma. Scrivete al Barcaggio a Giammerlone che faremo prendere il ¨ino. Tenete li fagiani che serviranno la patria, e procurate averne. Carlino però ha perso gente ; andrà in S. Pellegrino, e tiene lontani i vascelli ; ma terminate le castagne verdi, non abbiamo premura di loro benchè etc.... Sono.

FINE DELLA PRIMA PARTE

www.ingramcontent.com/pod-product-compliance
Lightning Source LLC
Chambersburg PA
CBHW052044230426
43671CB00011B/1785